S0-BYI-497

L'APOCALYPSE D'ADAM

BIBLIOTHÈQUE COPTE DE NAG HAMMADI

Collection éditée par

Jacques É. MÉNARD — Paul-Hubert POIRIER
Michel ROBERGE

En collaboration avec
BERNARD BARC — PAUL CLAUDE
JEAN-PIERRE MAHÉ — LOUIS PAINCHAUD
ANNE PASQUIER

Section « Textes »

1. – *La Lettre de Pierre à Philippe*, Jacques É. MÉNARD, 1977.

2. – *L'Authentikos Logos*, Jacques É. MÉNARD, 1977.

3. – *Hermès en Haute-Égypte* (t. I), Les textes hermétiques de Nag Hammadi et leurs parallèles grecs et latins, Jean-Pierre MAHÉ, 1978.

4. – *La Prôtennoia Trimorphe*, Yvonne JANSSENS, 1978.

5. – *L'Hypostase des Archontes*, Traité gnostique sur l'origine de l'Homme, du Monde et des Archontes, Bernard BARC, suivi de *Noréa*, Michel ROBERGE, 1980.

6. – *Le Deuxième Traité du Grand Seth*, Louis PAINCHAUD, 1982.

7. – *Hermès en Haute-Égypte* (t. II), Le fragment du *Discours parfait* et les *Définitions* hermétiques arméniennes, Jean-Pierre MAHÉ, 1982.

8. – *Les Trois Stèles de Seth*, Hymne gnostique à la Triade, Paul CLAUDE, 1983.

9. – *L'Exégèse de l'Âme*, Jean-Marie SEVRIN, 1983.

10. – *L'Évangile selon Marie*, Anne PASQUIER, 1983.

11. – *Les Sentences de Sextus*, Paul-Hubert POIRIER, suivi du *Fragment de la République de Platon*, Louis PAINCHAUD, 1983.

12. – *Le Traité sur la Résurrection*, Jacques É. MÉNARD, 1983.

13. – *Les Leçons de Silvanos*, Yvonne JANSSENS, 1983.

14. – *L'Exposé valentinien. Les Fragments sur le baptême et sur l'eucharistie*, Jacques É. MÉNARD, 1985.

Section « Études »

1. – *Colloque international sur les textes de Nag Hammadi* (Québec, 22-25 août 1978), Bernard BARC, éditeur, 1981.

BIBLIOTHÈQUE COPTE DE NAG HAMMADI

SECTION « TEXTES »

— 15 —

L'APOCALYPSE D'ADAM

(NH V, 5)

TEXTE ÉTABLI ET PRÉSENTÉ

PAR

Françoise MORARD

LES PRESSES
DE L'UNIVERSITÉ LAVAL
QUÉBEC, CANADA
1985

BS
2920
.A3
M67
1985

Cet ouvrage a été publié grâce à une subvention du Conseil de recherches en sciences humaines du Canada, accordée dans le cadre de son programme d'aide aux grands travaux d'édition.

1985 Les Presses de l'Université Laval, Québec

© Tous droits réservés

Imprimé en Belgique

Dépôt légal (Québec), 2ᵉ trimestre 1985

ISBN 2-7637-7064-9

AVANT-PROPOS

Le temps et ses longues patiences — qui font mûrir et se décanter toute chose — ont avant tout largement servi ma recherche. Mais c'est à tous ceux qui en ont partagé les efforts et la lente maturation que je voudrais exprimer ici ma reconnaissance.

Au Professeur J. É. Ménard en tout premier lieu: je dois à sa confiance d'avoir pu entreprendre ce travail; à ses encouragements et à son savoir d'avoir su y persévérer. Au Professeur P.-H. Poirier ensuite: en me continuant la même confiance, il m'a permis de mener ma recherche à son terme. Les séminaires dont j'ai pu bénéficier en sein des équipes de travail à l'Université Laval de Québec, ainsi qu'à l'Université des Sciences Humaines de Strasbourg, m'ont apporté des éléments de clarification et de précieux enrichissements et je suis consciente de ce que mon étude doit à l'expérience et à la bienveillance de tous mes collègues, tant canadiens que français.

Mais je voudrais remercier de façon très particulière Messieurs J.-P. Mahé de Paris: il m'a aidée généreusement, à mes débuts, à débroussailler mon texte et ma traduction; P.-H. Poirier: je lui dois la collation de mon manuscrit sur l'original du Caire; P. Cherix: par ses précieuses connaissances en philologie copte, il m'a permis de préciser et d'affiner ma traduction et mon commentaire; Madame A. Pasquier enfin, qui s'est chargée du travail ingrat de mise en ordre des index.

Enfin je n'oublie pas mes collègues du groupe suisse d'Étude de la Littérature Apocryphe Chrétienne, en particulier le Professeur F. Bovon, son animateur et son responsable, non plus que mes proches et mes amis: si patiemment et si fidèlement, ils ont «supporté», dans tous les sens de ce terme, mon travail et ma recherche et m'ont ainsi donné d'avoir pu la conduire à son achèvement.

À tous je voudrais dire ici ma reconnaissance profonde et durable.

Fribourg, octobre 1984.   Françoise MORARD

BIBLIOGRAPHIE

ABRAMOWSKI (L.), «Nag Hammadi 8,1, Zostrianus, das Anonymum Brucianum, Plotin Enn. 2,9 (33)», *Jahrbuch für Antike und Christentum 1983* (Suppl. 10, Platonismus und Christentum, Festschrift für Heinrich Dörrie), p. 2-10.

BARC (B.), *L'Hypostase des archontes. Traité gnostique sur l'origine de l'homme, du monde et des archontes (NH II,4)* (*BCNH*, section «Textes», 5), Québec/Louvain, 1980.

—, éd., *Colloque International sur les Textes de Nag Hammadi (Québec 22-25 août 1978)* (*BCNH*, section «Études», 1), Québec/Louvain, 1981.

—, «Samaël-Saklas-Yaldabaoth. Recherche sur l'origine d'un mythe gnostique», in B. BARC, éd., *Colloque international sur les textes de Nag Hammadi* (*BCNH*, section «Études», 1), Québec/Louvain, 1981, p. 123-151.

BARNS (J. W. B.), BROWNE (G. M.), SHELTON (J. C.), *Nag Hammadi Codices. Greek and Coptic Papyri from the Cartonnage of the Covers* (*NHS*, 16), Leiden, 1981.

BELTZ (W.), *Die Adamapokalypse von Nag Hammadi: Jüdische Bausteine in gnostischen Systemen*. Dissertation, Berlin, 1970.

—, «NHC V. 5 p. 64,1-85,32: Die Apokalypse des Adam (ApcAd)», in W. TRÖGER, *Gnosis und neues Testament*, Berlin, 1973, p. 46-47.

BIDEZ (J.), CUMONT (F.), *Les Mages hellénisés*, Paris, 1938, réimpression Paris, 1973.

BÖHLIG (A.), LABIB (P.), *Koptisch-gnostische Apokalypsen aus Codex V von Nag Hammadi im Koptischen Museum zu Alt-Kairo*, in *Wissenschaftliche Zeitschrift der Martin-Luther-Universität*, Halle-Wittenberg, Sonderband, 1963.

—, «Die Adamapokalypse aus Codex V von Nag Hammadi als Zeugnis jüdisch-iranischer Gnosis», *Oriens Christianus* 48 (1964), p. 44-49.

—, WISSE (F.), *Nag Hammadi Codices III,2 and IV,2. The Gospel of the Egyptians* (*NHS*, 4), Leiden, 1975.

—, «Zur gnostischen Grundlagen der Civitas-Dei-Vorstellung bei Augustin», *ZNW* 60 (1969), p. 291-295.

—, *Mysterion und Wahrheit*, Leiden, 1968, sp. p. 149-161.

—, «Zur Struktur gnotischen Denkens», *New Testament Studies* 24 (1978), p. 496-509.

—, «Triade und Trinität in den Schriften von Nag Hammadi», in B. LAYTON, éd., *The Rediscovery of Gnosticism*, vol. II (Suppl. to Numen, 41), Leiden, 1981, p. 617-633.

BONNEFOY (Y.), *Dictionnaire des Mythologies*, Paris, 1981, 2 vol.

BOUSSET (W.), *Hauptprobleme der Gnosis*, Göttingen, 1907, réimpression, 1973.

CHARLES (R. H.), *The Apocrypha and Pseudepigrapha of the Old Testament*, Oxford, 1913, 2 vol.

CHARLESWORTH (J. H.), *The Old Testament Pseudepigrapha*, Vol. 1: Apocalyptic Literature and Testaments, New York, 1983.

CHERIX (P.), *Le Concept de Notre Grande Puissance (CG VI,4)*. Texte, remarques philologiques, traduction et notes (*Orbis biblicus et orientalis*, 47), Fribourg (Suisse), 1982.

COLLINS, (J.J.), *Apocalypse: The Morphology of a Genre*, *Semeia*, 14, Missoula (Mont.), 1979.

COLPE, (C.), «Sethian and Zoroastrian Ages of the World», in B. LAYTON, éd., *The Rediscovery of Gnosticism*, vol. II (Suppl. to Numen, 41), Leiden, 1981, p. 540-551.

—, «Heidnische, jüdische und christlische Überlieferung in den Schriften aus Nag Hammadi», *Jahrbuch für Antike und Christentum* 18 (1975), p. 163-165.

CLAUDE, (P.), *Les Trois Stèles de Seth. Hymne gnostique à la Triade (NH VII, 5)* (*BCNH*, section «Textes», 8), Québec, 1983.

CRUM, (W.E.), *A Coptic Dictionary*, Oxford, 1939.

DANIELOU (J.), *Théologie du Judéo-Christianisme (Histoire des doctrines chrétiennes avant Nicée*, 1), Paris, 1958.

DENIS, (A.M.), *Introduction aux Pseudépigraphes grecs d'Ancien Testament* (*Studia in veteris Testamenti Pseudepigrapha*, 1), Leiden, 1970.

DORESSE (J.), *The secret Books of the Egyptian Gnostics*, New York, 1960.

—, «Le livre Sacré du Grand Esprit Invisible ou l'Évangile des Égyptiens», I, Texte copte édité et traduit, *Journal Asiatique* 254 (1966), p. 317-435; II, Commentaire, *ibid.*, 256 (1968), p. 289-387.

EMMEL (S.), «Unique Photographic Evidence for Nag Hammadi Texts CG V-VIII», *Bulletin of the American Society of Papyrologists* 16: 3 (1979), p. 179-191.

FALLON, (F.T.), «The Gnostics: The Undominated Race», *Novum Testamentum* 21 (1979), p. 271-288.

FOERSTER (W.), *Gnosis*, English Translation by R. Mc L. Wilson, Oxford, 1974, 2 vol.

FESTUGIÈRE (A.J.), *La Révélation d'Hermès Trismégiste*, Vol. 1, *L'Astrologie et les Sciences occultes*, Paris, 1944.

FREY, (J.B.), «Adam (Livres apocryphes sous son nom)», *Supplément au Dictionnaire de la Bible*, 1, col. 101-134.

GIBBONS (J.A.), *A Commentary of the Second Logos of the Great Seth*, Yale University, Dissertation, 1972.

GIVERSEN (S.), «Solomon und die Dämonen», in M. KRAUSE, éd., *Essays on the Nag Hammadi Texts in Honour of Alexander Böhlig* (*NHS*, 3), Leiden, 1972, p. 16-21.

GOEDICKE (H.), «An unexpected Allusion to the Vesuvius Eruption in 79 A.D.», *American Journal of Philology* 90 (1969), p. 340-341.

GUILLAUMONT (A.), Compte-rendu des activités de la conférence «Christianismes orientaux», in *Annuaire de l'École Pratique des Hautes Études*, Ve section, Sciences Religieuses, 83 (1975-76), p. 245-251.

HAASE (F.), «Zur Rekonstruktion des Bartholomäusevangelium», *ZNW* 16 (1915), p. 93-112.

HARNACK (A.), SCHMIDT (C.), «Ein Koptisches Fragment einer Moses-Adam-Apokalypse», *Sitzungsberichte der kön. preussischen Akademie der Wissenschaften zu Berlin*, Berlin, 1891, p. 1045-1049.

—, *Geschichte der alt-christlichen Literatur*, Leipzig, 1904, 2 vol.

HEDRICK (C. W.), «The Apocalypse of Adam: a Literary and Source Analysis», in *The Society of Biblical Literature, One Hundred Eight Annual Meeting Book of Seminar Papers*, vol. 2, Missoula (Mont.), 1972, p. 581-590.

—, *The Apocalypse of Adam* (Society of Biblical Literature, *Dissertation Series*, 46), Ann Arbor (Mich.), 1980.

HEINEMAN (I.), «Die Lehre vom ungeschriebenen Gesetz im Jüdischen Schrifttum», *Hebrew Union College Annual* 4 (1927), p. 149-171.

HELCK (W.), OTTO (G.), *Lexikon der Aegyptologie*, Wiesbaden, 1975.

HENRICHS (A.), KOENEN (L.), «Der Kölner Mani-Codex (P. Colon. inv. nr. 4780)», *Zeitschrift für Papyrologie und Epigraphik* 19 (1975), p. 1-85; 32 (1978), p. 87-200.

JANSSENS (Y.), *La Protennoia Trimorphe (NH XIII,1)* (*BCNH*, section «Textes», 4), Québec, 1978.

JONAS (H.), *Gnosis und spätantiker Geist*, Göttingen, vol. 1, 1964[3], vol. 2,1, 1966[2].

KAHLE (P.), *Bala'izah. Coptic Texts from Deir el-Bala'izah in Upper Egypt*, vol. 1, London, 1954.

KASSER (R.), Compte-rendu de A. Böhlig, P. Labib, *Koptisch-gnostische Apokalypsen aus Codex V von Nag Hammadi*, in *Bibliotheca Orientalis* 22 (1965), p. 163-164.

—, «Remarques à propos des éditions récentes du Livre secret de Jean et des Apocalypses de Paul, Jacques et Adam», *Le Muséon* 78 (1965), sp. p. 91-98 et p. 299-306.

—, «Bibliothèque gnostique V, Apocalypse d'Adam», *Revue de Théologie et de Philosophie* 100 (1967), p. 316-333.

KLIJN (A. F. J.), *Seth in Jewish, Christian and Gnostic Literature* (Suppl. to *Novum Testamentum*, 46), Leiden, 1977.

—, «An Analysis of the Use of the Story of the Flood in the Apocalypse of Adam», in R. VAN DEN BROEK, M. J. VERMASEREN, éd., *Studies in Gnosticism and Hellenistic Religions presented to G. Quispel* (*EPROER*, 91), Leiden, 1981, p. 218-226.

KOLENKOW (A. B.), «Trips to the Other World in Antiquity and the Story of Seth in the Life of Adam and Eve», in P. J. ACHTEMEIER, éd., *Society of Biblical Literature 1977 Seminar Papers*, Missoula (Mont.), 1977, p. 1-11.

KOSCHORKE (K.), *Die Polemik der Gnostiker gegen das Kirchliche Christentum* (*NHS*, 12), Leiden 1978.

KRAFT (R.), «Philo on Seth: Was Philo Aware of Traditions Which Exalted Seth and His Progeny?» in B. LAYTON, éd., *The Rediscovery of Gnosticism*, vol. II, (Suppl. to *Numen*, 41), Leiden, 1981, p. 457-458.

KRAUSE (M.), LABIB (P.), *Die drei Versionen des Apokryphon des Johannes im Koptischen-Museum zum Alt-Kairo, Abhandlungen des deutschen Archäologischen Instituts Kairo, Koptische Reihe*, Bd. I, Wiesbaden, 1962.

KROPP (A. M.), *Ausgewählte Koptische Zaubertexte*, Bruxelles, 1930-31, 3 vol.

KUNTZMANN (R.), *Le Livre de Thomas l'Athlète (NH II,7)*, à paraître dans la Collection *BCNH*, section «Textes».

LAYTON (B.), éd., *The Rediscovery of Gnosticism. Proceedings of the International Conference at Yale, March 1978*, Vol. I, The School of Valentinus; Vol. II, Sethian Gnosticism (Suppl. to *Numen*, 41), Leiden, 1980-1981.

LEWY (H.), *Chaldaean Oracles and Theurgy*, nouvelle éd. par M. TARDIEU, Paris, 1978.

LIDZBARSKI (M.), *Ginza. Der Schatz oder das grosse Buch der Mandaër*, Göttingen, 1925.

MACDERMOT (V.), SCHMIDT (C.), *The Books of Jeu and the Untitled Text in the Bruce Codex*, Text edited by C. Schmidt, Translation and notes by V. MacDermot (*NHS*, 13), Leiden, 1978.

—, *Pistis Sophia*, Text edited by C. Schmidt, Translation and Notes by V. MacDermot (*NHS*, 9), Leiden, 1978.

MACRAE (G. W.), «The Coptic Gnostic Apocalypse of Adam», *The Heythrop Journal* 6 (1965), p. 27-35.

—, «The Apocalypse of Adam. English translation», in J. M. ROBINSON, éd., *The Nag Hammadi Library in English*, Leiden, 1977, p. 257-264.

—, «Seth in Gnostic Texts and Traditions», in P. J. ACHTEMEIER, éd., *Society of Biblical Literature 1977 Seminar Papers*, Missoula (Mont.), 1977, p. 17-24.

—, «Apocalypse of Adam, a new Translation and Introduction», in J. H. CHARLESWORTH, éd., *The Old Testament Pseudepigrapha, vol. 1*, New York, 1983, p. 707-719.

—, «The Apocalypse of Adam, V,5: 64,1-85,32», in D. M. PARROT, éd., *Nag Hammadi Codices V,2-5 and VI with Papyrus Berolinensis 8502,1 and 4* (*The Coptic Gnostic Library*, *NHS*, 11), Leiden, 1979, p. 151-195.

—, «The Apocalypse of Adam Reconsidered», *SBL 1972 Seminar Papers*, Vol. 2, p. 573-579.

MAHÉ (J. P.), «Le sens des symboles sexuels dans quelques textes hermétiques et gnostiques», in J.-É. MÉNARD, éd., *Les Textes de Nag Hammadi* (*NHS*, 7), Leiden, 1975, p. 123-145.

—, *Hermès en Haute-Égypte*, Vol. 1 (*BCNH*, section «Textes», 3), Québec, 1978; Vol. 2 (*BCNH*, section «Textes», 7), Québec, 1982.

—, «Le livre d'Adam géorgien», in R. VAN DEN BROEK, M. J. VERMASEREN, éd., *Studies in Gnosticism and Hellenistic Religions presented to G. Quispel* (EPROER, 91), Leiden, 1981, p. 227-260.

MARTIN (A.), «Aux origines de l'Église copte: l'implantation et le développement du Christianisme en Égypte (Iᵉ-IVᵉ s.)», *Revue des Études Anciennes* (Bordeaux III) 83 (1981), p. 35-56.

MARTIN (F.) et al., *Le Livre d'Hénoch, traduit sur le texte éthiopien* (*Documents pour l'étude de la Bible*), Paris, 1906.

MÉNARD (J.-É.) «Das Evangelium des Philippus und der Gnostizismus», in W. ELTESTER, éd., *Christentum und Gnosis* (*BHZNTW*, 37), Berlin, 1969, p. 46-59.

—, *L'Évangile de Vérité* (*NHS*, 2), Leiden, 1972.

—, «Cosmologie et psychologie du feu dans les textes gnostiques», in *Le feu dans le Proche-Orient antique: aspects linguistiques, archéologiques, littéraires. Actes du Colloque de Strasbourg, 1972.* (*Travaux du Centre de recherche sur le Proche-Orient et la Grèce antiques*, 1), Leiden, 1973, p. 93-100.

—, *L'Évangile selon Thomas* (*NHS*, 5), Leiden, 1975.

—, *La lettre de Pierre à Philippe (NH VIII, 2)* (*BCNH*, section «Textes», 1), Québec, 1977.

—, «Le repos, salut du gnostique», *RevSR* 51 (1977), p. 71-88.

—, «La fonction sotériologique de la Mémoire chez les Gnostiques», *RevSR* 54 (1980), p. 298-310.

—, «Normative Self-Definition in Gnosticism», in E. P. SANDERS, éd., *Jewish and Christian Self-Definition*, Vol. 1, London, 1980, p. 134-150.

MORARD, (F.), «L'Apocalypse d'Adam du Codex V de Nag Hammadi et sa polémique anti-baptismale», *RevSR* 51 (1977), p. 214-233.

—, «L'Apocalypse d'Adam de Nag Hammadi, un essai d'interprétation», in M. KRAUSE, éd., *Gnosis and Gnosticism* (*NHS*, 8), Leiden, 1977, p. 35-42.

—, «Thématique de l'Apocalypse d'Adam du Codex de Nag Hammadi», in B. BARC, éd., *Colloque International sur les Textes de Nag Hammadi* (*BCNH*, section «Études», 1), Québec/Louvain, 1981, p. 288-294.

MORENZ (S.), SCHUBERT (J.), *Der Gott auf der Blume*, Ascona, 1954.

NAGEL (P.), «Die Wolke neben ihm, ApkAd 81,19. Marginalia Coptica», *Wissenschaftliche Zeitschrift der Martin-Luther-Universität* (Halle-Wittenberg) 22 (1973), p. 111-121.

NICKELSBURG (G. W. E.), *Resurrection, Immortality and Eternal Life in Intertestamental Judaïsm* (*Harvard Theological Studies*, 26), Cambridge (Mass.), 1972.

—, «Some Related Traditions in the Apocalypse of Adam, the Books of Adam and Eve, and I Enoch», in B. LAYTON, éd., *The Rediscovery of Gnosticism*, Vol. II, (Suppl. to *Numen*, 41), Leiden, 1981, p. 515-539.

NOCK (A. D.), FESTUGIÈRE (A. J.), *Corpus Hermeticum (Collection des Universités de France)*, Paris, 1945, 4 vol.

ODEBERG (H.), *3 Enoch or the Hebrew Book of Enoch* edited and translated for the first time, with Introduction, Commentary and Critical Notes, Cambridge, 1928, rééd. anastatique New York, 1973.

ORBE (A.), «Los primeros 40 dias de Adàn», *Gregorianum* 46 (1965), p. 96-103.

—, Compte-rendu de A. Böhlig, P. Labib, *Koptisch-gnostische Apokalypsen aus Codex V von Nag Hammadi*, in *Gregorianum* 46 (1965), p. 169-172.

—, El sueño de Adàn entre los gnósticos del siglo II», *Estudios eclesiasticos* 41 (1966), p. 351-394.

PAINCHAUD (L.), *Le Deuxième Traité du Grand Seth (NHVII, 2)* (*BCNH*, section «Textes», 6), Québec, 1982.

PARROTT (D. M.), *Nag Hammadi Codices V, 2-5 and VI with Papyrus Berolinensis 8502, 1 and 4* (*NHS*, 11), Leiden, 1979.

PEARSON (B. A.), «Egyptian Seth and Gnostic Seth», in P. J. ACHTEMEIER, éd., *Society of Biblical Literature 1977 Seminar Papers*, Missoula, (Mont.), p. 25-43.

—, *Nag Hammadi Codices IX and X* (*NHS*, 15), Leiden, 1981.

—, «The Figure of Seth in Gnostic Literature», in B. LAYTON, éd., *The Rediscovery of Gnosticism*, Vol. II (Suppl. to *Numen*, 41), Leiden, 1981, p. 472-503.

PERKINS (P.), «Apocalypse of Adam: The Genre and Function of a gnostic Apocalypse», *Catholical Biblical Quarterly* 39 (1977), p. 382-395.

PETERSON (E.), «La libération d'Adam de l'Ἀνάγκη», *Revue Biblique* 55 (1948), p. 199-214.

POIRIER (P. H.), *Fragments (NH XII,3)* (*BCNH*, section «Textes», 11), Québec, 1983, p. 97-108.

POLOTSKY (H. J.), «Nominalsatz und Cleft Sentence im Koptischen», *Orientalia* 31 (1962), p. 413-430.

—, *Collected Papers*, Jérusalem, 1971.

PREUSCHEN (E.), «Die Apokryphen gnostischen Adams-Schriften aus dem Armenischen übersetzt und untersucht», in *Festgruss für B. Stade*, Giessen, 1900, p. 165-252.

PRIGENT (P.), *Épître de Barnabé* (*SC*, 172). Paris, 1971.

—, *Les testimonia dans le christianisme primitif. L'Épître de Barnabé, I-XVI, et ses sources* (Études bibliques), Paris, 1961.

PUECH (H. C.), *En quête de la gnose*, Vol. 1, *La gnose et le temps*, Paris, 1978.

—, «Archontiker», *Reallexikon für Antike u. Christentum*, Bd. I, col. 633-643.

ROBERGE (M.), *Noréa (NH IX,2)* (*BCNH*, section «Textes», 5), Québec, 1980, p. 151-171.

ROBINSON (J. M.), «On the *Gattung* of Mark (and John)», in *Jesus and Man's Hope* (175th Anniversary Festival on the Gospels at Pittsburg Theological Seminary), *Perspective* 11,2 (1970), p. 99-129.

—, «On the Codicology of the Nag Hammadi Codices», in J. E. MÉNARD, éd., *Les Textes de Nag Hammadi* (*NHS*, 7), Leiden, 1975, p. 15-31.

—, «The Construction of the Nag Hammadi Codices», in M. KRAUSE, éd., *Essays on the Nag Hammadi Texts in Honour of Pahor Labib* (*NHS*, 6), Leiden, 1975, p. 170-190.

—, éd., *The Facsimile Edition of the Nag Hammadi Codices, Codex V*, Leiden, 1975.

—, éd., *The Nag Hammadi Library in English*, Leiden 1977.

—, «The Future of Papyrus Codicology», in R. McL. WILSON, éd., *The Future of Coptic Studies* (*Coptic Studies*, 1), Leiden, 1978, p. 23-70.

ROBINSON (S. E.), «The Apocalypse of Adam», *Brigham Young University Studies* 17 (1977), p. 131-153.

—, «Testament of Adam», in J. H. CHARLESWORTH, éd., *The Old Testament Pseudepigrapha*, New York, 1983, p. 988-995.

RUDOLPH (K.), «Ein Grundtyp gnostischer Urmensch-Adam-Spekulation», *Zeitschrift für Religions und Geistesgeschichte* 9 (1957), p. 1-20.

—, Compte-rendu de A. Böhlig, P. Labib, *Koptisch-gnostische Apokalypsen aus Codex V von Nag Hammadi*, in *Theologische Literaturzeitung* 90 (1965), col. 359-362.

—, *Die Gnosis. Wesen und Geschichte einer spätantiker Religion*, Göttingen, 1977.

RUSSEL (D. S.), *The Method and Message of Jewish Apocalyptic 200 BC-AD 100*, London, 1971.

SAGNARD (F. M.), *Clément d'Alexandrie. Extraits de Théodote* (*SC*, 23), Paris, 1948.

SANDERS (J. T.), *The New Testament Christological Hymns* (*Society for New Testament Studies Monograph Series*, 15), Cambridge, 1971.

SCHENKE (H. M.), *Der Gott «Mensch» in der Gnosis: ein religionsgeschichtlicher Beitrag zur Diskussion über die paulinische Anschauung von Kirche als Leib Christi*, Göttingen, 1962.

—, Compte-rendu de A. Böhlig, P. Labib, *Koptisch-gnostische Apokalypsen aus Codex V von Nag Hammadi*, in *Orientalistische Literaturzeitung* 61 (1966), col. 23-24.

—, «Das Sethianische System nach Nag-Hammadi-Handschriften», *Berliner Byzantinische Arbeiten*, Bd. 45, Berlin, 1974, p. 165-172.

—, «The Phenomenon and Significance of Gnostic Sethianism», in B. LAYTON, éd., *The Rediscovery of Gnosticism*, Vol. II (Suppl. to *Numen*, 41) Leiden, 1981, p. 588-616.

SCHMIDT (C.), SCHENKE (H.-M.), *Koptisch-gnostische Schriften. Die Pistis Sophia. Die beiden Bücher des Jeu. Unbekanntes altgnostisches Werk* (*GCS*), Berlin, 1981⁴.

SCHOTTROFF (L.), «Animae naturaliter salvandae, zum Problem der himmlischen Herkunft des Gnostikers», in W. ELTESTER, éd., *Christentum und Gnosis* (BHZNTW, 37), Berlin, 1969, p. 65-97.

SCHÜRER (E.), *Geschichte des jüdischen Volkes im Zeitalter Jesu Christi*, Bd. III, Leipzig, 1898³.

SEGAL (A. F.), «Heavenly Ascent in Hellenistic Judaism, Early Christianity and their Environment» in H. TEMPORINI, W. HAASE, éd., *Aufstieg und Niedergang der römischen Welt*, II, Principat, 23.2, Religion, Berlin, 1980, p. 1333-1394.

SEVRIN (J. M.), «À propos de la *Paraphrase de Sem*», *Le Muséon* 88 (1975), p. 69-96.

SHELLRUDE (G. M.), «The Apocalypse of Adam: Evidence for a Christian Gnostic Provenance», in M. KRAUSE, éd., *Gnosis and Gnosticism* (*NHS*, 17), Leiden, 1981, p. 82-94.

SEIGERT (F.), *Nag-Hammadi-Register* (*Wissenschaftliche Untersuchungen zum Neuen Testament*, 26), Tübingen, 1982.

STONE (M. E.), *The Testament of Abraham. The Greek Recensions* (Society of Biblical Literature, *Pseudepigrapha Series*, 2, Texts and Translations, 2), Missoula (Mont.), 1972.

—, «Report on Seth Traditions in the Armenian Adam Books», in B. LAYTON, éd., *The Rediscovery of Gnosticism*, Vol. II (Suppl. to *Numen*, 41), Leiden, 1981, p. 459-471.

TARDIEU (M.), *Trois mythes gnostiques: Adam, Éros et les animaux d'Égypte dans un écrit de Nag Hammadi (II,5)*, Paris, 1974.

—, «Les livres mis sous le nom de Seth et les Séthiens de l'hérésiologie», in M. KRAUSE, éd., *Gnosis and Gnosticism* (*NHS*, 8), Leiden, 1977, p. 204-210.

—, «Le Congrès de Yale sur le Gnosticisme (28-31 mars 1978)», *Revue des Études Augustiniennes* 24 (1978), p. 188-209.

—, «La gnose valentinienne et les Oracles Chaldaïques», in B. LAYTON, éd., *The Rediscovery of Gnosticism*, Vol. I (Suppl. to *Numen*, 41), Leiden, 1980, p. 194-237.

—, *Codex de Berlin* (Sources gnostiques et manichéennes, 1), Paris, 1984.

TRÖGER (K. W.), éd., *Gnosis und Neues Testament*, Berlin, 1973.

TURNER, (J. D.), «Gnostic, Sethianism, Platonism and the divine Triad», manuscrit dactylographié, communication présentée au *Working Seminar on Gnosticism and Early Christianity* (Springfield, Missouri, 29.3-1.4.1984).

Van Lantschoot (A.), «Fragments coptes d'une Homélie de Jean de Parallos contre les livres hérétiques», *Miscellanea Giovanni Mercati* (*Studi e Testi*, 121), Rome, 1946, p. 296-326.

Volz (P.), *Die Eschatologie der jüdischen Gemeinde im neutestamentlichen Zeitalter*, Tübingen, 1934.

Yamauchi (E.), *Pre-Christian Gnosticism. A Survey of the Proposed Evidences*, London, 1973.

SIGLES ET ABRÉVIATIONS

BCNH   = *Bibliothèque copte de Nag Hammadi*
BG   = Berolinensis gnosticus 8502
BHZNTW = *Beihefte der Zeitschrift für die neutestamentliche Wissenschaft*
EPROER = *Études préliminaires aux religions orientales dans l'Empire romain*
GCS   = *Die griechischen christlichen Schriftsteller der ersten Jahrhunderte*
NH   = Nag Hammadi
NHS   = *Nag Hammadi Studies*
RevSR   = *Revue des sciences religieuses*
SC   = *Sources chrétiennes*
ZNW   = *Zeitschrift für die neutestamentliche Wissenschaft*

Les abréviations des titres des différents traités de Nag Hammadi sont celles de la *BCNH*.

INTRODUCTION

1. Présentation du Codex et de ses éditions

L'*Apocalypse d'Adam* (ci-après ApocAd) est le dernier traité du Codex V de la Bibliothèque copte découverte à Nag Hammadi, Haute Égypte, en décembre 1945. Elle occupe les pages 64 à 85 de ce codex qui renferme quatre autres textes: l'*Épître d'Eugnoste le Bienheureux* (laquelle se retrouve également dans le codex III,3), l'*Apocalypse de Paul* et les deux *Apocalypses de Jacques*. Non seulement le manuscrit porte le titre explicite: *L'Apocalypse d'Adam*, mais la première ligne de la page 64 l'énonce clairement: «L'Apocalypse qu'Adam fit connaître à son fils Seth». De plus, un double colophon à la fin du traité ne laisse aucun doute sur le contenu et le sens de l'écrit: «Telles sont les apocalypses qu'Adam révéla à son fils Seth et son fils les fit connaître à sa semence. Voilà la gnose secrète d'Adam qu'il a donnée à Seth» (85,19-24).

Examiné une première fois au Caire par Jean Doresse, en octobre 1948, puis de nouveau au printemps 1949, le codex V fut transféré au Département des Antiquités au Musée copte du Vieux-Caire en 1952, déclaré propriété nationale en 1956 et répertorié en 1959 sous le numéro d'inventaire 10548.

Après avoir reçu successivement les numéros V,VII,III dans les différents classements qui furent faits de la Bibliothèque de Nag Hammadi, il est définitivement catalogué sous le chiffre V, tant par le Musée copte du Vieux-Caire que par l'UNESCO et l'édition photographique de 1975[1].

A. Böhlig et P. Labib ont assuré l'édition princeps des apocalypses du Codex V (*Apocalypses de Paul, Jacques, Adam*) en 1963[2]. En 1979, une nouvelle édition critique de tout le Codex V (à l'exception du premier traité, *Eugnoste le Bienheureux*, qui doit paraître dans le Codex III), a été publiée sous la direction de D. M. Parrott[3], G. W. MacRae

---

[1] Sur ces différentes numérotations, cf. J. M. ROBINSON, Préface à *The Facsimile Edition of the Nag Hammadi Codices, Codex V*, Leiden 1975, p. VIII.

[2] *Koptisch-Gnostische Apokalypsen aus Codex V von Nag Hammadi im Koptischen Museum zu Alt-Kairo, Wissenschaftliche Zeitschrift der Martin-Luther-Universität*, Halle-Wittenberg, Sonderband, 1963.

[3] *Nag Hammadi Codices V,2-5 and VI with Papyrus Berolinensis 8502, 1 and 4* (The Coptic Gnostic Library edited with English Translation, Introduction and Notes, NHS, 11), Leiden 1979, p. 3-195.

assurant l'édition, la traduction et les notes explicatives de l'ApocAd. C. W. Hedrick présenta en 1980 une analyse littéraire de l'ApocAd et de ses sources [4] avec une transcription manuscrite du texte copte et enfin S. Emmel [5], par une étude attentive des photos prises au moment de la découverte, ainsi que des négatifs, parfois plus clairs que le manuscrit lui-même dans son état actuel, a permis d'améliorer la lecture de certains passages lacuneux.

De ces précieux travaux antérieurs, la présente édition de l'ApocAd est évidemment redevable et elle en tient compte dans son apparat critique, tout en signalant les points où sa propre lecture peut en diverger. De nombreuses études ont désormais paru sur les problèmes soulevés par l'ApocAd et son interprétation. C. W. Hedrick les a présentées dans son ouvrage cité plus haut [6]; nous y renvoyons donc le lecteur en nous contentant ici de les signaler dans la bibliographie.

État du manuscrit

Nous ne reprenons pas non plus la description détaillée du codex qui a été fournie à plusieurs reprises par M. Krause et P. Labib d'abord [7], puis par A. Böhlig dans l'Introduction de son édition des quatre apocalypses du Codex V [8], enfin et surtout par J. M. Robinson au cours de différentes études codicologiques sur l'ensemble de la Bibliothèque de Nag Hammadi [9] et d'une façon très complète et détaillée, non seulement dans l'Introduction à l'édition photographique [10], mais également dans l'avant-propos à la publication de D. M. Parrott déjà mentionnée [11].

Nous nous bornerons donc à mentionner que le Codex V est formé d'un unique cahier de 22 feuillets et donc de 88 pages dont la première

---

[4] *The Apocalypse of Adam: a Literary and Sources Analysis*, (Society of Biblical Literature, *Dissertation Series*, 46), Ann Arbor, 1980.

[5] «Unique Photographic Evidence for Nag Hammadi Texts CG V-VIII», *Bulletin of the American Society of Papyrologists* 16 (1979), p. 179-191.

[6] *Op. cit.*, p. 11-17.

[7] *Die Drei Versionen des Apokryphon des Johannes im Koptischen Museum zu Alt-Kairo*, *Abhandlungen des Deutschen Archäologischen Instituts Kairo, Koptische Reihe* Bd. I, Wiesbaden, 1962, p. 22-24.

[8] *Op. cit.*, p. 9-14.

[9] «On the Codicology of the Nag Hammadi Codices», *Les textes de Nag Hammadi* (*NHS*, 7), Leiden, 1975, p. 15-31; «The Construction of the Nag Hammadi Codices», *Essays on the Nag Hammadi Texts* (*NHS*, 6), Leiden, 1975, p. 170-190; «The Future of Papyrus Codicology», *The Future of Coptic Studies* (*Coptic Studies*, 1), Leiden, 1978, p. 23-70, en particulier p. 50.

[10] *The Facsimile Edition of the Nag Hammadi Codices, Codex V*, Leiden, 1975, p. VII-XV.

[11] *Op. cit.*, p. 9-30.

(appelée A/B par l'édition photographique) et la dernière (I/J) servaient de pages de garde et n'étaient pas écrites, de même que le verso du dernier feuillet 85/86 et les feuillets au cœur du cahier (F/C et D/E). Deux rouleaux de papyrus avaient été nécessaires pour constituer ce codex d'une hauteur de 24,3 cm. Le premier rouleau qui formait les 11 feuillets extérieurs du cahier se termine à la page 19/20 à laquelle devait correspondre, à l'arrière du cahier, une souche qui a disparu aujourd'hui. Le douzième feuillet présente, en conséquence, le *protokollon*, ou début, d'un nouveau rouleau. Or ce protokollon, qui constitue la page 67/G de l'édition photographique, mais que l'édition princeps a prise en cote en la numérotant 68, offre cette particularité, pratiquement unique dans la Bibliothèque de Nag Hammadi, de montrer clairement un changement dans la facture du cahier: non seulement le sens des fibres horizontales est renversé, ce qui indique que le rouleau a été coupé dans la direction opposée à celle du premier cahier (soit de droite à gauche, alors que le premier rouleau a été coupé de gauche à droite), mais la *kollesis* entre les deux rouleaux se présente dans le sens contraire à l'habitude, c'est-à-dire que c'est la partie droite qui recouvre la gauche, alors que pour la commodité de l'écriture de gauche à droite, c'est la partie gauche qui recouvre ordinairement la droite. J. M. Robinson suppose que le rouleau a dû être retourné de 180° sur un plan horizontal et cela, *avant* d'être coupé puisque la position des feuillets, dont le bord gauche inférieur rejoint le bord droit supérieur, indique que la coupe s'est opérée de droite à gauche, ce qui est d'ailleurs, d'après J. M. Robinson, la pratique normale pour la confection des codices de Nag Hammadi. La page 67/G, plus étroite de 3 cm que les autres folios, représentait donc le *protokollon* du deuxième rouleau et, à ce titre, n'aurait pas dû être utilisée comme surface d'écriture: en effet, le *protokollon*, début d'un rouleau, servait de protection à celui-ci et, dans le cas d'un cahier, était souvent employé comme souche pour attacher le folio correspondant à la couture dorsale du cahier. L'impression d'ensemble qui se dégage du Codex V pourrait expliquer cet état de fait: on visait sans doute à l'économie d'un papyrus d'une qualité par ailleurs inférieure (il fait buvard par endroits) qui forme un des codex les plus étroits de toute la Bibliothèque de Nag Hammadi (*kollemata* de 15,97 cm de moyenne), relié dans une couverture de cuir dont le rabat est fait de deux pièces rapportées[12], comme si la peau avait manqué pour protéger correctement l'ouvrage.

---

[12] Cf. Edition photographique Pl. 2 et 5-6.

Écriture et scribe

Cette impression d'ensemble est encore renforcée par l'apparence plutôt négligée que présente le travail du copiste. En raison peut-être précisément de la mauvaise qualité du papyrus, l'écriture en est irrégulière: les lettres n'ont pas toujours la même grandeur, ce qui rend les reconstitutions malaisées; de plus, la longueur et le nombre des lignes peuvent varier considérablement d'une page à l'autre (de 28 à 34 lignes), bien que celles-ci soient rarement intactes (le bas des feuillets est le plus souvent abîmé, parfois aussi le haut: 67, 69 et 70 en particulier). La numérotation des feuillets n'est, en conséquence, pas toujours conservée (en ce qui concerne l'ApocAd, elle n'est visible que sur la première page: 64). J. Doresse a d'abord apparenté l'écriture du Codex V à celle des Codex IV, VIII, IX et VI [13], mais l'introduction à l'édition anglaise de son ouvrage sur les textes retrouvés à Nag Hammadi revient sur ce jugement et tend à penser que le Codex V serait d'une facture originale, l'œuvre d'un scribe dont on ne retrouve pas la main par ailleurs dans la Bibliothèque [14].

Le texte lui-même présente des erreurs que le copiste a parfois remarquées et corrigées, comme en 73,7 (un ϵ est biffé devant le ⲛ̄ⲥⲉ qui termine la ligne), ou en 77,3 (le ⲉⲩ de ⲛⲉⲩϭⲟⲙ est surmonté de deux points qui annoncent une suppression et remplacé dans l'interligne par ce qui paraît bien être un ι). La même chose s'observe en 85,5 où le ⲧⲟⲟ de ⲍⲓⲧⲟⲟⲧⲟⲩ a été supprimé pour donner ⲍⲓⲧⲟⲩ, tandis qu'en 81,6, un ϵ après le ⲛ̄ⲥ de ⲛ̄ⲥⲣ̄ⲉⲡⲓⲑⲩⲙⲉⲓ a été à la fois barré et pointé.

D'autres erreurs, par contre, sont passées inaperçues: en 69,6-9, une dittographie de deux lignes demeure, ainsi qu'en 84,23 (la syllabe ⲡⲉ est redoublée); le mot ⲛ̄ⲱⲟ a été omis de toute évidence à la ligne 74,12; de même, manque le ⲏ de ⲱⲙ̄ⲱⲏⲧϥ̄ à la ligne 72,21 et en 70,20 il faut lire ⲉⲣⲟⲕ au lieu de ⲉⲣⲟϥ.

En revanche, l'intérêt est éveillé par des gloses marginales ou interlinéaires dues, semble-t-il, à la main du copiste: ce sont tantôt des lettres proposées en variantes, comme en 81,18 et 82,12 où ϭ et ϫ sont notés respectivement au-dessus de ⲛⲟⲩϫⲉ et de ϭⲓⲛⲙⲓⲥⲉ, tantôt, et plus souvent, des mots entiers donnés comme synonymes et utilisés l'un pour l'autre, comme ϭⲏⲡⲉ et ⲕⲗⲟⲟⲗⲉ en 81,16 et 81,19. Cette alternative proposée indiquerait moins la nécessité d'expliquer un mot difficile

---

[13] *The Secret Books of the Egyptian Gnostics*, New York, 1960, p. 141-143.
[14] *Op. cit.*, p. 1-2.

(comme le pense A. Böhlig dans l'introduction de son édition, p. 11) que peut-être, comme le suggère G. W. MacRae (édition du Codex V, p. 5) un souci de fidélité à une autre tradition manuscrite que le copiste avait sous les yeux: ainsi, en 78,10 ⲕⲟⲩⲉⲓ, glose ⲁⲗⲟⲩ; 79,10 ⲱⲱ, ⲣ̄ⲃⲁⲕⲉ; 80,4 ⲭⲡⲟϥ, ⲙⲉⲥⲧϥ, comme en 81,16 et 81,19, ⲕⲗⲟⲟⲗⲉ remplace ϭⲏⲡⲉ et inversement. En 80,1, on peut conjecturer ϩⲱⲱⲗⲉ au-dessus de ⲧⲟⲩⲧⲉ.

Les noms de nombre sont écrits parfois à l'aide de la seule lettre de l'alphabet indiquant le chiffre, par exemple en 64,4 ⲯ̄ = 700; le plus souvent le chiffre accompagne, en surligne ou dans la marge, le nombre écrit en lettres: ainsi en 72,8, ⲝ̄ surmonte ⲛ̄ⲥⲟⲟⲩ ⲛ̄ϣⲉ et ⲅ̄, ϥⲧⲟⲟⲩ ⲛ̄ϣⲉ en 73,15. C'est le cas aussi pour l'énumération des 13 royaumes où la lettre du chiffre vient parfois s'intercaler en outre en bout de ligne, entre le préfixe ⲙⲉϩ du nombre ordinal et le chiffre lui-même qui commence la ligne suivante (en 80,9 et 80,20; en 81,14; 82,4 et 82,10). Par contre, en 79,19 le chiffre ⲉ̄ est oublié avec le nombre ⲧⲙⲉϩⲧ̄. À partir de la page 79, un signe dans la marge de gauche semble parapher chacune des strophes attribuées aux 13 royaumes (79,18; 80,9-20-29; 81,15; 82,5-11) et le même signe se retrouve en face du premier colophon à la page 85,19.

Langue du traité

L'auteur de l'ApocAd semble être un familier de la littérature grecque, en tout cas de la mythologie, comme le prouve l'utilisation qu'il fait du nom de Deucalion pour désigner Noé (70,19) et de celui de Piérides (81,3) pour parler des Muses. De même, quand il se réfère à la Bible, c'est le texte de la LXX qu'il a en mémoire ou sous les yeux (par ex. en 64,3; 73,26).

Mais en outre, certaines tournures grammaticales laissent supposer que le texte copte est la traduction d'un original grec: l'usage du génitif grec, par exemple, est assez fréquent (83,13; 85,11; 85,13-16), et en particulier, une phrase peu intelligible à la page 81, ligne 19, s'éclaire si, comme l'a montré P. Nagel [15], l'on y décèle une confusion du traducteur copte se méprenant sur le sens véritable d'un παρά grec sous-jacent. En effet, la construction d'un ⲉϩⲟⲩⲉ ⲉ (= plus que), utilisée normalement en copte pour marquer la comparaison, n'a pas de sens dans le présent contexte et doit sans doute être interprétée comme la traduction fautive

---

[15] «Die Wolke neben ihm, ApkAd 81,19, Marginalia coptica», *Wissenschaftliche Zeitschrift der Martin-Luther-Universität* (Halle-Wittenberg) 22 (1973), p. 111-115.

d'un παρὰ grec signifiant en réalité «près de», mais compris par le traducteur comme un «plus que» de comparaison. H. M. Schenke [16] propose de voir dans la formule ⲉⲣⲟⲩⲉ ⲉ le verbe ⲟⲩⲉ ⲉ (= être loin de), précédé du suffixe ⲉⲣ qui pourrait être une forme dialectale de la particule ⲁⲣ introduisant une phrase relative au parfait [17]. Mais la suggestion de P. Nagel nous semble être la bonne.

Comme dans bien des traités de Nag Hammadi, le copte utilisé dans le Codex V est un sahidique teinté de nombreuses particularités achmimiques et subachmimiques, avec des influences secondaires fayoumiques qui semblent plus prononcées dans l'ensemble du Codex V que partout ailleurs dans la Bibliothèque. A. Böhlig en a donné une analyse [18], critiquée par H. M. Schenke [19]. Nous y renvoyons le lecteur, tout en mentionnant ici quelques exemples :

— l'utilisation en 67,18 du ⲭⲉ, équivalent achmimique du ⲛϬⲓ (cf. W. Till, *Koptische Dialektgrammatik*, München 1961, § 312), utilisation qui se retrouve ailleurs dans le Codex V, par ex. en 30,12 dans la Première Apocalypse de Jacques ;
— celle du temporel ⲛⲧⲁⲣⲉϥ pour ⲛⲧⲉⲣⲉϥ (cf. Till § 265) en 64,6 ;
— de ⲛⲏ ⲉⲧⲉ pour ⲛⲁⲓ ⲉⲧⲉ ou ⲛⲉⲧ (cf. Till § 157) en 64,18 ;
— de ⲉ pour le qualitatif ⲟ de ⲉⲓⲣⲉ (cf. Till § 204) en 65,3 ;
— de ⲉⲧⲁϥϣⲱⲡⲉ pour ⲉⲛⲧⲁϥϣⲱⲡⲉ (cf. Till § 347) en 76,18 ;
— l'emploi du ⲣ̄ devant les verbes grecs (cf. Till § 187) en 74,5 ; 77,16 ; 81,6 ; et même de l'impératif ⲁⲣⲓ devant le ⲥϥⲣⲁⲣⲓⲍⲉ de 73,4 ;
— enfin, ce qui est plus proprement fayoumique (cf. Till § 183), le préfixe du futur est en ⲛⲉ au lieu de ⲛⲁ en 70,8.

Datation

Tous les exemplaires des traités retrouvés à Nag Hammadi étaient protégés par une reliure de cuir ; à l'intérieur de ces reliures, on a pu retrouver des morceaux de papyrus qui avaient servi à en consolider les plats [20]. La couverture du Codex V a livré des fragments, numérotés 22 à 23 pour les plus importants, 24 à 43 pour les autres [21], sur lesquels on a

---

[16] *Orientalistische Literaturzeitung* 61 (1966), col. 33.

[17] Citant W. E. CRUM, *Coptic Dictionary*, 24a, et P. E. KAHLE, *Bala'izah*, 1, London, 1954, p. 175-179.

[18] *Koptisch-Gnostische Apokalypsen*, p. 11-14.

[19] *Or. Literarztg.* 61 (1966), col. 24-25.

[20] Cf. à ce sujet, *Nag Hammadi Codices, Greek and Coptic Papyri from the Cartonnage of the Covers* (NHS, 16), Leiden, 1981.

[21] *Op. cit.*, p. 25-38.

pu relever des bribes de contrats et des restes d'une comptabilité officielle. Or l'étude de ces fragments permet d'établir qu'ils datent d'une époque où la province de Thébaïde était partagée en deux juridictions : la Haute et la Basse Thébaïde. Il semble qu'en effet la Thébaïde est devenue une province séparée en 295, qu'elle a été divisée en septembre 298 et que cette double partition a pris fin en 323. Ceci nous donne donc une indication approximative pour dater la reliure, sinon le manuscrit copte, tel qu'il est arrivé jusqu'à nous. Quant au traité lui-même, notre commentaire montrera, je l'espère, qu'il n'est pas possible de le considérer comme une œuvre préchrétienne et que, pour être voilées, les allusions au christianisme n'en sont pas moins certaines [22]. Cependant, le genre littéraire adopté, largement tributaire de l'Apocalyptique juive, l'absence de précisions théologiques dans l'argumentation, laissent supposer une date assez ancienne, une époque où les frontières demeurent encore indécises. Nous pencherions donc, en conséquence, pour les débuts du second siècle, pour ne pas aller jusqu'à l'extrême limite du premier siècle de notre ère [23].

2. Le traité

Un écrit attribué à Adam

L'antiquité a connu un nombre considérable d'écrits mis sous le nom d'Adam qui, tous, appartenaient à un cycle de légendes très répandues dans les milieux juifs et que les chrétiens n'ont pas manqué d'exploiter à leur tour [24]. Ces ouvrages, qu'on peut trouver dans tous les recueils d'Apocryphes et de Pseudépigraphes de l'Ancien Testament [25] et que

---

[22] Cf. entre autres, l'opinion de G. M. SHELLRUDE, «The Apocalypse of Adam : Evidence for a Christian Gnostic Provenance», Gnosis and Gnosticism (NHS, 17), Leiden, 1981, p. 82-91.

[23] Si l'on admet que ApocAd est un écrit émanant des milieux séthiens, on peut suivre H. M. Schenke quand il estime que ce groupe existait déjà avant l'ère chrétienne comme le prouverait en particulier, d'après lui, le Document de Damas (VII,21). Cf. H. M. SCHENKE, «Das Sethianische System nach Nag Hammadi Handschriften», Berliner Byzantinische Arbeiten 45, Berlin, 1974, p. 172-173, et «The Phenomenon and Significance of Gnostic Sethianism», in B. LAYTON, The Rediscovery of Gnosticism, vol. II Sethian Gnosticism, Proceedings of the International Conference on Gnosticism at Yale, New Haven, Connecticut, March 28-31 1978, Leiden, 1981, p. 592-593 et p. 612. Mais cf. également A. F. J. KLIJN, Seth in Jewish, Christian and Gnostic Literature, Leiden, 1977, p. 31-32.

[24] Sur le genre de l'écrit, Testament ou Apocalypse, voir plus bas p. 62 et 79 et n. 124.

[25] Cf. en particulier R. H. CHARLES, The Apocrypha and Pseudepigrapha of the Old Testament in English, vol. II Pseudepigrapha, Oxford, 1913, reprint 1977, p. 123-154 ; A. M. DENIS, Introduction aux Pseudépigraphes d'Ancien Testament, Leiden, 1970, p. 3-15 ;

nous nous contentons de mentionner ici, s'intitulaient *Vie d'Adam et Eve*, *Combat d'Adam*, *Pénitence d'Adam*, *Testament d'Adam*, mais aucune *Apocalypse d'Adam* ne nous avait été conservée jusqu'à la découverte du *Codex V* de la Bibliothèque copte de Nag Hammadi.

Et pourtant, l'existence d'*Apocalypses d'Adam*, au pluriel, avait été signalée par Épiphane [26] parmi les écrits de sectes gnostiques.

Une glose marginale dans un des témoins manuscrits de l'*Épître de Barnabé* (le codex Hierosolymitanus, daté de l'année 1056) mentionnait qu'un passage du texte se retrouvait à la fois dans le Psaume 51(50),19 et dans l'*Apocalypse d'Adam*. Bien entendu, cette phrase : «Le sacrifice pour Dieu, c'est un cœur brisé ; le parfum de bonne odeur pour le Seigneur, c'est un cœur qui glorifie son créateur» [27] ne figure à aucun endroit de notre texte. P. Prigent, travaillant à l'édition de l'*Épître de Barnabé*, a noté que cette citation, qui ne redonne pas non plus exactement le verset du Psaume 51(50), a sans doute été tirée d'un recueil de *Testimonia* dirigé contre les institutions juives et qu'elle est utilisée «dans un contexte où le Dieu créateur est proclamé n'attendre de l'homme qu'un culte spirituel» [28]. Les dernières pages de notre Apocalypse d'Adam semblent, elles aussi, marquées par une polémique contre un ritualisme institué (celui du baptême d'eau) et assurent que la connaissance spirituelle accordée aux élus est le seul vrai baptême. Sans vouloir tirer de ce rapprochement aucune conclusion, on peut pourtant se plaire à souligner une coïncidence, sinon à imaginer qu'un scribe du 11e s. ait eu connaissance ou réminiscence d'une Apocalypse d'Adam dont le trait le plus mémorable pour lui était peut-être celui de sa polémique antiritualiste.

Le codex manichéen de Cologne [29], pour donner à la révélation de Mani toute son autorité, la compare aux enseignements reçus par les Pères dans la foi et transmis par eux dans des écrits qui doivent en assurer la pérennité. Le premier de ces textes — auxquels il attribue uniformément le titre d'apocalypses [30] — est celui d'Adam, dont il nous livre un

---

J. H. CHARLESWORTH, *The Old Testament Pseudepigrapha*, vol. I Apocalyptic Literature and Testaments, New York, 1983, p. 889-955. Cf. aussi E. SCHÜRER, *Geschichte des jüdischen Volkes im Zeitalter Jesu Christi*, Bd. III, Leipzig, 1898³, p. 287-289.

[26] *Pan.* 26,8. Sur ces notices hérésiologiques d'Épiphane, cf. M. TARDIEU, «Les livres mis sous le nom de Seth et les Séthiens de l'Hérésiologie», *Gnosis and Gnosticism*, (*NHS*, 8), Leiden, 1977, p. 204-210, en particulier la note 7, p. 205.

[27] *Épître de Barnabé* 2,10. Trad. P. PRIGENT, SC 172, Paris, 1971, p. 87 et n. 1.

[28] *L'Épître de Barnabé I-XVI et ses Sources*, Paris, 1961, p. 43-46.

[29] A. HENRICHS, L. KOENEN, «Der Kölner Mani-Codex (P.Colon.inv.nr. 4780)», *Zeitschrift für Papyrologie und Epigraphik* 19 (1975), p. 1-85 et 32 (1978), p. 87-200.

[30] Apocalypses d'Adam, de Sethel, d'Énos, de Sem, d'Hénoch. Mais les révélations

extrait (48,16-50,7) qui, pour ne se retrouver textuellement nulle part
dans notre traité, n'en présente pas moins avec lui des traits de parenté
étonnants : un des grands anges de la lumière se manifeste à Adam qui
avoue ne pas le reconnaître — comme en ApocAd 65,29. L'ange lui
enjoint de confier sa révélation à un papyrus indestructible et pur, détail
dont on peut retrouver l'écho en ApocAd 85,13, mais qui, il est vrai,
appartient aussi à l'ensemble des traditions adamiques[31]. L'ange dit
encore se nommer Balsamos. Ce nom n'apparaît pas dans le texte de Nag
Hammadi, mais il figure parmi les grands êtres célestes qui, dans l'écrit
copte appelé *Apocalypse de Barthélemy*, chantent un hymne à la gloire
d'Adam régénéré[32]. Le codex manichéen ajoute (50,1) qu'Adam se
trouvait élevé au-dessus des puissances et de tous les anges de la création,
précision que l'auteur gnostique exploite au début de son exposé pour
justifier la jalousie de l'archonte à l'endroit des protoplastes. Sans nous
autoriser à aller au-delà de ce qu'ils nous proposent immédiatement, ces
rapprochements nous conduisent tout de même à supposer l'existence de
plusieurs versions anciennes d'une révélation attribuée au père de
l'humanité et dont notre texte gnostique serait sans doute un témoin
tendancieux. Le pluriel utilisé par Épiphane quand il parle des «Apocalypses d'Adam»[33] circulant parmi les sectes hétérodoxes, en serait une
preuve.

Il en va de même pour l'expression «les enseignements d'Adam», dans
la bouche de l'évêque égyptien Jean de Parallos mettant en garde ses
fidèles, à la fin du 6e s., contre des ouvrages apocryphes ou hérétiques
nés, sans doute, sur le sol égyptien : «Il m'a plu à moi de vous instruire au
sujet des gens... qui ont osé blasphémer Dieu le Créateur de tout
homme, car en vérité ces blasphémateurs-là sont pires que les Juifs et les
païens, criminels impurs. Ils ont notamment écrit des livres de tout genre
de blasphèmes, à savoir : celui que l'on appelle l'investiture de Michel,
puis la prédication de Jean, la jubilation des Apôtres, *les enseignements
d'Adam* (ⲛⲉⲥⲃⲟⲟⲩⲉ ⲛ̅ⲁⲇⲁⲙ), le conseil du Sauveur et toutes les
paroles blasphématoires qu'ils ont encore écrites. Ils ont délaissé la
lumière des saints écrits des prophètes, des apôtres et de tous les pères
docteurs de l'Église, ceux par qui la foi orthodoxe s'est consolidée et qui

reçues et transmises par Paul, les Apôtres et enfin Mani ne reçoivent pas le nom
d'Apocalypses.

[31] Voir plus bas p. 122-123.

[32] Fragment de Berlin 1608 III, publié par M. KROPP, *Ausgewählte koptische Zaubertexte*, Bruxelles, 1931, vol. I, p. 79-81 et vol. II, p. 249-251.

[33] *Pan.* 26,8.

furent puissants dans toutes les vertus agréables à Dieu» [34]. Les écrits
visés ici circulent, bien entendu, en milieu chrétien, puisque l'homélie
accuse des «hérétiques pervers» d'avoir osé publier ces ouvrages qui sont
«récités» par des «gens simples», dans les villages et les villes d'Égypte,
pendant que des «zélants» [35] les écoutent et ils pensent que «les paroles
de ces livres auxquels on prête l'oreille sont choses véridiques». Outre
qu'il atteste pour nous l'existence de ces *enseignements d'Adam* qui
avaient l'audience des chrétiens d'Égypte au 6e s., ce fragment d'homélie
nous apprend que cette littérature avait à l'époque un crédit suffisamment vaste pour inquiéter un évêque du Delta et qu'elle était lue en
particulier par des gens qualifiés de «simples» (ⲁⲡⲗⲟⲩⲥ) [36] et dans des
réunions de confréries ascétiques.

Un écrit séthien [37]

Cependant, c'est surtout la place prédominante faite à Seth dans
l'ApocAd qui permet de ranger cet écrit dans ce que l'on peut désormais
appeler, surtout depuis les travaux de H.-M. Schenke et des chercheurs
du *Berliner Arbeitskreis für koptische gnostische Schriften*, la *«littérature
séthienne»* [38]. En effet, non seulement le personnage de Seth est l'inter-
locuteur privilégié d'Adam et le dépositaire de sa révélation, mais encore
l'analyse plus poussée du traité permet d'y découvrir les grandes étapes et
les figures marquantes qui caractérisent l'ensemble du système séthien tel
qu'il ressort des renseignements fournis par les hérésiologues (Irénée,
Adv.Haer. I,20 et 30; Épiphane, Pan. 26 et 39-40; Ps.Tertullien, Haer. 2;

[34] A. VAN LANTSCHOOT, «Fragments coptes d'une Homélie de Jean de Parallos contre
les livres hérétiques», *Miscellanea Giovanni Mercati I (Studi e Testi,* 121), Rome, 1946,
p. 296-326.

[35] Ces *zélants*, appelés σπουδαῖοι ou φιλόπονοι fort répandus en Égypte, semblent
avoir formé des confréries de chrétiens fervents, menant au milieu du monde une vie plus
austère que le reste des fidèles. Cf. J. MASPERO, *Histoire des Patriarches d'Alexandrie,* Paris,
1923, p. 198, n. 4 et G. GARITTE, «Panégyrique de S. Antoine par Jean, évêque
d'Hermopolis», *Orientalia Christiana Periodica* 9 (1973), p. 133, n. 13.

[36] Il faut cependant noter que le terme ⲁⲡⲗⲟⲩⲥ, simple, peut avoir désigné également
l'ascète, au sens premier du terme *moine* = un = simple, et dans ce cas, la littérature dont il
est question ici aurait surtout séduit les milieux ascétiques.

[37] En adoptant cette dénomination, nous n'entendons pas admettre forcément
l'existence réelle de sectes ayant porté le nom de *séthiens,* ce qui, au reste, importe peu, mais
bien accepter l'existence d'un ensemble de textes représentant un système de pensée
cohérent et que, pour la commodité du discours et de la compréhension, on convient
d'appeler de ce terme.

[38] Cf. en particulier H. M. SCHENKE, «Das Sethianische System nach Nag Hammadi
Handschriften», p. 165-173 et «The Phenomenon and Significance of Gnostic Sethianism»,
The Rediscovery, p. 588-617.

Philastre, Haer. 3) et des textes de Nag Hammadi qui nous ont permis de
les mieux connaître (ApocrJn NH II,1; III,1; IV,1; HypArch II,4;
EvEgypt III,2 et IV,2; 3StSeth VII,5; Zost VIII,1; Melch IX,1; Nor
IX,2; Mar X,1; Allog XI,3; ProTri XIII,1) auxquels viennent s'adjoindre
le Codex Berolinensis 8502 pour une version courte de l'ApocrJn et le
Texte sans titre, ou anonyme, du Codex Bruce; nous y ajouterions pour
notre part et en raison des parallèles qu'on trouvera exposés dans le
commentaire, le *Deuxième Traité du Grand Seth* (GrSeth VII,2) et le
Concept de Notre Grande Puissance (GrPuis VI,4).

L'ApocAd nous instruit du déroulement de l'histoire de l'humanité
depuis la création du premier couple «dans la gloire» (64,10) jusqu'au
jugement final, selon les trois grandes étapes propres à la conception
séthienne de cette histoire qui est avant tout l'histoire d'un salut [39]. La
question sous-jacente au traité est celle de l'éternelle angoisse de l'homme
devant sa destinée: pourquoi est-il voué à la faiblesse et à la mort? Et la
réponse qu'il donne est celle de la conviction propre au séthien: la
conscience d'appartenir à une «semence sainte», à une race élue, mais
néanmoins confrontée ici-bas à une situation dramatique et conflictuelle
où se mélangent le pur et l'impur et dans laquelle seuls ceux qui savent
discerner le message d'en haut au passage de l'Illuminateur et déjouer les
pièges de la soumission aux puissances du Créateur et de son monde,
auront la certitude de survivre, dans des «demeures saintes» où ils
habiteront avec les anges de la Gloire et de l'Incorruptibilité.

H. M. Schenke a bien montré, dans ses différents travaux sur le sujet,
qu'une des caractéristiques essentielles du système séthien est la partition
du temps historique en périodes délimitées par les trois manifestations
successives du Sauveur dans l'ère post-adamique [40].

Or, dans l'ApocAd l'histoire du salut est ponctuée, à la fois par les
trois passages d'un Illuminateur dont la manifestation diffère et l'identité
demeure voilée, et par les colères que suscitent, chez le Dieu Créateur, ces
présences inopinées, dans un monde qu'il croit totalement sien, d'êtres
qui sont qualifiés, comme dans d'autres traités séthiens, d'«étrangers»
(ϣⲙⲙⲟ = ἀλλόγενεις) et auxquels, effectivement, il ne peut rien comprendre. Chaque passage des Illuminateurs est suivi d'un déchaînement
de fureur de la part du Pantocrator, symbolisé successivement par le

---

[39] P. PERKINS, dans son article, «Apocalypse of Adam: The Genre and Function of a
Gnostic Apocalypse», *The Catholic Biblical Quarterly* 39 (1977), p. 385 et 387, souligne que
cette division tripartite de l'histoire a ses racines dans la tradition haggadique juive et
qu'elle relève d'un schème utilisé par la tradition littéraire du testament.

[40] Cf. «Das Sethianische System», p. 169 et schéma p. 173.

déluge d'eau, le déluge de feu et la persécution du troisième Illuminateur. Mais chaque épreuve est aussi accompagnée d'un salut pour les élus de la gnose, ceux qui auront su reconnaître les Envoyés d'en haut et résister à l'emprise du Démiurge et à son esclavage dans la crainte et la mort. Le châtiment du Phoster dans sa chair, suivi du trouble des 13 royaumes de la terre et du combat eschatologique, débouchera sur le jugement final par lequel se clôt le traité.

Un écrit cohérent

C'est la cohérence de cette structure, dont le détail fera l'objet d'une analyse précise plus bas, qui m'empêche d'adhérer, malgré ce qu'elle a eu d'éclairant pour moi dans un premier temps, à la distinction des deux sources rédactionnelles opérée par C. W. Hedrick[41] et reprise par J. D. Turner[42]. Sans doute n'est-il pas possible non plus d'affirmer que le texte, tel que nous le possédons aujourd'hui, a été écrit d'une seule venue et n'a souffert d'aucun remaniement. Mais s'il a eu deux sources différentes à sa disposition, le rédacteur final a indéniablement su les amalgamer de telle manière que le drame annoncé et décrit se déroule avec logique et cohérence jusqu'à son dénouement et qu'il n'y a pas de césure importante, ni de redite, qui viennent en interrompre le développement. En conséquence, nul découpage ne me paraît s'imposer qui s'avère en fin de compte incapable de donner plus de clarté au récit.

L'information (ⲧⲀⲘⲈ), pour reprendre le terme copte précis du texte, qu'Adam promet à Seth dès la première ligne du traité, va s'articuler en deux temps, marqués grammaticalement par l'emploi bien différencié du passé d'abord (64,1-67,14), du futur ensuite (67,15-84,5, puis 85,2-3 et 85,7-18).

En effet, jusqu'en 67,14, Adam explique à Seth ce qui s'est produit au commencement et jusqu'à lui, puis, ayant éclairé la situation présente par la lumière jetée sur le passé, il va dévoiler à son fils l'histoire des générations à venir en fonction de cette connaissance des origines et du drame dans lequel ils sont l'un et l'autre plongés. La narration au futur va se prolonger jusqu'en 84,4 où elle est brusquement interrompue par l'apostrophe aux trois personnages de la Triade condamnée (84,5-28), puis le futur reprend au début de la page 85. S'il fallait voir des retouches en ce traité, c'est précisément en 84,4 que nous pourrions les situer, car la

---

[41] *The Apocalypse of Adam: a Literary and Sources Analysis*, 1980.
[42] «Gnostic Sethianism, Platonism and the divine Triad», *Working Seminar*, Springfield, Missouri, 29.3-1.4 1983, éd. manuscrite p. 22-23.

rupture de temps et l'introduction dans le récit d'une adresse à trois personnages dont le texte n'a pas fait mention jusque-là peut faire penser à une adjonction postérieure répondant à une nécessité ou à une situation du moment. En exceptant la page 84, on pourrait retrouver le fil du récit dans la phrase 85,1: «Mais ils seront connus jusqu'aux Grands Eons...» où réapparaît le futur utilisé dans tout le corps principal du traité, lequel s'achèverait ensuite sur le premier colophon (85,19-22). Le développement introduit par un «car» (ϫⲉ) en 85,3 et qui se poursuit jusqu'en 85,18, me semble être en effet, lui aussi, d'une autre main, qui clôt une nouvelle fois le traité par une conclusion portant bien la marque et l'intention de l'interpolateur: «Voilà la gnose secrète d'Adam ... le baptême saint de ceux qui connaissent ...» (85,22-31).

L'ensemble du traité, par contre, s'articule très bien au futur et en fonction des trois périodes marquées par les trois avènements des Illuminateurs (65,26; 71,10; 76,8)[43]. La première période est déjà commencée au moment où Adam s'exprime et où prend fin son existence terrestre. Chacune de ces phases va être marquée par une colère du Démiurge qui, en déchaînant un cataclysme pour anéantir les séthiens insoumis, va provoquer aussi l'intervention salvatrice des Eons supérieurs (69,19-25; 79,17; 80,7), du moins dans les deux premières étapes. Dans la troisième période, c'est sur l'Illuminateur lui-même que s'abat la colère du Démiurge: il sera «châtié dans sa chair» (77,16) et le combat final opposera alors les spirituels aux serviteurs du Pantocrator pour s'achever dans la confession des vaincus et la béatification des élus: «Heureuse l'âme de ces Hommes parce qu'ils ont connu Dieu dans une gnose de vérité...». Le cataclysme est remplacé, dans cette dernière phase, par le combat eschatologique propre à toutes les apocalypses de l'époque[44] et précédé par le grand trouble des esprits qui doit marquer l'avènement du Messie. Il suffit de penser par exemple à Matth. 24,24: «Il surgira de faux Christs et de faux prophètes qui produiront des signes et des prodiges considérables, capables d'abuser, si possible, même les élus»; ou encore, à l'apocalypse des Semaines du Livre d'Hénoch (93,11) où, à l'approche du jugement final, le prophète s'interroge: «Car quel est l'enfant des hommes qui peut entendre la voix du Saint sans en être troublé, qui peut penser sa pensée et qui peut contempler toutes les œuvres du ciel?»[45]. Ce trouble est figuré ici par les opinions erronées

---

[43] Cf. le schéma explicatif p. 17.

[44] Voir plus loin les rapprochements très suggestifs proposés par G. W. NICKELSBURG entre ApocAd et l'*Apocalypse des Semaines* du Livre d'Hénoch, p. 63, 81, 93, 96-97, 114-115.

[45] Voir aussi Qumran, *Le Règlement de la Guerre*, I,5: «Ce sera le temps du salut pour le peuple de Dieu et l'heure de la domination pour tous les hommes de son lot et de

sur le Sauveur et sa mission, exprimées dans le langage symbolique des
13 strophes qui nous demeurent par là même assez largement hermétiques (77,20-82,19).

Dans le cadre du jugement final, la comdamnation d'une Triade
(Micheu, Michar et Mnésinous), accusée d'avoir souillé l'eau de la vie,
se trouverait littérairement bien à sa place. La difficulté cependant
subsiste, comme H. M. Schenke le souligne encore dans son analyse
des traités séthiens et de leur interdépendance[46], de savoir pourquoi
l'accusation s'adresse à cette Triade qui dans d'autres écrits séthiens fait
indubitablement partie du monde de la Lumière : EvEgypt III,64,15-16 ;
IV,76,4 et III,64,20 ; IV,76,9-10 ; Anonyme de Bruce p. 51 ; (éd.
MacDermot p. 263) ; ProTri 48,19-20. Comme j'ai déjà tenté de le
démontrer[47], les trois personnages, parce que préposés au baptême
d'eau, tombent sous le coup d'une condamnation qui est celle du
rédacteur final de notre apocalypse à l'encontre d'un ritualisme auquel il
oppose la pureté de la vraie connaissance, d'un baptême matériel auquel
se superpose pour lui un baptême spirituel, dans l'Esprit.

La conclusion de la page 85 va affirmer encore la primauté absolue de
la connaissance des paroles incorruptibles du Dieu éternel, connaissance
obtenue par révélation directe des anges et non par transmission de
tradition ou d'écriture (85,3-8) et qui n'est donc accessible qu'à des initiés
(85,8-9).

Ainsi, on le voit, le traité est bien structuré et présente un développement cohérent jusqu'à sa conclusion.

Nature et sens du traité

Du catéchisme d'initiation pour débutants dans une secte d'obédience
séthienne à l'écrit polémique, plein d'une mordante ironie envers le
judaïsme orthodoxe, les interprétations ont été diverses, suivant que l'on
soulignait tel ou tel aspect du traité conservé à Nag Hammadi.

Une chose est certaine, c'est que l'auteur (ou le compilateur) du texte
que nous possédons a su trouver dans la tradition d'une révélation faite
par le premier homme mourant à son fils sur le sort de sa descendance, le
lieu idéal pour un exposé de ses certitudes, et cet exposé prend moins la

---

l'extermination définitive pour tout le lot de Bélial. Et il y aura un désarroi immense pour
les fils de Japhet ...».

[46] *The Rediscovery*, p. 598.

[47] F. MORARD, «L'Apocalypse d'Adam de Nag Hammadi, un essai d'interprétation»,
Gnosis and Gnosticism (*NHS*, 8), Leiden, 1977, p. 35-49.

forme d'une exhortation à la conversion que celle d'un avertissement découlant de ces certitudes elles-mêmes. C'est l'origine même de l'humanité, et le drame dont elle a été l'enjeu au sein du monde d'en haut, qui déterminent le sort auquel elle est promise inéluctablement. Il s'agit moins, par conséquent, de choisir son camp que de *reconnaître* la situation, à ses différentes étapes, et, par cette connaissance, de trouver la voie du salut.

En effet, à la différence de ce qu'enseigne le judaïsme orthodoxe, ce n'est pas le choix d'Adam qui, dans notre texte, détermine l'histoire tragique de l'humanité, mais le conflit qui, dès l'origine, a opposé le Démiurge au Monde de la Lumière et dont Adam n'est que le misérable jouet. Son rôle à lui ne pourra donc pas consister à agir, puisqu'il ne peut échapper à sa condition, mais bien à *savoir*, à discerner d'où il vient et à reconnaître où il va être conduit dans et par sa descendance. C'est cette *information* qu'il reçoit directement du Monde d'en haut et qu'il transmet à Seth, seul fils légitime, digne d'être à son tour instruit et de communiquer le message de la *connaissance* à une lignée qui saura le conserver dans sa pureté, malgré les embûches que les Puissances d'en bas ne cesseront de lui tendre. Cette information se double d'une promesse : le Monde d'en haut ne reste pas indifférent au drame de l'humanité et au sort de ceux qui auront su en reconnaître les Envoyés malgré les apparences trompeuses d'ici-bas (= royauté de Noé et de ses fils, obédience à Sacla, apparitions fallacieuses de l'Illuminateur). Le Dieu de la Lumière manifestera son salut dans les tourmentes provoquées par le Démiurge mauvais (déluges d'eau et de feu, persécutions), avant de triompher définitivement en confondant l'erreur des Puissances et en assurant la pérennité des paroles de l'incorruptibilité et de la connaissance du Dieu éternel.

À toutes les étapes de son histoire, le salut de l'humanité est donc essentiellement affaire de *connaissance*, de discernement des forces en présence, car à chaque étape le Pantocrator tentera d'obscurcir l'intelligence de ceux qu'il aura asservis dans son royaume à lui, en le leur présentant comme le vrai royaume de la Lumière (Noé, Sem, les 12 royaumes issus de Cham et de Japheth, puis les 13 royaumes dont le maître ou sauveur n'a de puissance que terrestre). Seuls, par conséquent, ceux qui auront su de quel monde ils sont réellement issus, à quel monde ils appartiennent et doivent retourner, seront assurés du salut.

Noé et la race de Sem sont présentés ici comme totalement aveuglés par leur asservissement au Pantocrator. C'est là que l'élément polémique intervient, dirigé sans doute contre une conception trop légaliste et ritualiste du message de salut, contre peut-être une orthopraxie qui anéantissait toute forme de discernement personnel, contre un asservissement à une Loi comparée à une royauté terrestre et despotique. La descendance de Sem s'est tout entière perdue dans cette royauté charnelle; celle de Cham et Japheth en partie seulement, par la formation de 12 royaumes (les 12 descendants qui leur sont attribués par la tradition juive de la Septante) et par un treizième qui vient s'adjoindre à eux mystérieusement (le royaume de l'Église chrétienne, dépendante des traditions juives?). Seule la génération libérée de toute obédience à un roi, et par extension, de toute soumission à la loi ou au rite (rejet du baptême d'eau), trouvera son salut dans l'unique connaissance du Message Illuminateur, connaissance obtenue non pas dans un livre ou une tradition (comme pour les Juifs, les chrétiens ou même d'autres gnostiques), mais dans une révélation reçue des anges et dont la transmission par Adam à son fils Seth est la source et le garant.

Tel est finalement le message que l'Apocalypse retrouvée à Nag Hammadi semble avoir eu pour dessein de livrer, message qui s'offre encore à nous aujourd'hui dans une cohérence certaine, malgré les ambiguïtés tout aussi certaines dont il demeure enveloppé pour nous, hommes du 20ᵉ siècle.

APOCALYPSE D'ADAM (NH V,5)

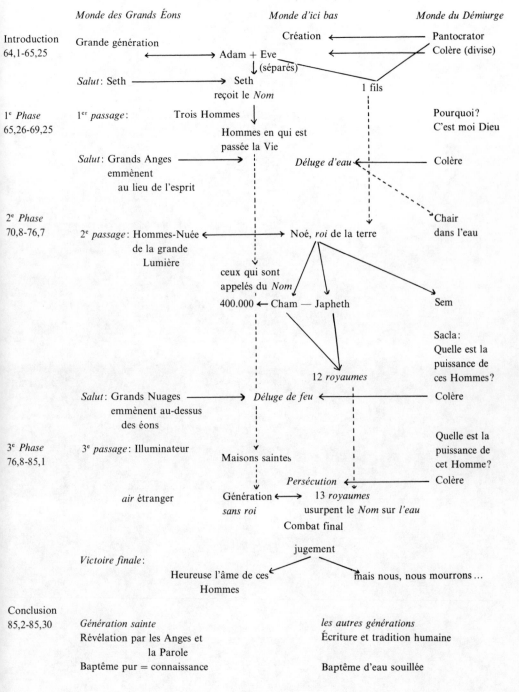

Monde des Grands Éons   Monde d'ici bas   Monde du Démiurge

Introduction
64,1-65,25

1ᵉ Phase
65,26-69,25

2ᵉ Phase
70,8-76,7

3ᵉ Phase
76,8-85,1

Conclusion
85,2-85,30

TEXTE
ET
TRADUCTION *

* *Note préliminaire*
Sauf en ce qui concerne la séparation des mots, notre texte copte respecte l'exacte disposition du papyrus. Le Signe ⁰ accompagnant un terme dans la traduction française indique que celui-ci est en grec dans le texte copte.

Sigles
[   ] lettre restituée
⟨   ⟩: lettre ajoutée
{   }: lettre supprimée
(   ): ajout pour rendre la traduction plus claire

Abréviations de l'apparat critique

Cod: Codex V de Nag Hammadi, Le Caire, Musée copte 10548, p. 64-85.

MacR: G. W. MACRAE, «The Apocalypse of Adam», in *Nag Hammadi Codices V,2-5 and VI with Papyrus Berolinensis 8502, 1 and 4*, ed. by Douglas M. PARROTT (*Nag Hammadi Studies*, 11), Leiden, 1979, p. 151-195.

Em: S. EMMEL, «Unique Photographic Evidence for Nag Hammadi Texts: CG V-VIII», *Bulletin of the American Society of Papyrologists* 16: 3 (1979), p. 179-191.

Böh: A. BÖHLIG, P. LABIB, *Koptisch-gnostische Apokalypsen aus Codex V von Nag Hammadi im koptischen Museum zum Alt-Kairo* (Sonderband, *Wissenschaftliche Zeitschrift der Martin-Luther-Universität*), Halle-Wittenberg, 1963.

He: C. W. HEDRICK, *The Apocalypse of Adam: a Literary and Sources Analysis* (Society of Biblical Literature, *Diss. Series*, 46), Ann Arbor (Mich.), 1980.

Sch: H. M. SCHENKE, Compte-Rendu de A. Böhlig, P. Labib, *Koptisch-gnostische Apokalypsen aus Codex V von Nag Hammadi*, in *Orientalistische Literaturzeitung* 61 (1966), col. 31-34.

ⲝ̄ⲁ

ⲧ̄ⲁⲡⲟⲕⲁⲗⲩⲯⲓⲥ ⲛ̄ⲁⲇⲁⲙ

ⲧⲁⲡⲟⲕⲁⲗⲩⲯⲓⲥ ⲉⲧⲁⲁⲇⲁ[ⲙ ⲧ]ⲁ
ⲙⲉ ⲡⲉϥϣⲏⲣⲉ ⲥⲏⲑ ⲉⲣⲟⲥ· Ϩ̄ⲛ
ⲧⲙⲉϨ ⲯ̄ ⲛ̄ⲣⲟⲙⲡⲉ· ⲉϥϫⲱ ⲙ̄
5 ⲙⲟⲥ ϫⲉ ⲥⲱⲧⲙ̄ ⲉⲛⲁϣⲁϫⲉ ⲡⲁ
ϣⲏⲣⲉ ⲥⲏⲑ· ⲟⲧⲁⲛ ⲛ̄ⲧⲁⲣⲉϥⲧⲁ
ⲙⲓⲟⲉⲓ ⲛ̄ϭⲓ ⲡⲛⲟⲩⲧⲉ ⲉⲃⲟⲗ Ϩ̄ⲙ
ⲡⲕⲁϨ ⲙ̄ⲛ ⲉⲩϨⲁ ⲧⲉⲕⲙⲁⲁⲩ·
ⲛⲉⲓ̈ⲙⲟⲟϣⲉ ⲛ̄ⲙⲙⲁⲥ ⲡⲉ Ϩⲛⲟⲩⲉ
10 ⲟⲟⲩ ⲉⲧⲁⲥⲛⲁⲩ ⲉⲣⲟϥ· ⲉⲃⲟⲗ Ϩ̄ⲙ
ⲡⲓⲉⲱⲛ ⲉⲛⲧⲁⲛϣⲱⲡⲉ ⲉⲃⲟⲗ
ⲛ̄Ϩⲏⲧϥ̄· ⲁⲥⲧⲁⲙⲟⲓ̈ ⲉⲩϣⲁϫⲉ
ⲛ̄ⲧⲉ ⲟⲩⲅⲛⲱⲥⲓⲥ ⲛ̄ⲧⲉ ⲡⲛⲟⲩⲧⲉ
ⲡⲓϣⲁ ⲉⲛⲉϨ· ⲁⲩⲱ ⲛⲉⲛⲉⲓⲛⲉ
15 ⲡⲉ ⲛ̄ⲛⲟϭ ⲛ̄ⲁⲅⲅⲉⲗⲟⲥ ⲛ̄ϣⲁ
ⲉⲛⲉϨ· ⲛⲉⲛϫⲟⲥⲉ ⲅⲁⲣ ⲡⲉ ⲉ
ⲡⲛⲟⲩⲧⲉ ⲉⲧⲁϥⲧⲁⲙⲓⲟⲛ ⲙ̄ⲛ
ⲛⲓϭⲟⲙ ⲉⲧⲛ̄ⲙⲙⲁϥ· ⲛⲏ ⲉⲧⲉ
ⲛⲉⲛⲥⲟⲟⲩⲛ ⲙ̄ⲙⲟⲟⲩ ⲁⲛ·
20 ⲧⲟⲧⲉ ⲁϥⲧⲱϣ ⲛⲁⲛ ⲛ̄ϭⲓ ⲡⲛⲟⲩ
ⲧⲉ ⲡⲁⲣⲭⲱⲛ ⲛ̄ⲧⲉ ⲛⲉⲱⲛ
ⲙ̄ⲛ ⲛⲓϭⲟⲙ Ϩ̄ⲛ ⲟⲩⲃⲱⲗ̄ⲕ· ⲧⲟ
ⲧⲉ ⲁⲛϣⲱⲡⲉ ⲉⲉⲱⲛ ⲥⲛⲁⲩ·
ⲁⲩⲱ ⲁϥⲕⲁⲁⲛ ⲛ̄ⲥⲱϥ ⲛ̄ϭⲓ
25 ⲡⲓⲉⲟⲟⲩ ⲉⲧϨ̄ⲙ ⲡⲉⲛϨⲏⲧ·
ⲁⲛⲟⲕ ⲙ̄ⲛ ⲧⲉⲕⲙⲁⲁⲩ ⲉⲩϨⲁ
ⲙ̄ⲛ ⲧⲅⲛⲱⲥⲓⲥ ⲛ̄ϣⲟⲣⲡ̄ ⲉ
[ⲧ]ⲉ ⲛⲉⲥⲛⲓϥⲉ ⲛ̄Ϩⲏⲧⲛ̄· ⲁⲩ[ⲱ]
ⲁϥⲡⲱⲧ ⲉⲃⲟⲗ ⲙ̄ⲙⲟⲛ
30 [ⲁ]ϥⲃⲱⲕ ⲉϨⲟ̣ⲩⲛ [ⲉⲕ]ⲉ ⲛⲟϭ·
[ⲛ̄ⲛⲉⲱ]ⲛ[·]ⲙ̄[ⲛ ⲕⲉ]ⲛⲟϭ
[ⲛ̄ⲅⲉ]ⲛⲉⲁ[·] ⲧ̄ⲏ[ⲛ̄]ⲧⲁⲥϣⲱ

Numéro intact — 1 ⲛ̄ⲁⲇⲁⲙ: ⲛ̄ⲁⲇⲁⲙ MacR, Böh — 2 ⲉⲧⲁⲁⲇⲁ[ⲙ ⲧ]ⲁⲙⲉ: ⲉⲧⲁⲁⲇⲁ[ⲙ ⲧ]ⲁⲙⲉ MacR, Böh — 3 ⲉⲣⲟⲥ: ⲉⲣⲟ[ⲥ] Böh — 6 ⲥⲏⲑ̲ cod (tache?): ⲥⲏⲑ MacR, Böh, He — 27 ⲉ[ⲧ]ⲉ: ⲉ[ⲧ]ⲉ̣ Böh — 28 ⲁⲩ[ⲱ]: ⲁⲩ[ⲱ] Böh — 29 ⲁϥⲡⲱⲧ: ⲁϥⲡⲱⲧ MacR, ⲁ̣ⲥⲡⲱⲧ Böh, ⲁϥⲡⲱⲧ He — ⲙ̄ⲙⲟⲛ: ⲙ̄ⲙⲟⲛ MacR, He, ⲙ̄ⲙⲟ[ⲛ] Böh — 30 [ⲁ]ϥⲃⲱⲕ: ⲁϥⲃⲱⲕ MacR, [ⲁ]ϥⲃⲱⲕ Böh, [ⲉ]ϥⲃⲱⲕ He — ⲉϨⲟ̣ⲩⲛ: ⲉϨⲟⲩⲛ MacR, He, ⲉϨⲟ̣ⲩⲛ Böh

64

L'Apocalypse °d'Adam

L'apocalypse° qu'Adam fit
connaître à son fils Seth
en la sept centième année, lui disant:
5 «Écoute mes paroles,
mon fils Seth: lorsque
dieu m'eût créé de la
terre avec Ève, ta mère,
je marchais avec elle dans
10 la gloire qu'elle avait vue
sortant de l'Éon° dont nous sommes issus.
Elle me fit connaître une parole
de Gnose°, concernant Dieu
l'Éternel, à savoir que nous
15 ressemblions aux Grands Anges°
éternels, car nous étions supérieurs
au dieu qui nous a créés et
aux puissances qui sont avec lui,
elles que nous ne connaissions pas.
20 Alors° dans sa colère, le dieu,
l'archonte° des éons° et des
puissances, nous imposa une limite
et nous devînmes deux éons°.
Et la gloire qui était dans notre
25 cœur nous abandonna,
moi et ta mère Ève,
ainsi que la Gnose° première
qui soufflait en nous.
Ainsi elle s'écarta de nous
30 et entra dans [un autre] Grand
[Éon° et une autre] Grande
[Généra]tion°. Celle-ci, ce n'est pas

— [ⲉⲕ]ⲉⲛⲟϭ· Em (lettre à P.H. Poirier du 4.2.80): [.]ⲉⲛⲟϭ MacR, [ⲉ]ⲛ Böh,
[ⲉⲕ]ⲉⲛⲟϭ He — 31-32 [ⲛ̄ⲛⲉⲱ]ⲛ[·]ⲙ̄[ⲛ ⲕⲉ]ⲛⲉⲁϭ [ⲛ̄ⲅⲉ]ⲛⲉⲁ[·] Em: [.....]ⲛ[.]ⲙ[ⲛ̄..]
ⲉⲛⲟ [...].ⲉⲁ[.] MacR,].⸱.ⲙ..ⲉⲛⲟ].ⲉⲁ[.] Böh, [ⲙ̄ⲡⲓⲉⲱ]ⲛ ⲙ̄[ⲛ ⲕⲉⲛⲟϭ ⲛ̄ⲧⲅⲉ]
ⲛⲉⲁ[·] He — 32 ⲧⲏ[ⲛ̄]ⲧⲁⲥϣⲱ Em: ⲡ[..ⲉ]ⲧⲁⲥ̣ϣ MacR, ⲡ[.. ⲉ]ⲧⲁⲥ̣ϣ Böh,
ⲧⲏ[ⲉ]ⲧⲁⲥϣ He

[ⲝ̄ⲉ]

ⲡ̣[ⲉ ⲉⲃⲟ]ⲗ ⲍ̄ⲙ ⲡⲉⲓ̈ⲁⲓⲱⲛ ⲁⲛ ⲉⲧ̣[ⲁⲛ]
ⲱ̣ⲱ̣[ⲡⲉ] ⲉⲃⲟⲗ ⲛ̄ⲍⲏⲧ̣ϥ̄ ⲁⲛⲟⲕ
ⲙ̄ⲛ ⲉ[ⲩ]ⲍⲁ ⲧⲉⲕⲙⲁⲁⲩ · ⲁⲗⲗⲁ
ⲁⲥⲃⲱⲕ ⲉⲍⲟⲩⲛ ⲉⲧⲥⲡⲟⲣⲁ ⲛ̄ⲧⲉ
5 ⲍⲉⲛⲛⲟϭ ⲛ̄ⲛⲉⲱⲛ · ⲉⲧⲃⲉ ⲡⲁⲓ̈
ⲍⲱ ⲁⲛⲟⲕ ⲁⲉⲓⲙⲟⲩⲧⲉ ⲉⲣⲟⲕ
ⲙ̄ⲡⲣⲁⲛ ⲙ̄ⲡⲣⲱⲙⲉ ⲉⲧⲙ̄ⲙⲁⲩ
ⲉⲧⲉ ϯⲥⲡⲟⲣⲁ ⲧⲉ ⲛ̄ⲧⲛⲟϭ ⲛ̄ⲅⲉⲛⲉⲁ
ⲏ̄ ⲉⲃⲟⲗ ⲛ̄ⲍⲏⲧ̣ϥ̄ · ⲙ̄ⲛ̄ⲛⲥⲁ ⲛⲓⲍⲟ
10 ⲟⲩ ⲉⲧⲙ̄ⲙⲁⲩ ⲁⲥⲟⲩⲉ ⲉⲃⲟⲗ
ⲙ̄ⲙⲟⲓ̈ ⲁⲛⲟⲕ ⲙ̄ⲛ ⲧⲉⲕⲙⲁⲁⲩ
ⲉⲩⲍⲁ ⲛ̄ϭⲓ ϯⲅⲛⲱⲥⲓⲥ ⲛ̄ⲱⲁ ⲉ
ⲛⲉⲍ ⲛ̄ⲧⲉ ⲡⲛⲟⲩⲧⲉ ⲛ̄ⲧⲉ ⲧⲙⲉ
ϫⲓⲛ ⲡⲟⲩⲟⲉⲓⲱ ⲉⲧⲙ̄ⲙⲁⲩ ⲁⲛ
15 ϫⲓ ⲥⲃⲱ ⲉⲍⲉⲛⲍⲃⲏⲩⲉ ⲉⲩⲙⲟ
ⲟⲩⲧ̣ ⲍⲱⲥ ⲍⲉⲛⲣⲱⲙⲉ · ⲧⲟⲧⲉ
ⲁⲛⲥⲟⲩⲱⲛ ⲡⲛⲟⲩⲧⲉ ⲉⲧⲁϥ
ⲧⲁⲙⲓⲟⲛ · ⲛ̄ⲛⲉⲛⲟ̄ ⲅⲁⲣ ⲁⲛ ⲡⲉ
ⲛ̄ⲱⲙ̄ⲙⲟ ⲛ̄ⲛⲉϥϭⲟⲙ · ⲁⲩⲱ
20 ⲁⲛⲱⲙ̄ⲱⲉ ⲙ̄ⲙⲟϥ ⲍ̄ⲛ ⲟⲩⲍⲟ
ⲧⲉ ⲙ̄ⲛ ⲟⲩⲙ̄ⲛⲧ̣ⲍⲙ̄ⲍⲁⲗ · ⲙ̄ⲛ
ⲛ̄ⲥⲁ ⲛⲁⲓ̈ ⲇⲉ ⲁⲛⲱⲱⲡⲉ
ⲉⲛⲉ ⲛ̄ⲛⲉⲃⲏ ⲍ̄ⲙ ⲡⲉⲛⲍⲏⲧ̣ ·
ⲁⲛⲟⲕ ⲇⲉ ⲛⲉⲓ̈ⲛⲕⲟⲧ̣ ⲍ̄ⲙ ⲡⲙⲉ
25 ⲉⲩⲉ ⲛ̄ⲧⲉ ⲡⲁⲍⲏⲧ̣ · ⲛⲉⲓ̈
ⲛⲁⲩ ⲅⲁⲣ ⲡⲉ ⲉⲱⲟⲙⲧ̣
ⲛ̄ⲣⲱⲙⲉ ⲙ̄ⲡⲁⲙⲧⲟ ⲉⲃⲟⲗ
ⲛⲏ ⲉⲧⲉ ⲙ̄ⲡⲓⲃ̄ⲙ̄ϭⲟⲙ ⲉⲥⲟⲩ
ⲱⲛ ⲡⲉⲩⲉⲓⲛⲉ · ⲉⲡⲓⲇⲏ ⲛⲉ
30 ⲍⲉⲛⲉⲃⲟⲗ ⲁⲛ ⲛⲉ ⲍ[ⲛ̄]ⲛⲓϭⲟⲙ
ⲛ̄ⲧⲉ ⲡⲛⲟⲩⲧⲉ ⲉⲧⲁϥⲧ[ⲁⲙⲓ]ⲟ̣ ⲙ̄
[ⲙⲟⲛ ⲛ]ⲉⲩ[ⲟ]ⲩⲟⲧ̄ⲃ. [
[. . . . .]ⲉⲟⲟⲩ · ⲁⲩ[
[. . . . . . .]ⲙⲉ ⲉ[

Numéro manque — 1 ⲡ̣[ⲉ ⲉⲃⲟ]ⲗ Em: ⲱ[ⲡⲉ ⲉⲃⲟ]ⲗ MacR, [ⲱⲡⲉ ⲉⲃⲟ]ⲗ Böh, [ⲣ]ⲱ̣
[ⲉⲃⲟ]ⲗ He — ⲉⲧ̣[ⲁⲛ]ⲱ̣ⲱ̣[ⲡⲉ]: ⲉⲧ̣[ⲁⲛ]ⲱ̣ⲱ̣[ⲡⲉ] MacR, ⲉ[ⲧⲁⲛ] ⲱ̣ⲱ̣[ⲡⲉ] Böh —
3 ⲉ[ⲩ]ⲍⲁ: ⲉⲩⲍⲁ MacR, ⲉⲩⲍⲁ He — 31 ⲛ̄ⲧⲉ ⲡⲛⲟⲩⲧⲉ: ⲛ̄ⲧⲉ ⲡⲛⲟⲩⲧⲉ MacR, ⲛ̄ⲧⲉ
ⲡⲛⲟⲩⲧⲉ Böh, ⲛ̄ⲧⲉ ⲡⲛⲟ[ⲩⲧ]ⲉ He — ⲉⲧⲁϥⲧ[ⲁⲙⲓ]ⲟ̣ ⲙ̄[ⲙⲟⲛ: ⲉⲧⲁϥⲧ[ⲁⲙⲓⲟⲛ Böh,

(65)

de l'éon⁰ dont moi-même
et ta mère Ève sommes issus,
qu'elle provient, mais c'est
de la semence⁰ des Grands Éons⁰.
5 C'est pour cette raison que
moi aussi je t'ai appelé
du nom de cet Homme-là
qui est la semence⁰ de la Grande Génération⁰
et à partir de lui. Après ces
10 jours-là, la Gnose⁰ éternelle
concernant le Dieu de la Vérité
s'éloigna de moi
et de ta mère Ève.
À partir de ce moment-là, nous fûmes
15 instruits au sujet d'œuvres
mortes, comme des hommes.
Alors⁰ nous connûmes le dieu qui
nous avait créés, car⁰ nous
n'étions pas étrangers à ses puissances.
20 Et nous le servions dans la
crainte et l'esclavage.
Or⁰, après cela, notre cœur
devint ténèbres.
Quant⁰ à moi, j'étais endormi dans
25 la pensée de mon cœur :
en effet⁰, je voyais trois
Hommes devant moi,
dont je ne fus pas capable
de reconnaître la ressemblance, du fait⁰
30 qu'ils n'étaient pas issus des puissances
du dieu qui nous avait créés.
Ils surpassaient [± 3   ]
[. . . . . .]
[. . . .]

ⲉⲧⲁϥⲧ[ⲁⲙⲓ]ⲟ ⲙ̄[ⲙⲟⲓ He — 32 ⲛ]ⲉⲩ[ⲟ]ⲩⲟⲧⲃ. [: ⲛ]ⲉⲩ[ⲟ]ⲩⲟⲧⲃ ⲉ[MacR, ⲉⲩⲟ]ⲩⲟⲧⲃ[
Böh, ⲉⲛ]ⲉⲩ[ⲟ]ⲩⲟⲧⲃ ⲉ[ⲛⲓϭⲟⲙ He — 33 [. . . . .]ⲉⲟⲟⲩ· ⲁⲩ[Em.:]ⲉⲟⲟⲩ· ⲁⲩ[ⲱ MacR,
]ⲛⲁⲩ[Böh, ϩⲙ ⲡⲉⲩ]ϩⲟⲟⲩ· ⲁⲩ[ϣⲁϫⲉ] He — 34 ± 8]ⲙⲉ ⲉ[:]ⲛ̄ⲣ[ⲱ]ⲙⲉ ⲉ[Em,
MacR,]ⲛⲥⲉ[Böh, ⲛ̄ϭⲓ ⲛⲓ]ⲣ̣[ⲱ]ⲙⲉ ⲉ[ⲧⲙ̄ⲙⲁⲩ] He

[35]

.[.].ϫⲱ ⲙ̄ⲙⲟⲥ ⲛⲁⲓ̈ ϫⲉ ⲧ[ⲱⲟⲩ]ⲛ̄ⲅ̄
ⲙ̄ⲙⲁⲩ ⲁ̄ⲇ̄ⲁ̄ⲙ ⲉⲃⲟⲗ ϩⲙ̄ ⲡⲓ[ⲛ̄] ⲕⲟⲧ̄·
ⲛ̄ⲧⲉ ⲡⲙⲟⲩ· ⲁⲩⲱ ⲥⲱⲧ̄ⲙ̄
ⲉⲧⲃⲉ ⲡⲓⲉⲱⲛ ⲙ̄ⲛ̄ ϯⲥⲡⲟⲣⲁ
5 ⲙ̄ⲡⲓⲣⲱⲙⲉ ⲉⲧ̄ⲙ̄ⲙⲁⲩ· ⲡⲏ
ⲉⲧⲁⲡⲓⲱⲛ̄ϩ ⲡⲱϩ ϣⲁⲣⲟϥ· ⲡⲏ
ⲉⲧⲁϥⲉ̄ⲓ ⲉⲃⲟⲗ ⲛ̄ϩⲏⲧ̄ⲕ̄· ⲁⲩⲱ
ⲉⲃⲟⲗ ϩⲛ̄ ⲉ̄ⲩ̄ϩ̄ⲁ̄ ⲧⲉⲕⲥⲩⲛⲍⲩⲅⲟⲥ
ⲧⲟⲧⲉ ⲛ̄ⲧⲉⲣⲓⲥⲱⲧ̄ⲙ̄ ⲉⲛⲉⲓ̈ϣⲁ
10 ϫⲉ ⲛ̄ⲧⲟⲟⲧⲟⲩ ⲛ̄ⲛⲓⲛⲟϭ ⲛ̄ⲣⲱⲙⲉ
ⲉⲧⲙ̄ⲙⲁⲩ· ⲛⲏ ⲉⲧⲉ ⲛⲉⲩⲁϩⲉⲣⲁ
ⲧⲟⲩ ⲛ̄ⲛⲁϩⲣⲁⲓ̈· ⲧⲟⲧⲉ ⲁⲛϥⲓ ⲁ
ϩⲟⲙ ⲁⲛⲟⲕ ⲙ̄ⲛ̄ ⲉ̄ⲩ̄ϩ̄ⲁ̄ ϩⲣⲁⲓ̈ ϩⲙ̄
ⲡⲉⲛϩⲏⲧ· ⲁⲩⲱ ⲁⲡϫⲟⲉⲓⲥ ⲡⲛⲟⲩ
15 ⲧⲉ ⲉⲧⲁϥⲧⲁⲙⲓⲟⲛ ⲁϥⲁϩⲉⲣⲁⲧϥ̄
ⲙ̄ⲡⲉⲛⲙⲧⲟ ⲉⲃⲟⲗ· ⲡⲉϫⲁϥ ⲛⲁⲛ
ϫⲉ ⲁ̄ⲇ̄ⲁ̄ⲙ ⲉⲧⲃⲉ ⲟⲩ ⲛⲉⲧⲉⲧ̄ⲛ̄
ϥⲓ ⲁϩⲟⲙ ϩⲙ̄ ⲡⲉⲧ̄ⲛ̄ϩⲏⲧ· ϩⲓⲉ
ⲛ̄ⲧⲉⲧⲛ̄ⲥⲟⲟⲩⲛ ⲁⲛ ϫⲉ ⲁⲛⲟⲕ
20 ⲡⲉ ⲡⲛⲟⲩⲧⲉ ⲉⲧⲁϥⲧⲁⲙⲓⲉ
ⲧⲏⲩⲧ̄ⲛ̄· ⲁⲩⲱ ⲁⲓ̈ⲛⲓϥⲉ ⲉϩⲟⲩⲛ
ⲉⲣⲱⲧⲛ̄ ⲛ̄ⲟⲩⲡ̄ⲛ̄ⲁ̄ ⲛ̄ⲧⲉ ⲡⲱⲛϩ
ⲉϩⲣⲁⲓ̈ ⲉⲩⲯⲩⲭⲏ ⲉⲥⲟⲛ̄ϩ· ⲧⲟ
ⲧⲉ ⲁⲩⲕⲁⲕⲉ ϣⲱⲡⲉ ϩⲓϫⲛ̄ ⲛⲉⲛ
25 ⲃⲁⲗ· ⲧⲟⲧⲉ ⲁⲡⲛⲟⲩⲧⲉ ⲉⲧⲁϥ
ⲧⲁⲙⲓⲟⲛ ⲁϥⲧⲁⲙⲓⲟ ⲛ̄ⲛⲟⲩ
ϣⲏⲣⲉ ⲉⲃⲟⲗ ⲛ̄ϩⲏⲧϥ̄[..]ⲛ̄
ⲣⲁ..[.].ⲁ. ⲟⲉⲧⲉⲕⲙ̄[ⲁⲁⲩ]
[...]ⲕⲥⲁⲛ.[.].[
30 [...]ⲉⲕⲉ.[..].[
[...]ⲁ ϩⲙ̄ⲡ[

Numéro manque — 1 .[.].ϫⲱ: [ⲉⲩ]ϫⲱ MacR, [ⲉⲩ.ϫ]ⲱ Böh, ⲉ̣[ⲩ]ϫⲱ He — ⲧ[ⲱⲟⲩ]ⲛ̄ⲅ̄:
ⲧ[ⲱⲟⲩ]ⲛ̄ⲅ̄ MacR, ⲧ̣[ⲱⲟⲩ]ⲛ̄ⲅ̄ Böh, ⲧ[ⲱⲱ]ⲛ̄ⲅ̄ He — 2 ⲡⲓ[ⲛ̄]ⲕⲟⲧ: ⲡⲓⲛ̄ⲕⲟⲧ MacR, He
— 24 ⲛⲉⲛⲃⲁⲗ·: ⲛⲉⲛⲃ̣ⲁ̣ⲗ MacR, ⲛⲉⲛⲃⲁⲗ He — 25 ⲉⲧⲁϥⲧⲁⲙⲓⲟⲛ: ⲉⲧⲁϥⲧⲁⲙⲓⲟⲛ
MacR, ⲉⲧⲁϥ[ⲧⲁ]ⲙⲓⲟⲛ Böh, ⲉⲧⲁϥ[ⲧ]ⲁⲙⲓⲟⲛ He — 26 ⲛ̄ⲛⲟⲩϣⲏⲣⲉ: ⲛ̄ⲛⲟⲩϣⲏⲣⲉ
MacR, He, ⲛ̄ⲛⲟⲩ[......] Böh — 27 ⲛ̄ϩⲏⲧϥ̄[..]ⲛ̄: ⲛ̄ϩⲏⲧϥ̄ [ⲙ]ⲛ̄ MacR, He, ⲛ̄ϩⲏⲧϥ̄[
Böh — 28 ⲣⲁ..[.].ⲁ. ⲟⲉⲧⲉⲕⲙ̄[ⲁⲁⲩ]: ⲉ̣[ⲩ]/ϩⲁ̣ ⲧⲉ[ⲕ]ⲙ̣ⲁ̣[ⲁ]ⲩ̣ ⲉⲡⲉ[.]ⲃ̣ⲁ[MacR,]ⲁⲛⲟⲕ
ⲡⲉⲡ̣ⲛⲟⲩⲧⲉ] Böh, ⲧⲉ̣[ⲕ]ⲙ̣ⲁ̣[ⲁ]ⲩ̣ ⲉⲡⲉ[ⲓ̈]ⲃ̣ⲁ(ⲕⲉ He — 29 [...]ⲕⲥⲁⲛ.[.].[: [...]ⲕⲥ
ⲁⲛ.[MacR, [....]ⲕⲉ ⲁ.[Böh, [..]ⲕⲥ ⲁⲛ̣.[ ] He — 30 [...]ⲉⲕⲉ.[..].[:]ⲕⲉ[Böh —
31 [...]ⲁ ϩⲙ̄ ⲡ[: [...]ⲁ ϩⲙ̄ ⲡⲉ̣[MacR,]ⲙⲛ̄ Böh, ⲉⲃⲟⲗ̣ ϩⲙ̄ ⲡⲉ̣[ⲧⲟⲧⲉ ⲁⲓ̈] He

(66)

... me disant: «Lève-toi
Adam, (sors) du sommeil de
la mort et apprends ce qui concerne
l'Éon et la semence⁰ de
5   cet Homme-là, celui que
la vie a rejoint, cette
vie qui t'a quitté toi,
et Ève ta conjointe⁰.
Alors⁰, lorsque j'eus entendu
10 les paroles de ces Grands Hommes-là,
ceux qui étaient debout
devant moi, nous poussâmes
un soupir, moi et Ève, dans
notre cœur, et le seigneur,
15 le dieu qui nous avait créés,
se dressa devant nous et nous dit:
«Adam, pourquoi soupiriez-vous
dans votre cœur? Ne savez-vous pas
que c'est moi le dieu
20 qui vous a créés
et que j'ai insufflé
en vous un souffle⁰ de vie
pour en faire une âme⁰ vivante?»
Alors⁰ les ténèbres se firent
25 sur nos yeux. Alors⁰ le dieu
qui nous avait créés créa
un fils de lui [± 3   ]
[± 10   ] ta m[ère]
[.....................]
30 [.....................]
hors de [..........   ]

[ϫⲍ]

.[. . .]. ⲙⲉⲉⲩⲉ [ⲛ̄ⲧ]ⲉ̣
ⲡⲁϣ[.]. ⲁ̈ⲓⲥⲟⲩⲱⲛ̣
ⲟⲩⲉⲡⲓⲑⲩⲙⲓⲁ ⲉⲥ̣ⲣⲟⲗⲃ̄
ⲛ̄ⲧⲉ ⲧⲉⲕⲙⲁⲁⲩ· ⲧⲟ
5 ⲧⲉ ⲁⲥⲧⲁⲕⲟ ⲉⲃⲟⲗ ⲛ̄ϩⲏ
ⲧⲛ̄ ⲛ̄ϭⲓ ⲧⲁⲕⲙⲏ ⲛ̄ⲧⲉ
ⲡⲉⲛⲥⲟⲟⲩⲛ ⲛ̄ϣⲁ ⲉ
ⲛⲉϩ· ⲁⲩⲱ ⲁⲥⲣ̄ⲇⲓⲱⲕⲉ
ⲛ̄ⲥⲱⲛ ⲛ̄ϭⲓ ⲟⲩⲙⲛ̄ⲧϭⲱⲃ
10 ⲉⲧⲃⲉ ⲡⲁ̈ⲓ ⲁⲩⲣ̄ⲕⲟⲩⲉⲓ
ⲛ̄ϭⲓ ⲛⲉϩⲟⲟⲩ ⲛ̄ⲧⲉ ⲡⲉⲛ
ⲱⲛ̄ϩ· ⲁ̈ⲓⲉⲓⲙⲉ ⲅⲁⲣ ϫⲉ ⲁ̈ⲓ
ϣⲱⲡⲉ ϩⲁ ⲧⲉϫⲟⲩⲥⲓⲁ
ⲛ̄ⲧⲉ ⲡⲙⲟⲩ· ϯⲛⲟⲩ ϭⲉ
15 ⲡⲁϣⲏⲣⲉ ⲥⲏⲑ ϯⲛⲁ
ϭⲱⲗⲡ̄ ⲛⲁⲕ̄ ⲉⲃⲟⲗ ⲛ̄ⲛⲁ̈ⲓ
ⲉⲧⲁⲩϭⲟⲗⲡⲟⲩ ⲛⲁ̈ⲓ ⲉ
ⲃⲟⲗ· ϫⲉ ⲛⲓⲣⲱⲙⲉ ⲉⲧⲙ̄
ⲙⲁⲩ ⲛⲏ ⲉⲧⲁ̈ⲓⲛⲁⲩ
20 ⲉⲣⲟⲟⲩ ⲛ̄ϣⲟⲣⲡ̄ ⲙ̄
ⲡⲁⲙⲧⲟ ⲉⲃⲟⲗ· ϫⲉ
ⲙ̄ⲙⲛ̄ⲛ̄ⲥⲁ ⲧⲣⲁϫⲱⲕ
ⲉⲃⲟⲗ ⲛ̄ⲛⲓⲟⲩⲟⲉⲓϣ
ⲛ̄ⲧⲉ ⲧⲉ̈ⲓ ⲅⲉⲛⲉⲁ·
25 ⲁⲩⲱ ⲛ̄ⲥⲉⲙⲟⲩⲛ̄ⲅ̄
[. . . .]ⲣⲟⲙⲡⲉ ⲛ̄ⲧⲉ
[ϯⲅⲉⲛ]ⲉ̣ⲁ· [. .]ⲧⲉ
[. . . .]ⲟ̣[ⲩϩ]ⲙ̄ϩⲁⲗ
[± 7   ].[
30 [   ]

La page [68], G → ↑, n'est pas inscrite.

Numéro manque — 1 .[. . .].ⲙⲉⲉⲩⲉ: ⲧ[. . . ϩⲙ̄]ⲡⲙⲉⲉⲩⲉ̣ MacR, [. . . ϩⲙ̄ ⲡⲁ]ⲙⲉⲉⲩ[ⲉ
Böh, ⲧ[ϣⲗⲙ̄ ϩⲙ̄]ⲡⲙⲉⲉⲩⲉ̣ He — [ⲛ̄ⲧ]ⲉ̣ ⲡⲁϣ[.].: [ⲛ̄ⲧ]ⲉ̣ ⲡⲁϣ[.].! MacR, ⲙⲛ̄]ⲡⲁϩ[ⲏⲧ]
Böh, [ⲛ̄ⲧ]ⲉ̣ ⲡⲁϣ[ⲉⲉ]! He — 2 ⲁ̈ⲓⲥⲟⲩⲱⲛ̣[ⲛ]: ⲁ̈ⲓⲥⲟⲩϣⲛ̄ MacR, ⲁ̈ⲓⲥⲟⲩⲱⲛ Böh,
ⲁ̈ⲓⲥⲟⲩⲱⲛ He — 26 [. . . .]ⲣⲟⲙⲡⲉ: [ⲛ̄ϭⲓ ⲛⲓ]ⲣⲟⲙⲡⲉ MacR, [ⲛ̄ϭⲓ ⲛ]ⲣⲟⲙⲡⲉ Böh, [ⲛ̄ϭⲓ
ⲛ̄]ⲣⲟⲙⲡⲉ He — 27 [ϯⲅⲉⲛ]ⲉ̣ⲁ· [. .]ⲧⲉ: [ϯⲅⲉⲛⲉ]ⲁ [ⲧⲟ]ⲧⲉ MacR, He, [ϯⲅⲉⲛⲉ]ⲁ
.[. .]ⲧⲉ Böh — 28 [. . . .]ⲟ̣[ⲩϩ]ⲙ̄ϩⲁⲗ: ⲟ[. . .]ⲙϩⲁⲛ̣ Böh, [ⲛⲱϩⲉ]ⲟ̣[ⲩϩ]ⲙ̄ϩⲁⲗ He —
29 [±7].[: [8±]ⲧⲁ̣ MacR, [ⲙ̄ⲡⲛⲟⲩⲧⲉ ⲉ]ⲧⲁ̣[ ] He

(67)

[± 5   ] la pensée de
mon [. .] je connus
un doux désir °
pour ta mère.
5   Alors ° disparut de
nous l'acuité ° de
notre connaissance
éternelle et la faiblesse
s'attacha ° à nous.
10   C'est pourquoi les jours
de notre vie diminuèrent.
Je compris en effet ° que
j'étais tombé au pouvoir °
de la mort. Maintenant donc,
15   mon fils Seth, je vais
te révéler les choses
que m'ont révélées
ces Hommes-là,
ceux que j'ai vus
20   tout d'abord
devant moi. Voici:
quand j'aurai accompli
les temps de
cette génération ° et
25   que seront achevées
[± 4   ] les années
de cette génération ° . . . . .
[± 6   es]clave
[. . . . .
[. . . . .

La page [68], G → ↑, n'est pas inscrite.

[ⲝⲑ]

[   ]
ⲥⲉⲛⲁ̣[ⲧ]ⲱⲟ̣ⲩⲛⲟ[ⲩ
ⲅⲁⲣ ⲛ̅[ϭ]ⲓ ϩⲉⲛⲙⲟ[ⲩ̈ⲉⲅⲉ]
ⲛ̅ϩⲱⲟⲩ ⲛ̅ⲧⲉ ⲡ[ⲛⲟⲩⲧⲉ] ⲡ̅
5 ⲡⲁⲛⲧⲟⲕⲣⲁ[ⲧⲱⲣ ϫⲉ] ⲉ̣ϥⲉ
ⲧⲁⲕⲟ ⲛ̅ⲥⲁⲣⲁϩ [ⲛⲓⲙ] {ⲛ̣ⲧⲉ
ⲡⲛⲟⲩⲧⲉ ⲡⲁ̣ⲛ̣[ⲧⲟ]ⲕⲣⲁ
ⲧⲱⲣ ϫⲉ ⲉϥⲉⲧⲁ̣ⲕ̣ⲉ ⲥⲁ
ⲣⲁϩ ⲛⲓⲙ} ⲉⲃⲟⲗ [ϩ̅ⲙ̅] ⲡⲕⲁϩ
10 ⲉⲃⲟⲗ ϩⲓⲧⲛ̅ ⲛⲏ ⲉⲧⲟ̣[ⲩ]ⲕⲱ
ⲧⲉ ⲛ̅ⲥⲱⲟⲩ· ϩⲛ̅ [ⲛⲓⲉⲃ]ⲟⲗ
ϩⲛ̅ ⲧ̇ⲥⲡⲟⲣⲁ [ⲛ̅ⲧⲉ] ⲛⲓⲣⲱ
ⲙⲉ· ⲛⲏ ⲉⲧⲁ̣[ϥⲟⲩ]ⲱ̅ⲧ̅ⲃ ⲉ
ϩⲣⲁ̇ⲓ ⲉⲣⲟⲟⲩ [ⲛ̅ϭⲓ ⲡⲓ]ⲱⲛϩ̅ ⲛ̅
15 ⲧⲉ ⲧ̇ⲅⲛⲱⲥⲓⲥ [ⲡⲁ]ⲉ̣ⲓ ⲉⲧⲁϥ
ⲉ̇ⲓ ⲉⲃⲟⲗ ⲛ̅ϩⲏⲧ [ⲙ̅ⲛ̅] ⲉⲩϩⲁ
ⲧⲉⲕ̅ⲙⲁⲁⲩ· ⲛⲉ̣ⲩⲉ ⲅⲁⲣ
ⲛ̅ϣ̅ⲙ̅ⲙⲟ ⲙ̅ⲙⲟϥ ⲡⲉ·
ⲙ̅ⲛ̅ⲛⲥⲁ ⲛⲁⲓ̈ ⲥⲉⲛ̅ⲛⲏⲟⲩ ⲛ̅
20 ϭⲓ ϩⲉⲛⲛⲟϭ ⲛ̅ⲁⲅⲅⲉⲗⲟⲥ
ϩ̅ⲛ̅ ϩⲉⲛⲕⲗⲟⲟⲗⲉ̣ ⲉⲩϫⲟⲥⲉ
ⲉⲩⲛⲁϫⲓ ⲛ̅ⲛⲓⲣⲱⲙⲉ ⲉⲧⲙ̅
ⲙⲁⲩ ⲉϩⲟⲩⲛ ⲉⲡⲧⲟⲡⲟⲥ ⲉⲧⲉ̣
ϣⲟⲟⲡ̇ ⲛ̅ϩⲏⲧ[ϥ̣] ⲛ̅ϭⲓ ⲡⲉⲡ̅ⲛ̅[ⲁ]
25 [ⲛ̅ⲧⲉ ⲡ]ⲱⲛ̅ϩ̅ ⲛ̅[

± 4 lignes

Numéro manque — 1 manque — 2 ⲥⲉⲛⲁ̣[ⲧ]ⲱⲟ̣ⲩⲛⲟ[ⲩ: ⲥⲉⲛⲁ[ⲟ]ⲩ ⲟ̣ⲩⲛⲟ[ⲩ ⲉⲃⲟ]ⲗ̣,
ⲥⲉⲛⲁ[ⲧⲱ]ⲟⲩⲛⲟⲩ[Böh, ҫⲉⲛⲁ̣[ⲟ]ⲩⲟ̣ⲧⲛⲟ[ⲩ ⲉⲃⲟⲗ] He — 3 ϩⲉⲛⲙⲟ[ⲩ̈ⲉⲅⲉ]:
ϩⲉⲛⲙⲟⲩ̈ⲓ̈ⲉⲅⲉ MacR, ϩⲉⲛⲙⲟⲩ̈ⲓ̈ⲉⲅⲉ He — 4 ⲡ[ⲛⲟⲩⲧⲉ]: ⲡ[ⲛⲟⲩⲧ]ⲉ̣ MacR,
He, [ⲡⲛⲟⲩⲧⲉ] Böh — 5 ⲡⲁⲛⲧⲟⲕⲣⲁ[ⲧⲱⲣ ϫⲉ] ⲉϥⲉⲧⲁⲕⲟ: ⲡⲁⲛⲧⲟⲕⲣⲁ[ⲧⲱⲣ· ϫⲉ]
ⲉϥⲉⲧⲁⲕⲟ MacR, He, ⲡⲁⲛⲧⲟⲕⲣⲁ[ⲧⲱⲣ ϫⲉ ⲉ]ϥⲉⲧⲁⲕⲟ Böh — 6 [ⲛⲓⲙ] {ⲛ̅ⲧⲉ:
[ⲛⲓⲙ]{ ⲛ̅ⲧⲉ MacR, [ⲛⲓⲙ {ⲛ]ⲧⲉ Böh, [ⲛⲓⲙ]{} He — 7 ⲡⲁⲛ̣[ⲧⲟ]ⲕⲣⲁⲧⲱⲣ: ⲡⲁ[ⲛⲧⲟ]
ⲕⲣⲁⲧⲱⲣ MacR, ⟨ⲡ⟩ⲡⲁ[ⲛⲧⲟ]ⲕⲣⲁⲧⲱⲣ Böh — 8 ⲉϥⲉⲧⲁ̣ⲕⲉ: ⲉϥⲉⲧ̣[ⲁⲕ]ⲉ MacR, ⲉϥⲉ
[ⲧⲁⲕ]ⲉ Böh — 9 ⲉⲃⲟⲗ[ϩ̅ⲙ̅]: ⲉⲃⲟⲗ[ ] He — 10 ⲉⲧⲟ[ⲩ]ⲕⲱⲧⲉ: ⲉⲧⲉ̣ⲥⲕⲱⲧⲉ MacR, Em,
ⲉⲧⲉ[ⲙ]ⲡⲕⲱⲧⲉ Böh, [ⲉ]ⲧⲉ̣ⲥⲕⲱⲧⲉ He — 11 ϩⲛ̅[ⲛⲓ ⲉⲃ]ⲟⲗ: ϩⲓ ⲛ̣[ⲓⲉⲃ]ⲟⲗ MacR, Em,
ϩⲓ [ϩⲉⲛⲉⲃ]ⲟⲗ Böh — 12 [ⲛ̅ⲧⲉ]: ⲛ̣[ⲧⲉ MacR, ⲛ̣[ϭⲓ He — 13 ⲉⲧⲁ̣[ϥⲟⲩ]ⲱ̅ⲧ̅ⲃ:
ⲉⲧⲁ[ϥⲟⲩ]ⲱ̅ⲧ̅ⲃ Böh — 14 [ⲛ̅ϭⲓ ⲡⲓ]ⲱⲛϩ̅: [ⲛ̅ϭⲓ ⲡⲓⲟⲩ]ⲱⲛϩ̅ Böh, [ⲛ̅ϭⲓ ⲡ]ⲱⲛϩ̅ He
— 15 [ⲡⲁ]ⲉ̣ⲓ: [ⲧⲁ]ⲉ̣ⲓ Böh — 16 [ⲙ̅ⲛ̅]: ⲙ̣[ⲛ̅] MacR, ⲛ̅ϩⲏⲧ[ⲥ ⲛ] Böh, ⲙ̅ⲛ̅ He —
— 20 ⲛ̅ⲁⲅⲅⲉⲗⲟⲥ: ⲛⲁ[ⲅⲅ]ⲉⲗⲟⲥ Böh — 21 ⲕⲗⲟⲟⲗⲉ̣: ⲕⲗⲟⲟⲗ[ⲉ] Böh, ⲕⲗⲟⲟⲗⲉ He —

(69)

[. . . . .
[s'élè]veront . . .
en effet[0] les eaux de
pluie du d[ieu]
5   Pantocra[tor[0]], afin
d'éliminer toute chair[0]
⎰ du dieu Pantocrator[0]   ⎱
⎱ afin d'éliminer toute chair[0] ⎰
de la terre
10 à partir de ceux qu'il recherche
(litt. qui sont recherchés) parmi ceux
qui sont issus de la semence[0]
des hommes, ceux en qui est
passée [la V]ie
15 de la Gnose[0] — vie qui nous
a quittés, moi et Ève
ta mère — car[0] Ils étaient
pour lui des étrangers.
Après cela viendront de
20 Grands Anges[0]
dans des nuages élevés,
qui emmèneront ces Hommes-là
dans le lieu[0] où
se trouve l'esprit[0]
25 [de la V]ie   . . . .
[. . . .
[. . . . .
[. . .
[. . .

---

23 επτοπος: επιτοπος Em — ετϥϣοοπ: ετεϥϣοοπ MacR, He — 25 [ⲛⲧⲉ
ⲡ]ⲱⲛ̄ϩ̄ ⲛ̄[: [ⲛⲧⲉ ⲡ]ⲱⲛϩ̄ ⲛ̄[MacR, ⲛ̄ⲧⲉ ⲡⲱⲛ̄ϩ̄ ⲛ[..] He

[O̅]

[± 7   ]. ΤΕ [.]Ν[.]Ν̣ΕΟ
[.]ϣ̣.[…]Ν ΕΤΜ̅Μ̣ᾺΥ·
[..]Ε[..ϣ]ϣΠΕ ϪΙΝ ΤΠΕ
ϣᾺ ΠΚ[Α2 …] ϤΝΑϣϢΧ̅Π̅

5 Ν̅6Ι ΠΙ[ΜΗΗϢΕ Τ]Η̣ΡϤ̅ Ν̅ΤΕ ΤΣΑ
ΡᾺϪ 2Ν̅ [ΝΙΜΟΟΥ] ΤΟΤΕ ΠΝΟΥ
ΤΕ ΝΑΜ̅[Τ]Ο̣Ν̣ Μ̅ΜΟϤ ΕΒΟΛ Μ̅
ΠΕϤ6Ω[Ν]Τ̅· [Α]ΥΩ ϤΝΕΝΟΥ
ΧΕ Ν̅ΤΕϤ[6]ΟΜ ΕϪ̅Ν̅ ΝΙΜΟΟΥ·

10 ΑΥΩ [ϤΝΑ]Τ̅6ΟΜ Ν̅ΝΕϤϢΗΡΕ
Μ̅Ν̅ ΝΕ[Υ2Ι]Ο[Μ]Ε ΕΒΟΛ 2Ν̅ ΤΚΙ
ΒΩΤΟΣ· [Μ]Ν̅ [Ν]Τ̅ΒΝΟΟΥΕ Ε
ΤΑϤΤ̅ ΜΕΤΕ ΕΧΩΟΥ· Μ̅Ν̅ Ν̅
2ΑΛΑΤΕ Ν̅Τ[Ε] ΤΠΕ ΕΤΑϤΜΟΥ

15 ΤΕ ΕΡΟΟΥ ΑϤΚΑΑΥ 2Ι̅
Χ̅Μ̅ ΠΚΑ[2] ΑΥΩ ΠΝΟΥ
ΤΕ ΝΑΧΟ̣Ο̣Σ Ν̅ΝΩ2Ε· ΠΗ Ε
ΤΕ ΝΙΓΕΝΕ̣Α ΝΑΜΟΥΤΕ ΕΡΟϤ
ΧΕ ΛΕΥΚΑΛΙΩΝ· ΧΕ ΕΙΣ 2Η

20 ΗΤΕ ΑΪΑΡΕ2 ΕΡΟ<Κ> 2Ν̅ ΤΚΙΒΩΤΟΣ
Μ̅Ν̅ ΤΕΚΣ2ΙΜΕ· Μ̅Ν̅ ΝΕΚϢΗ
ΡΕ Μ̅Ν̅ ΝΕΥ2ΙΟΜΕ· Μ̅Ν̅ ΝΕΥ
[Τ̅Β̅]ΝΟΟΥΕ [Μ]Ν̅ Ν̅2ΑΛΑΤΕ̣ [Ν̅]Τ[Ε]
[ΤΠΕ Ν]Η̣ Ε̣ΤΑΚ̣ΜΟΥ[ΤΕ ΕΡΟΟΥ]

25 [   ]··[

± 4 lignes manquantes

Numéro manque — 1 (± 7]. Τ̣Ε[.]Ν[.]Ν̣ΕΟ: [± 9]ΗΤ Ε[.]Ν[..]Ν̅ΕΟ[ΟΥ·] MacR,]ΠΕ̣[.]Ν[..].ΕΟ Böh, [ΣΕΝΑΤ ΠΕΥ2ΗΤ Ε[Π]Ν[Ο6] Ν̣ΕΟ[ΟΥ He — 2 [.]ϣ̣.[…]Ν ΕΤΜ̅Μ̣ᾺΥ·: [ΟΥ.]Τ̣Ε̣[….]Ν ΕΤΜ̅Μ̣ᾺΥ· MacR,]Ν ΕΤΜΜΑΥ· Böh, [ΟΥ Ν̅]Τ̣Ε[ΠΜΤΟ] Ν ΕΤΜ̣ᾺΥ He — 3 [..]Ε[..ϣ]ϣΠΕ: [..]Τ̣Ε [… ϣ]ϣΠΕ MacR, [Σ]Ε[ΝΑϣϢ]ΠΕ Böh, [ΤΟ]ΤΕ [ΣΕΝΑϣ]ϣΠΕ He — 4 ΠΚ[Α2 …]: ΠΚ[Α2· ΤΟΤΕ] MacR, ΠΚ[Α2 ΑΥΩ] Böh, ΠΚ[Α2 ΑΥΩ Ε]ϤΝΑϣϢΧ̅Π̅ He — 5 ΠΙ[ΜΗΗϢΕ Τ]Η̣ΡϤ̅: ΠΙΜ[ΗΗϢΕ Τ]Η̣ΡϤ̅ Böh, ΠΜ[ΗΗϢΕ̣ Τ]Η̣ΡϤ̅ He — 6 2Ν̅ [ΝΙΜΟΟΥ]: 2Ι̅ Ν̣[ΙΜΟΟΥ·] MacR, He, 2Ν̅[ΜΜΟΟΥ] Böh — 7 ΝΑΜ̅[Τ]Ο̣Ν̣ Μ̅ΜΟϤ: ΝΑΜ̅[Τ]Ο̣Ν̣ Μ̅ΜΟϤ MacR, He, ΝΑΜ[ΤΟΝ Μ]ΟϤ Böh — 10 [ϤΝΑ]Τ̅6ΟΜ: [ϤΝΑ]Τ̅ [6]ΟΜ MacR, He, [ϤΝΑ]Τ̅ΣΟ ⟨ΕΝΩ2Ε⟩ Μ̅Ν̅ Böh — 12 [Μ]Ν̅ [Ν]ΤΒΝΟΟΥΕ: Μ̅Ν̅[ΝΙ] ΤΒΝΟΟΥΕ MacR, Μ̅Ν̅ [Ν̅]ΤΒΝΟΟΥΕ He — 20 ΑΪΑΡΕ2 ΕΡΟ⟨Κ⟩: Μ̣Ν̅ΑΡΕ2 ΕΡΟϤ Cod., ΑΪΑΡΕ[2] ΕΡΟΚ Böh — 23 [Μ̅]Ν̅ Ν̅2ΑΛΑΤΕ̣ [Ν̅]Τ[Ε]: ΜΝ Ν̅2ΑΛΑΤΕ [Ν] Böh, Μ̅Ν̅ Ν̅2ΑΛΑΤΕ̣ [Ν̅]Τ[Ε] He — 24 [ΤΠΕ Ν]Η̣ ΕΤΑΚΜΟΥ[ΤΕ ΕΡΟΟΥ]: [ΤΠΕ Ν]Η̣ ΕΤΑΚΜΟΥ [ΤΕ ΕΡΟΟΥ] MacR, He — 25 ΑΚΚΑΑ̣[Υ] 2[ΙΧ̅Μ̅ ΠΚΑ2] MacR, He

(70)

[. . . . .

[± 7   ] là

viendront du ciel

jusqu'à la ter[re et] toute

5   [la multitude] de la chair⁰ restera

dans les [eaux]. Alors⁰ dieu

se reposera de sa colère

et il jettera

sa puissance sur les eaux.

10 Et il [donnera] puissance à ses fils

et à leurs femmes grâce à

l'arche⁰, ainsi qu'aux animaux

qu'il avait agréés et

aux oiseaux du ciel qu'il

15 avait appelés et

établis sur la terre. Et dieu

dira à Noé, celui que

les générations⁰ appelleront

Deucalion : «Voici, je ⟨t'⟩ai

20 gardé dans l'arche⁰

avec ta femme, avec tes fils

et leurs femmes, avec leurs bêtes et les oiseaux

du ciel que tu as appelés

[. . . . .

[. . . . .

[. . . . .

[. . . . .

[. . . . .

[ō͞ā]

ⲉⲧⲃⲉ [ⲡ]ⲁⲓ̈ ⲧⲛⲁⲧ ⲙ̄ⲡⲕ̲[ⲁϩ] ⲛ̣ⲁ[ⲕ
ⲛ̄ⲧⲟⲕ ⲙ̄ⲛ ⲛⲉⲕϣⲏⲣⲉ̣ [ϩ]ⲛ̄ ⲟⲩ
ⲙ̄ⲛⲧⲣ̄ⲣⲟ ⲕⲛⲁⲣ̄ ⲣ̄ⲣⲟ ⲉⲭ̄[ⲱ]ϥ ⲛ̄ⲧⲟⲕ
ⲙ̄ⲛ ⲛⲉⲕϣⲏⲣⲉ· ⲁⲩⲱ ⲙ̄ⲙ̄ⲛ
5 ⲥⲡⲟⲣⲁ ⲛ̄ⲛⲏⲩ ⲉⲃⲟⲗ ⲛ̄ϩⲏⲧⲕ
ⲛ̄ⲧⲉ ⲛⲓⲣⲱⲙⲉ ⲉⲧⲉ ⲛ̄ⲥⲉⲛⲁⲁϩⲉ
ⲣⲁⲧⲟⲩ ⲁⲛ ⲙ̄ⲡⲁⲙⲧⲟ ⲉⲃⲟⲗ ϩ̄ⲛ
ⲕⲉⲉⲟⲟⲩ· ⲧⲟⲧⲉ ⲥⲉⲛⲁϣⲱ
ⲡⲉ ⲛ̄ⲑⲉ ⲛ̄ⲧ̄ⲕⲗⲟⲟⲗⲉ ⲛ̄ⲧⲉ ⲡⲓ
10 ⲛⲟϭ ⲛ̄ⲟⲩⲟⲉⲓⲛ· ⲥⲉⲛ̄ⲛⲏⲩ ⲛ̄ϭⲓ
ⲛ̄ⲣⲱⲙⲉ ⲉⲧⲙ̄ⲙⲁⲩ· ⲛⲏ ⲉⲧⲁⲩ
ⲛⲟⲭⲟⲩ ⲉⲃⲟⲗ ϩ̄ⲛ ⲧⲅⲛⲱⲥⲓⲥ ⲛ̄
ⲧⲉ ⲛⲓⲛⲟϭ ⲛ̄ⲛⲉⲱⲛ ⲙ̄ⲛ ⲛⲓⲁⲅ̄
ⲅⲉⲗⲟⲥ ⲥⲉⲛⲁⲁϩⲉⲣⲁⲧⲟⲩ ⲙ̄
15 ⲡⲉⲙⲧⲟ ⲛ̄ⲛⲱϩⲉ ⲙ̄ⲛ ⲛⲓⲉⲱⲛ·
ⲁⲩⲱ ⲡⲛⲟⲩⲧⲉ ⲛⲁⲭⲟⲟⲥ ⲛ̄
ⲛⲱϩⲉ ⲭⲉ ⲉⲧⲃⲉ ⲟⲩ ⲁⲕⲣ̄ ⲥⲁⲃⲟⲗ
ⲛ̄ⲡⲉⲛⲧⲁⲓ̈ⲭⲟⲟϥ ⲛⲁⲕ· ⲁⲕ
ⲧⲁⲙⲓⲟ ⲛ̄ⲅⲉⲅⲉⲛⲉⲁ ⲭⲉ ⲉⲕⲉ
20 ⲧ ⲥⲱϣ ⲛ̄ⲧⲁϭⲟⲙ ⲧⲟⲧⲉ ϥⲛⲁ
ⲭⲟⲟⲥ ⲛ̄ϭⲓ ⲛⲱϩⲉ ⲭⲉ ⲧⲛⲁ
ⲣ̄ ⲙ̄ⲛⲧⲣⲉ ⲙ̄ⲡⲉⲙⲧⲟ ⲙ̄ⲡⲉⲕ
ϫⲛⲁϩ ⲭⲉ ⲛ̄ⲧⲁⲧⲅⲉⲛⲉⲁ ⲛ̄
ⲧⲉ ⲛⲓⲣⲱⲙⲉ ϣⲱⲡⲉ ⲉⲃⲟ̣ⲗ
25 [ϩⲓⲧⲟⲟ]ⲧ̣ⲁⲛ· ⲟⲩⲧⲉ ⲉ[
[   ].[. . .]. . .[
[   ].ⲧ[. . . .].[

± 4 lignes manquantes

Numéro manque — 1 [ⲡ]ⲁⲓ̈: [ⲡ]ⲁ̣ⲓ̣ MacR, [ⲡⲁ]ⲓ̈ Böh, [ⲡ]ⲁⲓ̈ He — ⲙ̄ⲡⲕ̲[ⲁϩ] ⲛ̣ⲁ[ⲕ:
ⲙ̄ⲡⲕ̲[ⲁϩ ⲛ]ⲁ̣ⲕ MacR, He, ⲙ̄ⲡⲕ̲[ⲁϩ] ⲛⲁ[ⲕ] Böh — 3 ⲉⲭ̄[ⲱ]ϥ: ⲉⲭ̣ⲱϥ MacR, He —
4 ⲙ̄ⲙ̄ⲛ: ⲙ̄ⲙⲛ Böh — 24 ⲉⲃⲟⲗ: ⲉⲃ̣ⲟ̣[ⲗ] Böh — 25 ⲁⲛ·: ⲁⲛ̣ Böh — ⲟⲩⲧⲉ ⲉ[: ⲟⲩⲧⲉ
ⲉⲃ̣[ⲟⲗ ϩⲓⲧⲛ MacR, ⲟⲩⲧⲉ ⲉ[ⲃⲟⲗ ⲛ] Böh, ⲟⲩⲧⲉ ⲉⲃ[ⲟⲗ He — 26 ⲛⲁ]ϣ[ⲏⲣ]ⲉ [ⲁ]ⲛ̣· [
MacR, ϩ̄ⲙ ⲡⲁ]ϣ[ⲏⲣ]ⲉ [ⲁ]ⲛ̣ [ⲁⲗⲗⲁ He — 27 [. . .]ϣⲡ[. . . .]ⲛ̄[MacR, ⲁⲥϣ]ϣⲡ[ⲉ
ⲉⲃⲟⲗ ϩ̄ⲛ̄ [ ] He

(71)

C'est pourquoi je te donnerai la ter[re],
à toi et à tes fils. En
royauté tu seras roi sur elle, toi
et tes fils. Et aucune
5 semence ⁰ ne sortira de toi,
d'hommes qui ne se tiennent debout
en ma présence issus d'une
autre gloire». Alors ⁰ ils seront
comme la nuée de la
10 Grande Lumière, ils viendront
ces Hommes-là, ceux qui ont été
envoyés hors de la Gnose ⁰ des
Grands Éons ⁰ et des Anges ⁰.
Ils se tiendront debout en
15 présence de Noé et des éons ⁰
et dieu dira à Noé:
«Pourquoi as-tu agi en dehors de
ce que je t'avais dit?
Tu as formé une autre génération ⁰
20 afin de porter atteinte à ma puissance». Alors ⁰
Noé dira: «Je
témoignerai en présence de ton
bras que ce n'est pas de moi
que la génération ⁰ de ces Hommes
25 est issue, ni de [± 3]
[........
[.......
[.......
[.......
[.......
[.......

[O̅B̅]

[...ⲧⲅⲛ]ⲱⲥⲓⲥ· [·]ⲩ[··]ⲛⲁ
[·] ⲱ[··]· ⲛ̅ⲛ̅ⲣⲱⲙⲉ ⲉⲧⲙ̅ⲙⲁⲩ
[ⲛ̅]ϥ̅ⲛ̅ⲧⲟⲩ ⲉϩⲟⲩⲛ ⲉⲡⲉⲩⲕⲁϩ
ⲉⲧⲙ̅ⲡϣⲁ ⲛ̅ϥ̅ⲕⲱⲧ̅ ⲛⲁⲩ ⲛ̅ⲛⲟⲩ
5 ⲙⲁ ⲛ̅ϣⲱⲡⲉ ⲉϥⲟⲩⲁⲁⲃ· ⲁⲩⲱ
ⲥⲉⲛⲁⲙⲟⲩⲧⲉ ⲉⲣⲟⲟⲩ· ϩ̅ⲙ̅ ⲡⲓⲣⲁⲛ
ⲉⲧⲙ̅ⲙⲁⲩ ⲛ̅ⲥⲉϣⲱⲡⲉ ⲙ̅ⲙⲁⲩ
ⲛ̅ⲥⲟⲟⲩ̅ͯ ⲛ̅ϣⲉ ⲛ̅ⲣⲟⲙⲡⲉ ϩ̅ⲛ̅ ⲟⲩ
ⲥⲟⲟⲩⲛ ⲛ̅ⲧⲉ ϯⲁⲫⲑⲁⲣⲥⲓⲁ·
10 ⲁⲩⲱ ⲥⲉⲛⲁϣⲱⲡⲉ ⲛⲙ̅ⲙⲁⲩ ⲛ̅ϭⲓ
ϩⲉⲛⲁⲅⲅⲉⲗⲟⲥ ⲛ̅ⲧⲉ ⲡⲓⲛⲟϭ ⲛ̅ⲟⲩ[ⲟ]
ⲉⲓⲛ· ⲛ̅ⲛⲉⲗⲁⲁⲩ ⲛ̅ϩⲱⲃ ⲛ̅ⲃⲟⲧⲉ
ϣⲱⲡⲉ ϩ̅ⲙ̅ ⲡⲉⲩϩⲏⲧ· ⲉⲃⲟⲗ
ⲉϯⲅⲛⲱⲥⲓⲥ ⲟⲩⲁⲁⲥ ⲛ̅ⲧⲉ ⲡⲛⲟⲩ
15 ⲧⲉ· ⲧⲟⲧⲉ ⲛⲱϩⲉ ⲛⲁⲡⲉϣ ⲡⲕⲁϩ
ⲧⲏⲣϥ̅ ⲉϩⲣⲁⲩ ⲛ̅ⲛⲉϥϣⲏⲣⲉ·
ⲭⲁⲙ· ⲙⲛ ⲓⲁⲫⲉⲑ· ⲙⲛ ⲥⲏⲙ·
ϥⲛⲁⲭⲟⲟⲥ ⲛⲁⲩ ϫⲉ ⲛⲁϣⲏⲣⲉ
ⲥⲱⲧⲙ̅ ⲉⲛⲁϣⲁϫⲉ· ⲉⲓⲥ ⲡⲕⲁϩ
20 ⲁⲓⲡⲟϣϥ̅ ⲉϫ̅ⲛ̅ ⲧⲏⲩⲧ̅ⲛ̅· ⲁⲗⲗⲁ
ϣ̅ⲙ̅ϣ⟨ⲏ⟩ⲧϥ̅ ϩ̅ⲛ̅ ⲟⲩϩⲟⲧⲉ ⲙⲛ̅
ⲟⲩⲙⲛ̅ⲧ̅ϩ̅ⲙ̅ϩⲁⲗ ⲛ̅ⲛ̅ϩⲟⲟⲩ ⲧⲏ
ⲣⲟⲩ ⲛ̅ⲧⲉ ⲡⲉⲧⲛ̅ⲱⲛ̅ϩ̅· ⲙ̅ⲡ̅ⲣⲧⲣⲉ
[ⲡ]ⲉⲧ̅ⲛ̅ⲥⲡⲉⲣⲙⲁ ⲣ̅ ⲥⲁⲃⲟⲗ ⲙ̅ⲡϩⲟ
25 [ⲙ̅ⲡ]ⲛ̅[ⲟ]ⲩⲧⲉ ⲡ̅ⲡⲁⲛⲧⲟⲕ[ⲣⲁⲧⲱⲣ]
[····]ⲁⲛⲟⲕ ⲙ̅ⲛ̅ ⲡ[ⲉ]ⲧ̅ⲛ̅[
[± 6   ]ⲙ̅[····] ⲙ̅ⲛ̅[

± 3-4 lignes manquantes

[········· ⲧⲟⲧⲉ ϥ̅ⲛⲁⲭⲟⲟⲥ]

Numéro manque — 1 [...ⲧⲅⲛ]ⲱⲥⲓⲥ·: [...ϯⲅⲛ]ⲱⲥⲓⲥ· MacR, [ⲥⲁ ⲧⲅⲛ]ⲱⲥⲓⲥ· Böh,
[ⲛ̅ⲧⲉ ϯⲅⲛ]ⲱⲥⲓⲥ He — [·]ⲩ[··]ⲛⲁ·]ⲱ[··]·: [ⲁ]ⲩ[ⲱ ϥ]ⲛⲁ[·]ⲱ[··]ⲁ MacR, ·ⲩ··ⲛⲁ
[····] Böh, [ⲁ]ⲩ[ⲱ ϥ]ⲛⲁ [ⲕ]ⲱ[ⲉⲃⲟ]ⲗ He — 3 [ⲛ̅]ϥ̅ⲛ̅ⲧⲟⲩ·: [ⲛ̅]ϥ̅ⲛ̅ⲧⲟⲩ MacR,
[ⲛ̅]ϥ̅ⲛ̅ⲧⲟⲩ He — 8 ̅ͯ = 600 au-dessus de ⲛ̅ⲥⲟⲟⲩ Cod — 12 ⲛ̅ⲟⲩ[ⲟ]ⲉⲓⲛ: ⲛ̅ⲟⲩⲟⲉⲓⲛ
MacR, He — 21 ϣ̅ⲙ̅ϣ⟨ⲏ⟩ⲧϥ̅: ϣ̅ⲙ̅ϣⲏⲧⲏϥ̅ Böh — 24 ⲙ̅ⲡϩⲟ: ⲙ̅ⲡϩ[ⲟ] MacR, Böh —
25 [ⲙ̅ⲡ]ⲛ̅[ⲟ]ⲩⲧⲉ ⲡ̅ⲡⲁⲛⲧⲟⲕ[ⲣⲁⲧⲱⲣ]: [ⲙ̅ⲡ]ⲛ̅[ⲟ]ⲩⲧⲉ ⲡⲡⲁⲛⲧⲟⲕ[ⲣⲁⲧⲱⲣ] MacR,
[ⲙ̅ⲡⲛⲟ]ⲩⲧⲉ ⲡⲡⲁⲛⲧⲟⲕ[ⲣⲁⲧⲱⲣ] Böh, [ⲙ̅ⲡ]ⲛ̅[ⲟ]ⲩⲧⲉ ⲡⲡⲁⲛⲧⲟⲕ[ⲣⲁⲧⲱⲣ] He —
26 [····]ⲁⲛⲟⲕ ⲙⲛ ⲡ[ⲉ]ⲧ̅ⲛ̅[: [·····]ⲁⲛⲟⲕ ⲙⲛ [ⲡⲉ]ⲧ̅ⲛ̅[Böh — 27 [ ]ⲙ̅[····]ⲙ̅ⲛ̅[:
]ⲙ̅[ ]ⲙ̅[Böh — 30 [ⲧⲟⲧⲉ ϥ̅ⲛⲁⲭⲟⲟⲥ]: [ⲧⲟⲧⲉ ϥ̅ⲛⲁⲭⲟⲟⲥ ⲛ̅ϭⲓ] Sch

(72)

[. . . . .) gnose [..
[± 5   ] de ces Hommes-là
il les introduira dans la terre
qui leur convient, il leur bâtira
5   une demeure sainte et
ils seront appelés de ce Nom-là.
Ils resteront là-bas
six cents ans dans la
connaissance de l'incorruptibilité
10   et des Anges de la Grande Lumière
seront avec eux.
Il n'y aura aucune abomination
dans leur cœur, seule
y sera la Gnose de Dieu.
15   Alors Noé partagera la terre
tout entière entre ses fils,
Cham, Japheth et Sem.
Il leur dira: «Mes fils,
écoutez mes paroles. Voici que
20   la terre, je l'ai partagée entre vous, mais
servez-la dans la crainte
et l'esclavage tous les jours
de votre vie; que votre
descendance n'agisse pas en dehors
25   de la face du dieu Pantoc[rator]
[± 4   ] moi avec votre[
[. . . . .
[. . . . .
[. . . . .
30   [. . . . .   Alors parlera]

[ōг]

[cнм п]ϣ[н]ре ̄ннⲱ2е ϫⲉ [па]
6ро6 н[ар] ⲁⲛⲁ4 ̄мпекмто ⲉⲃ[ол]
ⲁⲅⲱ ̄мпемто ̄нтекбом·
ⲁрⲓсфрагⲓ2е ̄ммо4 2̄н тек
5 6ⲓϫ ет·ϫⲟⲟⲣ 2̄н оу2оте ̄мн
оуа2 са2не· ϫⲉ пⲓ6ро6 тн
р̄4 ета4еⲓ̄ ⲉⲃⲟл ̄н2нт̄ ̄нсе
ⲛⲁⲣⲁⲕⲧⲟⲩ ̄нсаⲃол ̄ммок
ан ̄мн пноуте пⲓпанто
10 кратⲱр· алла сенаϣ̄м
ϣⲉ 2̄н оӯѳⲃⲃⲓⲟ ϫⲱ4 ̄мн
оу2оте ̄нте пеуеⲓме·
тоте ере2енкооуе ⲉⲃⲟл
2̄м псперма ̄нте ха̄м ̄мн
            ⲩ
15 ⲓ̄афеѳ· еуеⲃⲱк ̄н6ⲓ 4тооу ̄нϣе
̄нϣо ̄нрⲱме· ̄нсеⲃⲱк̄ ⲉ
2оун екека2 ̄нсе6оеⲓле
енрⲱме ет̄ммау· нн ⲉ
тауϣⲱпе ⲉⲃⲟл 2̄н †но6
20 ̄нгнⲱсⲓс ̄нϣа ⲉⲛⲉ2· ϫⲉ
ѳⲁⲉⲓⲃⲉс ̄нте теу6ом на
аре2 ененⲧⲁⲩ6оеⲓле
ерооу ⲉⲃⲟл ̄н2ⲱⲃ нⲓм еѳооу
̄мн епⲓѳумⲓа нⲓм ет·соо4·
25 тоте псперма ̄нхам ̄мн
[ⲓ̈]ⲁ̣ⲫⲉ̣ѳ нар̄ ̄мн̄т·снооу[c]
̄мм̄нтр̄ро· ⲁⲅⲱ п[ке]
[с]перма наⲃⲱк е2оу[н
ет̄м̄н̣т̄р̣р̣о[..]̄нке̣ⲗⲁⲟс
30 [..].сⲉⲛ[ⲁ]ϣⲟϫⲛⲉ ̄н6ⲓ̣
[...]̄нте[....]н· 2а н̣ε̣

Numéro manque — 1 ͞cͮ͟нм п]ϣ[н]ре: [....]ϣнре MacR, [....]ϣ[н]ре Böh, ̄н6ⲓ
сн̄м п]ϣнре He — ϫⲉ [па]6ро6: ϫⲉ пⲓ]6ро6 Böh — 2 н[ар]ⲁⲛⲁ4 ̄мпекмⲧⲟ
ⲉⲃ[ол]: н[а]р̣ⲁ̣ⲛⲁ̣4 ̄мпекмⲧⲟ ⲉⲃ[ⲟⲗ·] MacR, He, н[ар]ⲁⲛⲁ̣4 ̄мпекмто ⲉⲃ[ол]
Böh — 7 ⲉ supprimé devant нсе Cod. — 13 ере2енкооуе ⲉⲃⲟл: ере2енкооуе
⟨ⲉⲓ⟩ ⲉⲃⲟⲗ Böh, Sch, He — 15 ⲓ̄афеѳ·: [ⲓ̄]афеѳ MacR, Böh, He — Chiffre ⲩ̄ au-dessus
de 4тооу ̄нϣе — 26 [ⲓ̈]ⲁⲫⲉⲑ: [ⲓ̈]ⲁⲫⲉⲑ MacR, Böh, He — ̄мн̄т·снооу[c]:
мн̄т·снооу[c] Böh — 27 п[ке] [с]перма: п[ⲉ]у[ке с]перма MacR, He, п[
[пс]перⲙⲁ Böh, п[кеϣⲱхп ̄мс]перма Sch — 29 ет̄мн̄т̣р̣р̣о[..]̄нке̣ⲗ̣ⲁⲟc:

(73)

Sem, fils de Noé: «Ma
descendance sera agréable devant toi
et devant ta puissance;
marque-la du sceau° de ta
5   main forte, dans la crainte et
le commandement, parce que c'est la descendance
tout entière qui est issue de moi.
Ils ne se détourneront pas de toi
et du dieu Pantocrator°,
10   mais° ils serviront
dans l'humilité et
la crainte de leur connaissance».
Alors° d'autres, de la
descendance de Cham et
15   de Japheth, s'en iront au nombre de quatre cent
mille hommes et ils entreront
dans une autre terre et ils habiteront
avec ces Hommes-là,
ceux qui sont issus de la Grande
20   Gnose° éternelle, car
l'ombre de leur puissance
gardera ceux qui ont habité
auprès d'eux de toute œuvre mauvaise
et de tout désir° impur.
25   Alors° la descendance° de Cham et
de Japheth formera douze
royaumes et [. . . . . . .
descendance° entrera
dans le royaume [. .] autre peuple
30   [. . . . . .] tiendront conseil
[. . . . .

ⲉⲧⲙⲛ̅ⲧⲣⲣ[ⲟ] ⲛ̅ⲕⲉⲗⲁⲟⲥ[·] MacR, He, [. .] . . . . ⲛ̅ⲕⲉⲗⲁⲟⲥ[Böh, ⲉⲛⲉϥⲙⲁ] . . ⲛ̅ⲕⲉ-
ⲗⲁⲟⲥ[Sch — 30 [. .] . ⲥⲉⲛ[ⲁ]ϣⲟⲭⲛⲉ ⲛ̅ϭ!: [ⲧⲟⲧ]ⲉ ⲥ̣ⲉ̣ⲛ[ⲁ]ϣ̣ⲟ̣ⲭ̣ⲛ̣ⲉ̣ ⲛ̅ϭ![MacR,
[ⲧⲟⲧ]ⲉ̣ ⲥ̣ⲉ̣ⲛ[ⲁ]ϣⲟⲭⲛ̣ⲉ̣ ⲛ̅ϭ![ⲛⲁⲣ/ⲭϣ[ⲛ] He — 31 [. . .]ⲛ̅ⲧⲉ[. . . .]ⲛ· ⳿ⲽⲁ ⲛⲉ: [·]ϣ
[·] . . . [ⲛ]ⲉ̣ϣ̣ⲛ ⳿ⲽⲁ ⲛⲉ[MacR, ⲅⲁⲣ Böh, [ⲛⲁⲣ/ ⲭ]ϣ[ⲛ] ⲛ̅ⲧⲉ [ⲛ]ⲉ̣ϣ̣ⲛ̣ ⳿ⲽⲁ ⲛⲉ[ⲧⲁⲕⲁ He,
ⲥⲉⲛⲁⲣ ⲛⲟⲃⲉ] ⲅⲁⲣ [�\ⲛ̅ ⲛⲉⲩ Sch

[O̅Δ̅]

[..]ΔΕ ΕΤΜΟΟΥⲦ [Ṇ]Τ[Ε ΝΙ]ΝΟϬ
[ΝΝ]ΕⲰΝ Ṇ̅ΤΕ ⲦΑΦⲐΑΡⲤΙΑ·
[Α]ΥⲰ ⲤΕΝΑΒⲰⲔ ⳅΑ ⲤΑ̅Ⲕⲛⲁ
ⲠΕΥΝΟΥΤΕ· ⲤΕΝΑΒⲰⲔ ΕⳄΟΥΝ
5 ΕΝΙϬΟΜ ΕΥⲢ̅ⲔΑΤΗΓΟⲢΙ Ṇ̅ΝΙΝΟϬ
Ṇ̅ⲢⲰΜΕ ΝΗ ΕⲦ𝄐ΟΟⲠ ⳅΜ̅ ⲠΕΥΕ
ΟΟΥ· ⲤΕΝΑⳜΟΟⲤ Ṇ̅ⲤΑ̅Ⲕⲛⲁ ⳜΕ
ΟΥ ΤΕ ΤϬΟΜ Ṇ̅ΝΕΪⲢⲰΜΕ ΕΤΑΥ
ΑⳅΕⲢΑΤΟΥ Μ̅ⲠΕⲔΜ̅ΤΟ ΕΒΟⲛ
10 ΝΑΪ ΕΤΑΥϬΙΤΟΥ ΕΒΟⲛ ⳅΜ̅ ⲠΙ
ⲤⲠΕⲢΜΑ Ṇ̅ΤΕ ⳃΑΜ Μ̅Ν ΪΑΦΕⲐ
ΕΥΝΑⲢ̅ ϤΤΟΟΥ Ṇ̅𝄐Ε <Ṇ̅𝄐Ο> Ṇ̅ⲢⲰΜΕ
ΑΥⳜΙΤΟΥ ΕⳄΟΥΝ ΕⲔΕΕⲰΝ ⲠΗ
ΕΤΑΥ𝄐ⲰⲠΕ ΕΒΟⲛ Ṇ̅ⳅΗΤϤ̅ ΑΥⲰ
15 ΑΥⲔ̅ΤΟ Μ̅ⲠΕΟΟΥ ΤΗⲢϤ̅ Ṇ̅ΤΕ ΤΕⲔ
ϬΟΜ Μ̅Ν ΤΜ̅Ν̅ΤⲢ̅ⲢΟ Ṇ̅ΤΕ ΤΕⲔϬΙⳜ
ⳜΕ ΑⲠΕⲤⲠΕⲢΜΑ Ṇ̅ΤΕ ΝⲰⳅΕ ΕΒΟⲛ
ⳅΜ̅ ⲠΕϤ𝄐ΗⲢΕ ΑϤΕΙⲢΕ Μ̅ⲠΕⲔΟΥ
Ⲱ𝄐 ΤΗⲢϤ̅ Μ̅Ν ΝΙϬΟΜ ΤΗⲢΟΥ
20 ⳅΝ ΝΙΕⲰΝ ΕΤΑⲠΕⲔΑΜΑⳅΤΕ
Ⲣ̅ Ⲣ̅ⲢΟ ΕⳅⲢΑΪ ΕⳜⲰΟΥ· Μ̅Ν ΝΙⲢⲰ
ΜΕ ΕⲦΜΜΑΥ Μ̅Ν ΝΗ ΕΤΕ Ṇ̅
Ⲣ̅Μ Ṇ̅Ϭⲛⲉⲓⲗⲉ ⳅΜ̅ ⲠΕΥΕΟΟΥ·
[Ε]Μ̅ⲠΟΥΕΙⲢΕ Μ̅ⲠΕΤΕⳅΝΑⲔ·
25 [Αⲛⲛ]Α ΑΥⲠⲰⲚΕ Μ̅ⲠΕⲔ
[ΜΗ]Ν𝄐Ε ΤΗⲢϤ̅· ΤΟΤΕ ⲠΝΟΥ
[ΤΕ] Ṇ̅[ΤΕ] ΝΙΕⲰΝ ϤΝΑⳆ ΝΑΥ
[ΕΒΟ]ⲛ ⳅΝ ΝΗ ΕⲦ𝄐Μ𝄐Ε Μ̅ΜΟ[Ϥ]
[....].Ⲧ̅ ΝⲤΑ ⳆΒ[.]ΥⲤ Ṇ̅Ⲕ[
30 ⳃΕṄ̅ΝΗΥ ΕⳜΜ̅ Ⲡ[Ⲕ]ⳅ ⲉ[Ⲧ]Μ̅

Numéro manque — 1 [..]ΔΕ: [..]ΜΕ MacR, [..].Ε Böh, [ⲠΕΙ]ΜΕ He, [ⳅΒΗΥ]Ε Sch —
[Ṇ̅]Τ[Ε ΝΙ]ΝΟϬ [ΝΝ]ΕⲰΝ: [Ṇ̅]ΤΕ Ṇ̅ΝΟϬ [Ṇ̅]ΝΕⲰΝ MacR, [.]Ⲡ[ΕΥ]ΝΟϬ [ΝΝ]ΕⲰΝ Böh,
[Ε]Ⲧ[Ṇ̅] Ṇ̅ΝΟϬ [Ṇ̅]ΝΕⲰΝ He, [Ε]Ⲡ[ΕΙ]ΝΟϬ [Ṇ̅]ΝΕⲰΝ Sch. — 4 ⲠΕΥΝΟΥΤΕ: ⲠΕΥΝΟΥΤΕ MacR —
26 [ΜΗ]Ν𝄐Ε: [ΜΗ]ⲎΝ𝄐Ε MacR, [ΜΗ]Ν𝄐Ε Böh — 27 Ṇ̅[ΤΕ]: Ṇ̅Τ]Ε MacR, He, Ν[ΤΕ]
Böh — 28 ΕⲦ𝄐Μ𝄐Ε Μ̅ΜΟ[Ϥ]: ΕⲦ𝄐Μ𝄐Ε ΜΜ[Οϥ] Böh, ΕⲦ𝄐Μ̅𝄐Ε Μ̅ΜΟ[Ϥ] He —
29 [....].Ⲧ̅: [...]ⲛⲦ MacR, He,].Ⲧ Böh, [ΑΝ..].Ⲧ̅ Em, [ΕΥⲠⲰ]Ⲧ Sch — ⳆΒ[.]ΥⲤ Ṇ̅Ⲕ[:
ⳆΒ.ΥⲤ Ṇ̅Ⲕ[...] Böh, ⳆΒ[.]ΥⲤ Ṇ̅Ⲕ[ ] He, ⳆΒ[ΑⲢ]ΥⲤ Ṇ̅Ⲕ[ⲰⳅΤ] Sch, ⳆΒ[Ο]ΥⲤ Ṇ̅Ⲕ[ⲛⳅ]
Em — 30 ⳃΕṄ̅ΝΗΥ: ⳃΕṄ̅ΝΟΥ MacR, Ⲥ[Ε]Ṅ̅ΝΗΥ Böh, ⳃΕṄ̅ΝΗΥ He — ΕⳜΜ̅ Ⲡ[Ⲕ]ⳅ
ⲉ[Ⲧ]Μ̅: ΕⳜΜ̅ Ⲡ[Ⲕ]ⳅ ⲉ[Ⲧ]Μ MacR, ΕⳜΜ Ⲡ[Ⲕ]ⳅ ⲉ[Ⲧ]Μ Böh, ΕⳜΜ̅ Ⲡ[Ⲕ]ⳅ ⲉ[Ⲧ]Μ Em

(74)

[. . .] qui est mort [des] grands
Éons ° de l'incorruptibilité °.
Et ils iront auprès de Sacla,
leur dieu, ils se mêleront
5   aux puissances, accusant ° les Grands
Hommes, ceux qui sont dans leur gloire.
Ils diront à Sacla : «Quelle est
la puissance de ces hommes qui
se sont tenus debout devant toi,
10   eux qui ont été tirés de
la descendance ° de Cham et de Japheth,
étant donné qu'ils vont former un nombre de quatre
cent mille? Ils ont été introduits dans un autre
Éon °, celui dont ils sont issus,
15   et ils ont bouleversé toute la gloire
de ta puissance et de la royauté de ta main.
Car la descendance ° de Noé, issue de
son fils a fait toute ta
volonté, de même que toutes les puissances
20   dans les éons ° sur lesquels
s'étend ton pouvoir, alors que
ces Hommes-là et ceux qui
habitent dans leur gloire
n'ont pas fait ce qui te plaît,
25   [ma]is ° ils ont détourné ton
[peu]ple tout entier». Alors le dieu
des éons ° leur donnera [. . . . . .
[de] ceux qui le servent
[. . . . .
[. . .] viennent sur ce p[a]ys-

[ο̄ε̄]

[μ]α̣[γ] π̄η [ε]τογναϣωπε ν̄[ʒη]

τϥ ν̄ϭι νινοϭ ν̄ρωμε· νη ετ̣[ε]

μ̄πογχω̣ʒμ̄· ογτε ν̄cενα

χω̣ʒμ̄ αν ʒν̄ επιθγμια νιμ

5 χε ν̄τα τεγψγχη ϣωπε αν

ʒν̄ ογϭιχ εcχα̣ʒμ̄· αλλα αcϣω

πε εβολ ʒν̄ ογνοϭ ν̄ογαʒ cαʒνε

ν̄τε ογαγγελοc ν̄ϣα ενεʒ·

τοτε cεναΝογχε ν̄ογκω̄ʒτ̄

10 μ̄ν̄ ογθην μ̄ν̄ ογαμρηʒε εχ̄ν̄

νιρωμε ετ̄μμαγ· αγω ερε

ογκω̣ʒτ̄ μ̄ν̄ ογʒλοcτ̄ν̄ ε̄ι εχ̄ν̄

νιεων ετ̄μμαγ ν̄cερ̄ κακε

ν̄ϭι ν̄βαλ ν̄νιϭομ ν̄τε νιφωc

15 τηρ ν̄cετ̄μναγ εβολ μ̄μοογ

[ν̄]ϭι νιεω̄ν̄ ʒν̄ νεʒοογ ετ̄μμαγ·

αγω cεν̄νηγ εʒραϊ ν̄ϭι ʒεν

νοϭ ν̄κλοολε ν̄ογοειν ν̄cε

ε̄ι εʒραϊ εχωογ ν̄ϭι ʒενκε

20 κλοολε ν̄ογοειν εβολ ʒν̄

νινοϭ ν̄νεων· cεν̄νηγ εʒραϊ

ν̄ϭι αβραcαξ μ̄ν̄ cαβλω μ̄ν̄

γαμαλιηλ· ν̄cεειne ν̄νι

ρωμε ετ̄μμαγ εβολ ʒμ̄

25 πικω̣ʒτ̄ μ̄ν̄ πιϭων̄τ̄ ν̄

cεχιτογ ν̄cατπε ν̄νιαιϣ[ν

μ̄ν̄ νιαρχη ν̄τε νιϭο̣μ ν̄cε

[χι]τογ· εβολ̣[

[.]ογ ν̄ωνʒ̣ [

30 [ν̄]c̣εχιτογ ε[

ν̄νεων· πι.[. . . . . μα ν̄]

Numéro manque — 1 [μ]α̣[γ]: [μ]α̣[γ·] MacR, μαγ Böh, [μ]α̣[γ He — π̄η [ε]
τογναϣωπε ν̄[ʒη]τϥ: π]η ετογναϣωπε [νʒη]τϥ Böh, μ̄]π̄η [ε]τογναϣωπε
ν̄[ʒη]τϥ He — 2 νινοϭ: νινοϭ Böh, νινο̣ϭ He — 26 ν̄νιαιϣ[ν: ν̄νιαι[ων] MacR,
ν̄νιαγ[γελοc] Böh — 27 νιϭο̣μ: νιϭ[ομ] Böh — ν̄cε[χι]τογ·: ν̄cε[. .]τογ He —
29 [.]ογ ν̄ων̄ʒ̄ [: [.]ογ ν̄ων̄ʒ̄ α̣[MacR, He, [. .]ογ ν̣ων̄ʒ̣[Böh — 30 [ν̄]c̣εχιτογ
ε[βολ: [c]εχιτογ ε[Böh, [ν̄]c̣εχιτογ ε[ ] He — 31 ν̄νεων· πι.[. . . . . μα ν̄]:
ν̄νεων· πα.[. . . . . μα] MacR, νεων· πι[Böh, ν̄νεων· πα̣.[πμα] He

(75)

là, celui dans lequel seront
les Grands Hommes, ceux qui
ne se sont pas souillés et ne se
souilleront pas dans n'importe quel désir[o],
5   car leur âme[o], ce n'est pas d'une
main souillée qu'elle est issue, mais
elle provient d'un Grand commandement
d'un Ange[o] éternel.
Alors[o] du feu,
10 du soufre et du bitume seront jetés
sur ces Hommes-là et
du feu et de la fumée viendront sur
ces Éons[o] et les yeux des
puissances des Luminaires[o] seront
15 obscurcis et les Éons[o]
ne verront plus par eux en ces jours-là.
Et descendront de
Grands Nuages lumineux
et descendront sur eux d'autres
20 nuages lumineux provenant
des Grands Éons[o]. Et descendront
Abrasax, Sablo et
Gamaliel et ils arracheront
ces Hommes
25 au feu et à la colère
et ils les emmèneront au-dessus des éons[o]
des principautés[o] et des puissances
et les emporteront hors de . . .
[± 4   ] la vie [. . . .
30 [.] ils les emporteront [. . . . .
les éons[o] . [. . . . .

[ⲟ̅ⲉ̅]

[ϣ]ⲱⲡⲉ ⲛ̅ⲧⲉ ⲛⲓⲛ[ⲟ6] ⲁ̣[ⲓⲱ]ⲛ̣
[·.]ⲣ ⲙ̅ⲙⲁⲩ ⲙ̅ⲛ ⲛⲓⲁⲅⲅⲉⲗⲟⲥ ⲉ
[ⲧ]ⲟⲩⲁⲁⲃ ⲙ̅ⲛ ⲛⲓⲉⲱⲛ· ⲥⲉⲛⲁ
ϣⲱⲡⲉ ⲛ̅6ⲓ ⲛⲓⲣⲱⲙⲉ ⲉⲩⲉⲓⲛⲉ
5 ⲛ̅ⲛⲓⲁⲅⲅⲉⲗⲟⲥ ⲉⲧ̅ⲙ̅ⲙⲁⲩ ϫⲉ ⳉⲉⲛ
ϣ̅ⲙⲙⲟ ⲙ̅ⲙⲟⲟⲩ ⲁⲛ ⲛⲉ· ⲁⲗⲗⲁ
ⲉⲩⲣ̅ ⳉⲱⲃ ⳉ̅ⲛ ⲧ̅ⲥⲡⲟⲣⲁ ⲛ̅ⲁⲧⲧⲁⲕⲟ·
ⲡⲁⲗⲓⲛ ⲟⲛ ϥⲛⲁⲥⲓⲛⲉ ⲙ̅ⲡⲙⲉⳉ
ϣⲟⲙⲉⲧ̅ ⲛ̅ⲥⲟⲡ ⲛ̅6ⲓ ⲡⲓⲫⲱⲥ
10 ⲧⲏⲣ ⲛ̅ⲧⲉ ⲧ̅ⲅⲛⲱⲥⲓⲥ ⳉ̅ⲛ ⲟⲩⲛⲟ6
ⲛ̅ⲛⲉⲟⲟⲩ· ⳉ̅ⲓⲛⲁ ϫⲉ ⲉϥⲉϣⲱⲭ̅ⲡ̅
ⲉⲃⲟⲗ ⳉ̅ⲙ ⲡⲓⲥⲡⲉⲣⲙⲁ ⲛ̅ⲧⲉ ⲛ̅ⲱⳉⲉ
ⲙ̅ⲛ ⲛⲓϣⲏⲣⲉ ⲛ̅ⲧⲉ ϫⲁⲙ ⲙ̅ⲛ ⲓⲁⲫⲉⲑ
ϫⲉ ⲉϥⲉϣⲱⲭ̅ⲡ̅ ⲛⲁϥ ⲛ̅ⳉ̅ⲉⲛϣⲏⲛ
15 ⲛ̅ⲣⲉϥⲧ̅ ⲟⲩⲧⲁⳉ· ⲁⲩⲱ ϥⲛⲁⲥⲱ
ⲧⲉ ⲛ̅ⲛⲉⲩⲯⲩⲭⲏ ⲉⲃⲟⲗ ⳉ̅ⲙ ⲡⲉⳉ ⲟ
ⲟⲩ ⲙ̅ⲡⲙⲟⲩ· ϫⲉ ⲡⲓⲡⲗⲁⲥⲙⲁ
ⲧⲏⲣ̅ϥ ⲉⲧⲁϥϣⲱⲡⲉ ⲉⲃⲟⲗ ⳉ̅ⲙ
ⲡⲓⲕⲁⳉ ⲉⲧⲙⲟⲟⲩⲧ̅· ⲥⲉⲛⲁϣⲱ
20 ⲡⲉ ⳉⲁ ⲧⲉⳉⲟⲩⲥⲓⲁ ⲙ̅ⲡⲙⲟⲩ·
ⲛⲏ ⲇⲉ ⲉⲧⲙⲉⲉⲩⲉ ⲉ ⲧ̅ⲅⲛⲱⲥⲓⲥ
ⲛ̅ⲧⲉ ⲡⲓϣⲁ ⲉⲛⲉⳉ ⲡⲛⲟⲩⲧⲉ
ⳉ̅ⲙ ⲡⲉⲩⳉ̅ⲏⲧ̅ ⲛ̅ⲥⲉⲛⲁⲧⲁⲕⲟ̣
ⲁⲛ ϫⲉ ⲙ̅ⲡⲟⲩϫⲓ ⲡ̅ⲛ̅ⲁ
25 ⲉⲃⲟⲗ ⳉ̅ⲛ ⲧⲉⲓ̅ⲙ̅ⲛ̅ⲧⲣ̅ⲣⲟ ⲛ̅ⲟⲩⲱⲧ
[ⲁ]ⲗⲗⲁ ⲛ̅ⲧⲁⲩϫⲓ ⲛ̅ⲧⲟⲟⲧ̅ϥ ⲛⲟⲩ[
[·.·]ⲛ̣ⲁⲅⲅⲉⲗⲟⲥ ⲛ̅ϣⲁ ⲉⲛⲉⳉ·
[± 10   ]ⲫⲱⲥⲧⲏ[ⲣ]
[± 10   ]ⲛ̣ⲟⲩ ⲉⲭ̣[ⲛ̅]
30 [± 8   ⲙ]ⲟ̣ⲟⲩⲧ̅· ⲧⲏ
[± 10   ]ⲓⲍⲉ ⲙ̅ⲙⲟ̣

Numéro manque — 1 [ϣ]ⲱⲡⲉ: [ⲛ̅ϣ]ⲱⲡⲉ MacR, He, [·ϣ]ⲱⲡⲉ Böh — ⲛⲓⲛ[ⲟ6]
ⲁ̣[ⲓⲱ]ⲛ̣: ⲛⲓⲛ[ⲟ]6̣ ⲙ[·.]ⲃ̣ⲁ̣ MacR, ⲛⲓⲛ[······ Böh, ⲛⲓⲛ[ⲟ]6̣ ⲙ̅[ⲛ ⳉ]ⲃ̣ⲁ̣ He — 2 [·]ⲡ̣: [·]ⲣ̣
Böh, [ⲅⲁ]ⲣ He — ⲛⲓⲁⲅⲅⲉⲗⲟⲥ: ⲛⲓⲁⲅⲅⲉ[ⲗ]ⲟⲥ Böh, ⲛⲓⲁⲅⲅⲉ̣ⲗⲟⲥ He — ⲉ[ⲧ]ⲟⲩⲁⲁⲃ·
ⲉ[ⲧⲟ]ⲩⲁⲁⲃ Böh — 3 ⲥⲉⲛⲁϣⲱⲡⲉ: ⲥⲉⲛⲁϣⲱⲡⲉ Böh — 23 ⲛ̅ⲥⲉⲛⲁⲧⲁⲕⲟ: ⲛ̅ⲥⲉ-
ⲛⲁⲧⲁⲕⲟ MacR, He — 25 ⲛ̅ⲟⲩⲱⲧ: ⲛ̅ⲟⲩⲱ[ⲧ] Böh — 26 ⲁⲗⲗⲁ: [ⲁⲗ]ⲗⲁ Böh — ⲛⲟⲩ[:
ⲛⲟⲩ[ⲁ] Böh, ⲛⲟⲩ[ⲥⲁ/ⲃ]ⲉ̣ He — 23-26 Traces d'écriture entre les lignes, Cod. Cf.
explication J.M. Robinson NHS VI p. 181 — 27 [·.·]ⲛ̣ⲁⲅⲅⲉⲗⲟⲥ: [ⲛ]ⲛⲁⲅⲅⲉⲗⲟⲥ Böh,
ⲥⲁ/ⲃ]ⲉ̣ ⲛ̅ⲁⲅⲅⲉⲗⲟⲥ He — 28 [± 10]ⲫⲱⲥⲧⲏ[ⲣ]: [± 10]ⲙⲫⲱⲥⲧⲏ[ⲣ] MacR,]ⲫⲱⲥⲧⲏ[ⲣ]
Böh, [ⲧⲟⲧⲉ ⲡⲓⲛⲟ6]ⲙ̅ⲫⲱⲥⲧⲏ[ⲣ] He — 29 «± 10]ⲛ̣ⲟⲩ ⲉⲭ̣[ⲛ̅]: [± 9 ⲛⲛ̅]ⲏⲟⲩ ⲉ̣ϫ̣ⲛ̣

(76)

[. . . . .] des gr[ands] É[ons °]
[. . .] là avec les saints Anges °
et les Éons °. Les Hommes
deviendront semblables à
5 ces Anges °-là, car ils ne leur
sont pas étrangers, mais °
c'est dans une semence ° indestructible qu'ils agissent.
À nouveau ° encore passera pour la
troisième fois le Luminaire ° de
10 la Gnose ° dans une Grande
Gloire, afin ° qu'elle subsiste
à partir de la descendance ° de Noé,
et des fils de Cham et de Japheth,
afin qu'elle subsiste pour lui dans des arbres
15 qui portent du fruit et il rachètera
leurs âmes ° du jour de
la mort, parce que c'est la création °
tout entière qui est issue de
la terre morte. Elles tomberont
20 au pouvoir ° de la mort.
Mais ° ceux qui méditent la Gnose °
du Dieu éternel
dans leur cœur ne périront pas,
car ils n'ont pas reçu l'esprit °
25 de cette royauté unique, mais °
c'est de la main d'un [. . .
Ange ° éternel qu'ils l'ont reçu
[± 10   ] Luminaire °
[. . . . .]
[. . . . .] mort [. .
[. . . . .]

MacR,]ⲛⲟⲩ ⲉϫ[Böh. ⲛ̄ⲧⲅⲛⲱⲥⲓⲥ ϥⲛ̄ⲛ]ⲏⲟⲩ ⲉⲝ̄ⲛ̄ He — 30 [± 8 ⲙ]ⲟ̣ⲟⲩⲧ· ⲧⲏ:
[± 6 ⲉⲧⲙ]ⲟ̣ⲟⲩⲧ· ⲧⲏ MacR, ⲉⲧⲙ]ⲟ̣ⲟⲩⲧ ⲧⲏ Böh, [ⲧⲕⲧⲓⲥⲓⲥ ⲉⲧⲙ]ⲟ̣ⲟⲩⲧ He —
31 [± 10]ⲓⲍⲉ ⲙ̄ⲙⲟ̣.: [± 10]ⲓⲍⲉ ⲙ̄ⲙⲟ̣. MacR,]ⲓⲍⲉ ⲙⲙⲟ Böh. [ⲉⲧⲟⲩⲛⲁⲣⲁ̣ⲫⲁⲛ]ⲓⲍⲉ
ⲙ̄ⲙⲟⲥ He

[ⲟⲍ̅]

[.].[. . .] ⲛ̄ⲥⲏⲑ · ⲛ̄ϥⲉⲓⲣⲉ ⲛ̄ϩⲉⲛ
ⲙⲁⲉⲓⲛ ⲙ̄ⲛ ϩⲉⲛϣⲡⲏⲣⲉ ϫⲉ ⲉϥⲉ
ⲧⲥⲱϣ ⲛ̄ⲛⲉⲩϭⲟⲙ ⲙ̄ⲛ ⲡⲉⲩⲁⲣⲭ[ⲱⲛ]
ⲧⲟⲧⲉ ϥⲛⲁϣⲧⲟⲣⲧⲣ̄ ⲛ̄ϭⲓ ⲡⲛⲟⲩⲧⲉ
5 ⲛ̄ⲧⲉ ⲛⲓϭⲟⲙ · ⲉϥϫⲱ ⲙ̄ⲙⲟⲥ ϫⲉ ⲁϣ
ⲧⲉ ⲧ̄ϭⲟⲙ ⲛ̄ⲧⲉ ⲡⲓⲣⲱⲙⲉ ⲉⲧ
ϫⲟⲥⲉ ⲉⲣⲟⲛ · ⲧⲟⲧⲉ ϥⲛⲁⲧⲟⲩ
ⲛⲟⲥ ⲟⲩⲛⲟϭ ⲛ̄ϭⲱⲛ̄ⲧ ⲉⲭ̄ⲙ ⲡⲓ
ⲣⲱⲙⲉ ⲉⲧⲙ̄ⲙⲁⲩ · ⲁⲩⲱ ⲉϥⲉ
10 ⲟⲩⲱⲧⲃ̄ ⲛ̄ϭⲓ ⲡⲓⲉⲟⲟⲩ ⲛ̄ϥϣⲱ
ⲡⲉ ϩ̄ⲛ ϩⲉⲛⲏⲉⲓ ⲉⲩⲟⲩⲁⲁⲃ ⲛⲏ
ⲉⲧⲁϥⲥⲟⲧⲡⲟⲩ ⲛⲁϥ · ⲁⲩⲱ ⲛ̄
ⲥⲉⲛⲁⲛⲁⲩ ⲉⲣⲟϥ ⲁⲛ ⲛ̄ϭⲓ ⲛⲓϭⲟⲙ
ϩ̄ⲛ ⲛⲉⲩⲃⲁⲗ · ⲟⲩⲧⲉ ⲛ̄ⲥⲉⲛⲁ
15 [ⲛ]ⲁ̣ⲩ ⲁⲛ ⲉⲡⲓⲕⲉⲫⲱⲥⲧⲏⲣ ·
ⲧⲟⲧⲉ ⲥⲉⲛⲁⲣ̄ⲕⲟⲗⲁⲍⲉ ⲛ̄ⲧⲥⲁ
ⲣⲁϩ̄ ⲙ̄ⲡⲓⲣⲱⲙⲉ ⲉⲧⲁⲡⲓⲡⲛ̄ⲁ
ⲉⲧⲟⲩⲁⲁⲃ ⲉ̄ⲓ ⲉϫⲱϥ · ⲧⲟⲧⲉ
ⲥⲉⲛⲁⲣ̄ⲭⲣⲁⲥⲑⲁⲓ ⲙ̄ⲡⲓⲣⲁⲛ ⲛ̄ϭⲓ
20 ⲛⲓⲁⲅⲅⲉⲗⲟⲥ ⲙ̄ⲛ ⲛⲓⲅⲉⲛⲉⲁ
ⲧⲏⲣⲟⲩ ⲛ̄ⲧⲉ ⲛⲓϭⲟⲙ ϩ̄ⲛ ⲟⲩ
ⲡⲗⲁⲛⲏ ⲉⲩϫⲱ ⲙ̄ⲙⲟⲥ ϫⲉ
ⲁⲥϣⲱⲡⲉ ⲉⲃⲟⲗ ⲧⲱⲛ ⲏ̄ ⲛ̄
ⲧⲁⲅⲉ̄ⲓ ⲉⲃⲟⲗ ⲧⲱⲛ ⲛ̄ϭⲓ ⲛⲓϣⲁ
25 ϫⲉ ⲙ̄ⲙⲛ̄ⲧⲛⲟⲩϫ · ⲛⲁ̈ⲓ ⲉ
ⲧⲉ ⲙ̄ⲡⲟⲩϭⲛ̄ⲧⲟⲩ ⲛ̄ϭⲓ ⲛⲓϭ̣[ⲟⲙ]
ⲧⲏⲣⲟⲩ · ⲧϩⲟⲩⲉⲓⲧ̣ⲉ̣ ⲅ̣ⲁ̣ⲣ̣
ⲙ̄ ⲙ̄ⲛ̄ⲧⲣ̄ⲣ[ⲟ ϫⲱ ⲙⲙⲟⲥ ⲉⲣⲟϥ]
[ϫⲉ ⲁ]ϥϣⲱ[ⲡⲉ ⲉⲃⲟⲗ ϩ̄ⲛ]
30 [. . . . .]ⲛ̄ⲧ[
[. . . . .] . .[

Numéro manque — 1 [.].[. . .]ⲛ̄ⲥ̄ⲏ̄ⲑ̄ ∶ [.]ⲡ[. .]ⲛ̄ⲥⲏⲑ · MacR, [. . . .]ⲛ̄ⲥ̄ⲏ̄ⲑ̄ Böh, [ϩ̄ⲙ]ⲡ
[ⲭⲟ] ⲛ̄ⲥⲏⲑ He — 76.30-77.1 reconstruction proposée par MacR : ⲧⲏ [ⲉⲧϥ̄ⲛⲁⲣⲥⲫⲣⲁⲅ]
ⲓⲍⲉ ⲙⲙⲟ̣[ⲥ] [ϩ̄ⲙ] ⲡ[ⲣⲁⲛ] ⲛ̄ⲥ̄ⲏ̄ⲑ̄ — 3 ⲛⲛⲉⲩϭⲟⲙ cette lecture paraît plus logique, bien que
le scribe ait pointé les lettres ⲉⲩ pour les remplacer par un ⲓ, Cod : ⲛ̄ⲛ̄ⲓ̄ϭⲟⲙ MacR,
ⲛⲛⲉⲩϭⲟⲙ Böh, ⲛ̄ⲛ̄ⲓ̄{ⲉⲩ}ϭⲟⲙ He — ⲡⲉⲩⲁⲣⲭ[ⲱⲛ] : ⲡⲉⲩⲁⲣⲭⲱ̄[ⲛ] MacR, He — 14 ϩ̄ⲛ
ⲛⲉⲩⲃⲁⲗ : ϩⲛ ⲛⲉⲩⲃⲁⲗ Böh — 21 ⲧⲏⲣⲟⲩ : ⲧⲏⲣⲟⲩ Böh — 23-26 traces d'écriture entre les
lignes Cod. — 27 ⲧϩⲟⲩⲉⲓⲧⲉ ⲅⲁⲣ : ⲧϩⲟⲩⲉⲓⲧⲉ ⲟⲩⲛ MacR, ⲧϩⲟⲩⲉ[ⲓⲧⲉ] ⲟⲩ[ⲛ] Böh,
ⲧϩⲟⲩⲉⲓⲧ̣ⲉ̣ ⲇ̣ⲉ He — Trace du chiffre ⲁ̄ au-dessus du ⲓ de ϩⲟⲩⲉⲓⲧⲉ Cod —

(77)

[± 5] de Seth, et il fera des
signes et des prodiges pour porter
un coup à leurs puissances et à leur archonte°.
Alors° le dieu de ces puissances
5 sera troublé, disant ceci:
«Quelle est la puissance de cet Homme
qui nous est supérieur?». Alors° il
suscitera une grande colère contre
cet Homme. Et la Gloire se
10 retirera et elle demeurera dans
des maisons saintes, celles qu'Il
s'est choisies,
et les puissances ne la verront pas
de leurs yeux et elles ne verront
15 pas non plus le Luminaire°.
Alors° sera châtiée° la chair°
de cet Homme sur qui l'esprit°
saint est venu. Alors° les
anges° et toutes les
20 générations° des puissances
utiliseront ce Nom
dans l'erreur° en disant:
D'où est venu cela et d'où sont
issues ces paroles
25 de mensonge, celles que toutes
les puissances n'ont pas
découvertes?» En effet°, le premier
royaume [dit à son sujet]:
«[Il est issu de . . . .
[. . . . .
[. . . . .

28 ⲘⲘⲚⲦⲢⲢ[ⲟ: ⲙⲙⲛⲧⲣⲣ[ⲟ Böh — 29 ⲁ]ϥϣⲱ[ⲡⲉ: ⲁ[ϥϣⲱⲡ[ⲉ MacR, Em, He —
31 [. . . . .]. .[:].[Böh, [. . . . .]ϭⲁ[ ] He

[ⲟ̄ⲏ̄]

ⲉⲧⲡⲉ ⲛ̄ϭⲓ ⲟⲩⲡ̄ⲛ̄ⲁ̄ ⲁ[ⲩⲥ]ⲁⲛⲟⲩ
ϣ̄ϥ ϩ̄ⲛ ⲙ̄ⲡⲏⲩⲉ ⲁϥϫⲓ ⲡⲉⲟⲟⲩ
ⲙ̄ⲡⲏ ⲉⲧⲙ̄ⲙⲁⲩ ⲙ̄ⲛ ϯϭⲟⲙ· ⲁϥⲉⲓ
ⲉⲭ̄ⲛ ⲕⲟⲩⲛ̄ⲧⲥ ⲛ̄ⲧⲉϥⲙⲁⲁⲩ·
5   ⲁⲩⲱ ⲛ̄ϯϩⲉ ⲁϥⲉⲓ ⲉⲭ̄ⲙ ⲡⲓⲙⲟⲟⲩ·
ϯⲙⲉϩⲥ̅ⲛ̅ⲧⲉ ⲇⲉ ⲙ̄ⲙ̄ⲛ̄ⲧⲣ̄ⲣⲟ ⲭⲱ
ⲙ̄ⲙⲟⲥ ⲉⲧⲃⲏⲏⲧ̄ϥ ϫⲉ ⲁϥϣⲱⲡⲉ
ⲉⲃⲟⲗ ϩ̄ⲛ ⲟⲩⲛⲟϭ ⲙ̄ⲡⲣⲟⲫⲏⲧⲏⲥ·
ⲁⲩⲱ ⲁϥⲉⲓ ⲛ̄ϭⲓ ⲟⲩϩⲁⲗⲏⲧ̇ ⲁϥϥⲓ
10 ⲕⲟⲩⲉⲓ
ⲡⲓⲁⲗⲟⲩ ⲉⲧⲁⲩⲭⲡⲟϥ ⲁϥϫⲓⲧϥ
ⲉϩⲟⲩⲛ ⲉⲩⲧⲟⲟⲩ ⲉϥϫⲟⲥⲉ·
ⲁⲩⲱ ⲁⲩⲥⲁⲛⲟⲩϣ̄ϥ ⲉⲃⲟⲗ ϩ̄ⲙ
ⲡⲓϩⲁⲗⲏⲧ̇ ⲛ̄ⲧⲉ ⲧⲡⲉ· ⲁⲅⲁⲅⲅⲉ
ⲗⲟⲥ ⲉ̄ⲓ ⲉⲃⲟⲗ ⲙ̄ⲙⲁⲩ ⲡⲉⲭⲁϥ ⲛⲁ[ϥ]
15 ϫⲉ ⲧⲱⲟⲩⲛ̄ ⲁⲡⲛⲟⲩⲧⲉ ϯⲉⲟⲟⲩ
ⲛⲁⲕ· ⲁϥϫⲓ ⲛ̄ⲟⲩⲉⲟⲟⲩ ⲙ̄ⲛ ⲟⲩⲭⲣⲟ·
ⲁⲩⲱ ⲛ̄ϯϩⲉ ⲁϥⲉ̄ⲓ ⲉⲭ̄ⲙ ⲡⲓⲙⲟⲟⲩ·
ⲅ̄
ϯⲙⲉϩϣⲟⲙⲧⲉ ⲙ̄ⲙ̄ⲛ̄ⲧⲣ̄ⲣⲟ ⲭⲱ
ⲙ̄ⲙⲟⲥ ⲉⲣⲟϥ ϫⲉ ⲁϥϣⲱⲡⲉ ⲉⲃⲟⲗ
20 ϩ̄ⲛ ⲟⲩⲙⲛ̄ⲧⲣⲁ ⲙ̄ⲡⲁⲣⲑⲉⲛⲟⲥ
ⲁⲩⲛⲟⲭ̄ϥ ⲉⲃⲟⲗ ϩ̄ⲛ ⲧⲉϥⲡⲟⲗⲓⲥ
ⲛ̄ⲧⲟϥ ⲙ̄ⲛ ⲧⲉϥⲙⲁⲁⲩ ⲁⲩⲭⲓⲧϥ
ⲉⲩⲙⲁ ⲛ̄ⲉⲣⲏⲙⲟⲥ· ⲁϥⲥⲁⲛⲟⲩ
ϣ̄ϥ ⲙ̄ⲙⲁⲩ· ⲁϥⲉ̄ⲓ ⲁϥϫⲓ ⲛ̄ⲟⲩⲉ
25 [ⲟ]ⲟⲩ ⲙ̄ⲛ ⲟⲩϭⲟⲙ· ⲁⲩⲱ ⲛ̄ϯ
[ϩⲉ]ⲁϥⲉ̄ⲓ ⲉⲭ̄ⲙ ⲡⲓⲙⲟⲟⲩ·
ⲇ̄
[ϯ]ⲙⲉ[ϩϥ]ⲧⲟ ⲙ̄[ⲙ]ⲛ̄ⲧⲣ̄ⲣⲟ ⲭ[ⲱ]
[ⲙ̄ⲙⲟⲥ ⲉⲣⲟϥ ⲭ]ⲉ ⲁϥϣⲱ[ⲡⲉ]
[ⲉⲃⲟⲗ ϩ̄ⲛ ⲟⲩⲡⲁⲣ]ⲑⲉ[ⲛⲟⲥ
30 [± 10   ]. ⲁⲥ[

Numéro manque — 6 Chiffre ⲃ̄ au-dessus des lettres ϩⲥ de ϯⲙⲉϩⲥ̄ⲛⲧⲉ Cod —
9 ⲟⲩϩⲁⲗⲏⲧ: ⲟⲩϩⲁⲗⲏⲧ Böh, He — 10 Le synonyme ⲕⲟⲩⲉⲓ est écrit au-dessus de
ⲡⲓⲁⲗⲟⲩ; sur les synonymes en surligne cf. Introd. p. 4-5 — ⲉⲧⲁⲩⲭⲡⲟϥ: ⲉⲧⲁⲩⲭⲡⲟϥ
MacR, Böh — 14 ⲡⲉⲭⲁϥ: ⲡⲉⲭⲁ[ϥ] Böh — 18 Le chiffre ⲅ̄ = 3 en surligne —
ϯⲙⲉϩϣⲟⲙⲧⲉ ⟨ⲇⲉ⟩ He — 23 ⲁϥⲥⲁⲛⲟⲩϣ̄ϥ: ⲁ⟨ⲩ⟩ⲥⲁⲛⲟⲩϣ̄ϥ He — 26 ⲁϥⲉⲓ: ⲁϥⲉ̄ⲓ
MacR, ⲁ]ϥⲉⲓ Böh — 27 Le chiffre ⲇ̄ = 4 en surligne — [ϯ]ⲙⲉ[ϩϥ]ⲧⲟ ⲙ̄[ⲙ]ⲛ̄ⲧⲣ̄ⲣⲟ
ⲭ[ⲱ: [ϯ]ⲙⲉϩ[ϥ]ⲧ[ⲟ]ⲉ ⲙ̄[ⲙ]ⲛ̄ⲧⲣ̄ⲣⲟ ⲭⲱ MacR, [ϯⲙⲉϩϥⲧⲟ] ⲙ̄[ⲙ]ⲛ̄ⲧⲣ̄ⲣⲟ ⲭ[ⲱ] Böh,
[ϯ]ⲙⲉϩ [ϥⲧⲟ]ⲉ ⟨ⲇⲉ⟩ ⲙ̄[ⲙ]ⲛ̄ⲧⲣ̄ⲣⲟ· ⲭ[ⲱ He — 28 ⲭ]ⲉ: ⲭⲉ] Böh — 29 [ⲉⲃⲟⲗ ϩ̄ⲛ

(78)

un esprit[0] vers le ciel, il a été nourri
dans les cieux, il a reçu la gloire
de celui-là et la puissance. Il est
venu sur le sein de sa mère
5 et de cette manière il vint sur l'eau».
Et[0] le deuxième royaume dit
à son sujet: «Il est né
d'un grand prophète[0].
Et un oiseau est venu, il a pris
10 l'enfant qui avait été engendré et l'a porté
sur une haute montagne
et il fut nourri par
l'oiseau du ciel. Un ange[0]
sortit de là et lui dit:
15 «Lève-toi, Dieu t'a glorifié»;
Il reçut gloire et force
et de cette manière il vint sur l'eau».
Le troisième royaume dit à
son propos: «Il est issu
20 d'une matrice[0] vierge[0].
Il fut rejeté hors de sa ville[0],
lui, avec sa mère, et il fut emmené
en un lieu désert[0]. Il se nourrit
là-bas, il vint, il reçut gloire
25 et puissance et de cette manière
il vint sur l'eau.
[Le qua]trième royaume di[t ceci
à son sujet]: «Il est issu
d'une vierge[0] . . . .
30 [± 10   ]   [. . .

ογπαρ]θε[νος: [.. παρ]θε[νος Böh — 30 «± 10].ας[: [± 9]τ ας[ολομων]
MacR,].ạ.[Böh,]τας[ ] He

[ō̄θ̄]

[κ]ⲱⲧⲉ̅ [ⲛ̅]ⲥⲱⲥ ⲛ̅ⲧⲟϥ ⲙⲛ̅ ⲫⲏⲣⲥⲁⲗⲱ̅
ⲙⲛ̅ ⲥⲁⲩⲏⲗ ⲙⲛ̅ ⲛⲉϥⲥⲧⲣⲁⲧⲓⲁ
ⲉⲧⲁⲩⲧⲁⲟⲩⲟⲟⲩ· ⲁⲥⲟⲗⲟⲙⲱⲛ
ϩⲱⲱϥ ⲧⲁⲩⲟ ⲛ̅ⲧⲉϥⲥⲧⲣⲁⲧⲓⲁ ⲛ̅
5 ⲧⲉ ⲛⲓⲇⲁⲓⲙⲱⲛ ⲉⲕⲱⲧⲉ ⲛ̅ⲥⲁ †
ⲡⲁⲣⲑⲉⲛⲟⲥ· ⲁⲩⲱ ⲙ̅ⲡⲟⲩϭⲙ
ⲧⲏ ⲉⲧⲟⲩⲕⲱⲧⲉ ⲛ̅ⲥⲱⲥ· ⲁⲗⲗⲁ
†ⲡⲁⲣⲑⲉⲛⲟⲥ ⲉⲧⲁⲩⲧⲁⲁⲥ ⲛⲁⲩ
ⲛ̅ⲧⲟⲥ ⲡⲉⲛⲧⲁⲩⲛ̅ⲧ̅ⲥ̅· ⲁϥϫⲓⲧⲥ̅
10 ⲛ̅ϭⲓ ⲥⲟⲗⲟⲙⲱⲛ· ⲁⲥⲉ̅ⲣ̅ ⲃⲁⲕⲉ
ⲛ̅ϭⲓ †ⲡⲁⲣⲑⲉⲛⲟⲥ ⲁⲥⲙⲓⲥⲉ ⲙ̅
ⲡⲓⲁⲗⲟⲩ ⲙ̅ⲡⲙⲁ ⲉⲧⲙⲙⲁⲩ·
ⲁⲥⲥⲁⲛⲟⲩϣϥ̅ ϩⲛ̅ ⲟⲩϣⲱⲗ̅ϩ̅
ⲛ̅ⲧⲉ ⲧⲉⲣⲏⲙⲟⲥ· ⲛ̅ⲧⲉ
15 [ⲣ]ⲟⲩⲥⲁⲛⲟⲩϣϥ̅ ⲁϥϫⲓ ⲛ̅ⲟⲩⲉⲟ
ⲟⲩ ⲙⲛ̅ ⲟⲩϭⲟⲙ ⲉⲃⲟⲗ ϩⲛ̅ †ⲥⲡⲟ
ⲣⲁ ⲉⲧⲁⲩϫⲡⲟϥ ⲉⲃⲟⲗ ⲛ̅ϩⲏⲧⲥ̅
ⲁⲩⲱ ⲛ̅†ϩⲉ ⲁϥⲉ̅ⲓ ⲉⲭⲙ̅ ⲡⲓ
Τ ⲙⲟⲟⲩ· †ⲙⲉϩ†̅ ⲇⲉ ⲙ̅ⲙⲛ̅
20 ⲧ̅ⲣ̅ⲣⲟ ϫⲱ ⲙ̅ⲙⲟⲥ ⲉⲣⲟϥ ϫⲉ
ⲁϥϣⲱⲡⲉ ⲉⲃⲟⲗ ϩⲛ̅ ⲟⲩⲧ̅ⲗ̅
†ⲗⲉ ⲛ̅ⲧⲉ ⲧⲡⲉ· ⲁⲩⲥⲁⲧϥ̅
ⲉⲑⲁⲗⲁⲥⲥⲁ ⲁⲡⲛⲟⲩⲛ
ϣⲟⲡϥ̅ ⲉⲣⲟϥ ⲁϥϫⲡⲟϥ
25 ⲁϥⲟⲗϥ̅ ⲉⲧⲡⲉ ⲁϥϫⲓ ⲛ̅ⲟⲩⲉ
ⲟⲟⲩ ⲙⲛ̅ ⲟⲩϭⲟⲙ· ⲁⲩⲱ
ⲛ̅†ϩⲉ ⲁϥⲉ̅[ⲓ] ⲉⲭⲙ̅ [ⲡⲓⲙⲟⲟⲩ]
[†]ⲙⲉϩⲥ̅ⲟ. [.]ⲙ̅[ⲙ]ⲛ̅ⲧ̅ⲣ̅ⲣ[ⲟ]
[ϫⲱ]ⲙ̅ⲙⲟⲥ[ ]ⲩⲙⲛ̅.[.].
30 [ ]ⲉⲧ [ ]ⲛ· ⲉⲡⲓⲉⲱⲛ

Numéro manque: 1 [κ]ⲱⲧⲉ̅: [ⲡⲱⲧ Böh — ⲫⲏⲣⲥⲁⲗⲱ̅: ⲫⲏⲣⲥⲁⲗⲓⲥ Böh, ⲫⲏⲣⲥⲁⲗⲱ̅
He — 10 ⲥⲟⲗⲟⲙⲱⲛ: ⲥⲟⲗⲟⲙ[ⲱ]ⲛ Böh — synonyme ⲱ̅ⲱ̅ au-dessus de ⲉⲣ ⲃⲁⲕⲉ qui
n'est pas attesté en S. cf Crum 31a ⲉⲣ ⲃⲟⲕⲓ B = être enceinte — 11 ⲡⲁⲣⲑⲉⲛⲟⲥ:
ⲡⲁⲣ[ⲑ]ⲉⲛⲟⲥ Böh — 14 ⲛ̅ⲧⲉ[ⲣ]ⲟⲩⲥⲁⲛⲟⲩϣϥ̅: ⲛ̅ⲧⲉ[ⲣⲟ]ⲩⲥⲁⲛⲟⲩϣϥ̅ Böh, ⲛ̅ⲧⲉ[ⲣ]
ⲟⲩⲥⲁⲛⲟⲩϣϥ̅ He — 18 un signe Τ dans la marge qui se retrouve en 80,9-20-29; 81,15;
82,5-11 — 27 ⲁϥⲉ̅[ⲓ]: ⲁϥ[ⲉⲓ] Böh — 28 [†]ⲙⲉϩⲥⲟ .[.]: [†]ⲙⲉϩⲥⲟ ⲁ̅[ⲉ] MacR, He,
[†]ⲙⲉϩⲥⲟ[ⲉ] Böh — ⲥ̅ = 6 en surligne — ⲙ̅[ⲙ]ⲛ̅ⲧ̅ⲣ̅ⲣ[ⲟ]: ⲙ̅[ⲙⲛ̅ⲧⲣⲣⲟ] Böh — 29 ⲙ̅ⲙⲟⲥ:
ⲙ̅ⲙⲟⲥ MacR, He, ⲙⲙⲟⲥ Böh — [...]ⲩⲙⲛ̅.[.].: [ϫⲉ ⲟ]ⲩⲙⲛ̅ⲧ̅[.]. MacR, [ⲉⲣⲟϥ ϫⲉ

(79)

la re]cherchera, lui, avec Pharsalo
et Saüel et ses armées[0] qui avaient
été envoyées. Salomon
aussi envoya son armée[0] de
5 démons[0] à la poursuite de
la vierge[0] et ils ne trouvèrent pas
celle qu'ils cherchaient. Mais[0]
la vierge[0] qui leur fut donnée,
c'est elle qui a été emmenée.
10 Salomon la prit et la vierge[0]
conçut; elle mit au monde
l'enfant en ce lieu-là;
elle le nourrit à la lisière
du désert[0]. Quand il eut été
15 nourri, il reçut gloire et
puissance de la semence[0]
dont il avait été engendré.
Et de cette manière il vint
sur l'eau». Et[0] le cinquième
20 royaume dit à son propos:
«Il est né d'une goutte
du ciel; il fut jeté
à la mer[0]; l'abîme le
reçut, l'engendra,
25 l'emmena au ciel, il reçut
gloire et puissance. Et
de cette manière il vint sur l'eau».
Le si[xième] ro[yaume]
[dit à son sujet] [. . . . . . .
[± 11   ] vers l'éon[0]

ⲁϥ/ϣⲱⲡⲉ] Böh, [⟨ⲉⲣⲟϥ⟩ ⲭⲉ ⲟ]ⲩⲙⲛ̅ⲧ̅[ⲣ̅ⲣ̅]ⲟ He — 30 [. . . .] ⲉⲧ [. . . .]ⲛ· ⲉⲡⲓⲉⲱⲛ̅:
[. . . .] ⲉⲧ [. . ⲉ2ⲣ]ⲁⲓ ⲉⲡⲓⲉⲱⲛ MacR, [ϣⲱⲡⲉ] ⲉⲧ [ⲃⲉ ⲟⲩⲉⲓⲱⲧⲉ] Böh, ⲉⲧ[ⲃⲉ
ⲟⲩⲛⲟⲩⲧⲉ] Sch, [ⲁⲥ† ⲙ]ⲉⲧ[ⲉ ⲉⲓ̈ ⲉ2ⲣ]ⲁⲓ ⲉⲡⲓⲉⲱⲛ̅ He

[π̄]

ϩⲱ[ⲱⲗ]ⲉ
ⲉⲧⲥⲁϩⲣⲁⲓ ϫⲉ ⲉϥⲉⲧ[ⲟⲩ]ⲧⲉ ⲛ
ϩⲉⲛϩⲣⲏⲣⲉ· ⲁⲥⲱⲱ̅ ⲉⲃⲟⲗ ϩ̅ⲛ
ⲧⲉⲡⲓⲑⲩⲙⲓⲁ ⲛ̅ⲛⲓϩⲣⲉⲣⲉ ⲁⲥ
ⲭⲡⲟϥ
ⲙⲉⲥⲧϥ̅ ⲙ̅ⲡⲧⲟⲡⲟⲥ ⲉⲧⲙ̅ⲙⲁⲩ·

5   ⲁⲛⲁⲅⲅⲉⲗⲟⲥ ⲥⲁⲛⲟⲩⲱϣϥ̅ ⲛ̅
ⲧⲉ ⲡⲓⲁⲛⲑⲉⲱⲛⲟⲥ ⲁϥϫⲓ ⲛ̅
ⲟⲩⲉⲟⲟⲩ ⲙ̅ⲡⲙⲁ ⲉⲧⲙ̅ⲙⲁⲩ
ⲙ̅ⲛ ⲟⲩϭⲟⲙ· ⲁⲩⲱ ⲛ̅ⲧϩⲉ ⲁϥⲉⲓ
ⲉϫ̅ⲙ ⲡⲓⲙⲟⲟⲩ· ⲧⲙⲉϩ ⲍ̄

10 Ⲧ ⲥⲁϣϥⲉ ⲇⲉ ⲙ̅ⲙ̅ⲛ[ⲧ]ⲣⲣⲟ ϫⲱ ⲙ̅
ⲙⲟⲥ ⲉⲣⲟϥ ϫⲉ ⲟⲩⲧⲁⲧⲗⲉ ⲡⲉ
ⲁⲥⲉⲓ̂ ⲉⲃⲟⲗ ϩ̅ⲛ ⲧⲡⲉ ⲉϫ̅ⲙ ⲡⲕⲁϩ
ⲁⲩϫⲓⲧϥ̅ ⲉϩⲣⲁⲓ̂ ⲉϩⲉⲛⲃⲏⲃ ⲛ̅ϭⲓ
ϩⲉⲛⲇⲣⲁⲕⲱⲛ ⲁϥϣⲱⲡⲉ ⲛ̅ⲟⲩ

15 ⲁⲗⲟⲩ· ⲁⲩⲡ̅ⲛ̅ⲁ ⲉⲓ̂ ⲉϫⲱϥ ⲁϥ
ϫⲓⲧϥ̅ ⲉⲡϫⲓⲥⲉ ⲉⲡⲙⲁ ⲉⲧⲁⲧ
ⲧⲁⲧⲗⲉ ϣⲱⲡⲉ ⲉⲃⲟⲗ ⲙ̅ⲙⲁⲩ
ⲁϥϫⲓ ⲛ̅ⲟⲩⲉⲟⲟⲩ ⲙ̅ⲛ ⲟⲩϭⲟⲙ
ⲙ̅ⲡⲙⲁ ⲉⲧⲙ̅ⲙⲁⲩ· ⲁⲩⲱ ⲛ̅ⲧ[ϩⲉ]

20   ⲁϥⲉⲓ̂ ⲉϫ̅ⲙ ⲡⲓⲙⲟⲟⲩ· ⲧⲙⲉϩ ⲏ̅
Ⲧ ϣⲙⲟⲩⲛⲉ ⲇⲉ ⲙ̅ⲙ̅ⲛⲧⲣ̅ⲣⲟ ϫⲱ ⲙ̅
ⲙⲟⲥ ⲉⲣⲟϥ ϫⲉ ⲁⲩⲕⲗⲟⲟⲗⲉ ⲉⲓ̂
ⲉϫ̅ⲙ ⲡⲕⲁϩ ⲁⲥⲕⲱⲧⲉ ⲛ̅ⲟⲩ
ⲡⲉⲧⲣⲁ ⲉϩⲟⲩⲛ ⲁϥϣⲱⲡⲉ

25 [ⲉ]ⲃⲟⲗ ⲛ̅ϩⲏⲧⲥ̅· ⲁⲩⲥⲁⲛⲟⲩϣϥ̅
[ⲛ̅ϭⲓ ⲛ̅ⲁⲅⲅ]ⲉⲗⲟⲥ ⲛⲏ ⲉⲧϩⲓ̂[ϫ̅ⲛ]
[ⲧⲕ̅]ⲗⲟⲟⲗ[ⲉ]· ⲁ̣[ϥϫⲓ] ⲛ̅ⲟⲩⲉⲟ[ⲟⲩ]
[ⲙ̅ⲛ̅]ⲟⲩϭⲟ̣ⲙ [ⲙ̅]ⲡ̅ⲙⲁ [ⲉⲧⲙ̅ⲙⲁⲩ·]
ⲁⲩⲱ ⲛ̅[ⲧϩⲉ ⲁϥ]ⲉ̣ⲓ̂ ⲉ[ϫ̅ⲙ ⲡⲓⲙⲟⲟⲩ·]
Ⲧ

Numéro manque — 1 ⲉϥⲉⲧ[ⲟⲩ]ⲧⲉ: ⲉϥⲉⲧ[ⲟⲟⲩ]ⲧⲉ MacR, Sch, ⲉϥⲉⲧ[ⲁⲁ]ⲧⲉ Böh —
2 traces de lettres au-dessus de ⲉϥⲉⲧ[ⲟⲩ]ⲧⲉ, probablement un synonyme que MacR
suppose être ϩⲱ[ⲱⲗ]ⲉ ou ⲥⲱ[ⲟⲩ]ϩ, cueillir, rassembler — 3-4 ⲁⲥⲙⲉⲥⲧϥ̅ synonyme
ⲭⲡⲟϥ en surligne — 9 le chiffre ⲍ̄ = 7 un peu en marge — 10 signe Ⲧ en début de ligne —
ⲙ̅ⲙ̅ⲛ[ⲧ]ⲣⲣⲟ: ⲙ̅ⲙⲛ̅[ⲧ]ⲣⲣⲟ MacR, He, ⲙⲙ[ⲛⲧ]ⲣⲣⲟ Böh — 19 ⲛ̅ⲧ[ϩⲉ]: ⲛ̅ⲧϩ[ⲉ] MacR,
He — 20 Le chiffre ⲏ̅ = 8 en bout de ligne — 21 signe Ⲧ en début de ligne —
24 ⲡⲉⲧⲣⲁ: [ⲡ]ⲉⲧⲣⲁ Böh — 25 [ⲉ]ⲃⲟⲗ ⲛ̅ϩⲏⲧⲥ̅: [ⲉ]ⲃⲟⲗ ⲛ̅ϩⲏⲧⲥ Böh, ⲉⲃⲟⲗ ⲛ̅ϩⲏⲧⲥ̅ He
— 26 [ⲛ̅ϭⲓ ⲛ̅ⲁⲅⲅ]ⲉⲗⲟⲥ: [ⲛ̅]ϭ[ⲓ ⲛⲓⲁⲅⲅ]ⲉⲗⲟⲥ MacR, [ⲛ̅]ϭ[ⲓ ⲛⲁⲅⲅ]ⲉⲗⲟⲥ He — ⲉⲧϩⲓ̂[ϫ̅ⲛ]
ⲧⲕ̅]ⲗⲟⲟⲗ[ⲉ]·: ⲉⲧϩⲓ̂[ϫ̅]ⲛ̅ [ⲧⲕ̅]ⲗⲟⲟⲗ[ⲉ·] MacR, ⲉⲧϩⲛ̅[ⲙ ⲡⲏⲩⲉ Böh, ⲉⲧϩⲓ̂[ϫ̅ⲛ]

(80)

qui est en bas, pour que celui-ci
c[ueill]e des fleurs; elle conçut
du désir[o] de ces fleurs. Elle
l'enfanta en ce lieu[o]-là.
5   Les anges[o] le nourrirent,
les anges[o] de ce jardin[o] et il
reçut gloire en ce lieu-là,
et puissance. Et de cette manière
il vint sur l'eau.» Et[o] le septième
10 royaume dit à son
propos: «Il est une goutte.
Elle est venue du ciel sur la terre.
Des dragons[o] l'ont emmenée en bas,
dans les cavernes; il est devenu
15 un enfant; un esprit est venu sur
lui et l'a emmené vers le sommet du lieu
d'où est issue la goutte. Il reçut
gloire et puissance
dans ce lieu-là. Et de cette manière
20 il vint sur l'eau. Et[o] le
huitième royaume dit
à son sujet: «Une nuée vint
sur la terre, elle entoura
un rocher[o], il est issu
25 de lui, [Les an]ges[o] le nourrirent
qui sont sur la
[nuée]. [Il reçut] gloi[re
et] puissance en ce lieu-[là]
et [de cette manière il] vint s[ur l'eau.]»

---

†κ]λοολ[ε˙] He — 27 ϩ[ϥχι] ⲛ̄ογεϙ[ογ]: ϩϥ[χι] ⲛ̄ογεϙ[ογ] MacR, He, ϩϥχι]
ⲛογε[οογ ⲙⲛ] Böh — 28 [ⲙⲛ̄]ογ 6ⲟⲙ: ⲙ[ⲛ̄] ογ6ⲟⲙ MacR, ογ6ⲟⲙ] Böh, ⲙ[ⲛ̄]
ογ6ⲟⲙ He — [ⲙ̄]ⲡⲙⲁ [ⲉⲧⲙ̄ⲙⲁγ˙]: [ⲙⲡⲙⲁ ⲉⲧⲙ]ⲙⲁ[γ ⲁγⲱ] Böh — 29 ⲁγⲱ ⲛ̄[†2ⲉ
ⲁϥ]ⲉ̣̀ι: [ⲛ̄†2ⲉ ⲁϥⲉ]ι Böh — Signe τ à gauche, sous la dernière ligne

52 TEXTE

[π̅ι̅]

[†]ме2ψ[ι]те ле м̅м̅н̅т̅р̅р̅о хω м̅
мос ероq хе евол 2н̅ †ψ̅ιте
м̅периλωн λоγеῖ пωр̅х̅ евол
асеῖ ех̅н̅ оγтооγ еqхосе ас̅р̅
5 оγоειω ес2моос м̅маγ· 2ωс
те н̅с̅р̅епιθγмει ерос оγλас
хе есеωωпе н̅2ооγт̅с2ιме
асхωк н̅тесепιθγмιа евол
асω̅ евол 2н̅ тесепιθγмιа
10 аγхпоq аγс[λ]ноγ̅ω̅q н̅6ι νι
[а]р̅гελос νη ет2ιλν̅ †епιθγмιа
аγω аqхι н̅оγеооγ м̅пма
[е]т̅ммаγ мν̅ оγбом· аγω н̅
[†]2е аqеῖ ех̅м̅ пιмооγ· †ме2 ι̅
15 [м]нте м̅м̅н̅т̅р̅р̅о хω м̅мос ероq
хе апеqноγте мере оγбнпе
                              κλооλε
н̅те †епιθγмιа аqхпо м̅моq
е2раῖ етеqбιх· аγω аqνоγхе
[е]х̅н̅ †κλооλε е2оγе ероq
         бнпе
20 евол 2н̅ ††тλте аγω аγ
хпоq· аqхι н̅оγеооγ мν̅ оγ
бом м̅пма етммаγ· аγω
н̅†2е аqеῖ ех̅м̅ пιмооγ·
         ι̅α̅
†ме2мν̅тоγе λе м̅мν̅
25 т]р̅ро хω м̅мос хе апιωт
[р̅е]пιθγмι е[т]еqωеере
[оγλατ]с̅ асω̅ 2ωωс ево[λ]
[2м̅ пе]сειωт асνоγхе м̅[
[......]γ[.]γм̅2еоγ[

Numéro manque — 1 [†]ме2ψ[ι]те: [†м]е2ψ[ι]те MacR, He, [†ме]2[ψι]те Böh —
2 Chiffre θ̅ = 9 au-dessus de †ψιте — 6 ν̅с̅р̅епιθγмει: un ε de ν̅се biffé par le
copiste Cod, νсерепιθγмει Böh, ν̅с{е}р̅епιθγмει He — 7 хе: [х]е Böh —
тесепιθγмιа: [т]есепιθγмιа Böh — 10 аγс[λ]ноγω̅q: аγс[λ]ноγω̅q MacR,
He, аγсаноγω̅q Böh — 11 а]р̅гελос: [аг]гελос Böh, [а]р̅гελос He — 13 [е]
т̅ммаγ: етммаγ Böh — 14 [†]2е: [†2]е MacR, He — Chiffre ι̅ = 10 en bout de ligne
— 15 [м]нте: [м]н̅те MacR, Böh, He — 16 Synonyme κλооλε au-dessus de 6нпе —
18 6 au-dessus du х de νоγхе — 19 [е]х̅н̅: [ех]ν Böh, [е]х̅ν He — synonyme бнпе
au-dessus de κλооλε — 20 евол: [е]вол Böh — 22 бом: [6]ом MacR, Böh, He —
23 н̅†2е: [ν]†2е Böh — 24 †ме2мν̅тоγе: [†]ме2мν̅тоγе Böh — Chiffre ι̅α̅ = 11
au-dessus de м̅ν̅тоγе — 25 м̅мос хе: м̅мос хе MacR, м̅мос ⟨ероq⟩ хе He —

(81)

Et [0] le neu[vième] royaume dit
à son propos: «Des neuf
muses [0], une s'est séparée;
elle vint sur une haute montagne,
5 elle passa du temps assise là,
de sorte [0] qu'elle se désira [0] elle-même
afin de devenir androgyne.
Elle accomplit son désir [0]
et conçut de son désir [0].
10 Il fut enfanté et les anges [0], ceux qui
sont préposés au désir [0], le nourrirent.
Et il reçut en ce lieu-là gloire
et puissance et de cette
manière il vint sur l'eau». Le dixième
15 royaume dit à son propos:
«Son dieu a aimé un nuage
du désir [0] et il l'enfanta
dans sa main et il jeta
sur le nuage, à côté de lui,
20 quelque chose venant de la goutte
et il fut engendré; il reçut gloire
et puissance en ce lieu-là.
Et de cette manière il vint sur l'eau».
Et [0] le onzième royaume
25 dit: «Le père a désiré [0]
sa [propre] fille,
[± 4] elle-même fut enceinte
de son père et elle jeta
[. . . . .]

ⲁⲡⲓⲱⲧ: ⲁⲡⲓⲱ[ⲧ] Böh — 26 [ⲣ̄ⲉ]ⲡ̣ⲓⲑⲩⲙⲓ ⲉ̣[ⲧ]ⲉϥϣⲉⲉⲣⲉ̣: [ⲣ̄ⲉⲡ]ⲓ̣ⲑⲩⲙⲓ ⲉ̣[ⲧ]ⲉϥϣⲉⲉⲣⲉ̣
MacR, He, [ⲣ]ⲉⲡⲓⲑⲩⲙⲓ [ⲉⲧ]ⲉϥϣⲉⲉⲣ[ⲉ] Böh — 27 [ⲟⲩⲁⲁⲧ]ⲥ̄ ⲁⲥⲱϣ̣̄: [ⲟⲩⲁⲁ]ⲧⲥ̄
ⲁⲥⲱϣ̣̄ MacR, [ⲟⲩⲁⲁ]ⲥ ⲁⲥⲱ[ⲱ] Böh, [ⲟⲩⲁⲁ]ⲧⲥ̄ ⲁⲥⲱϣ̣̄ He — ⲉⲃⲟ[ⲗ]: ⲉⲃ[ⲟⲗ] Böh —
28 [ϩⲙ̄ ⲡⲉ]ⲥⲉⲓⲱⲧ: [ϩⲛ ⲡⲉ]ⲥⲉⲓⲱⲧ Böh, [ⲙⲡⲉ]ⲥⲉⲓⲱⲧ He — ⲁ̣ⲥⲛⲟⲩϫⲉ ⲙ̣̄: ⲁⲥⲛⲟⲩϫⲉ
ⲙ̣̄ MacR, ⲁ̣ⲥⲛⲟⲩϫⲉ ⲙ̣̄ Böh, ⲁⲥⲛⲟⲩϫⲉ ⲙ̄[ⲙⲟϥ] He — 29 [. . . . . .]ⲩ̣[.]ⲩⲙ̄ϩⲉⲟⲩ[:
[. . . . .]ⲩ̣ ⲛ̣[. .]ⲩⲙ̄ϩⲉⲟⲩ[MacR, [. . . . . .]ⲩ̣[. . . ⲟ]ⲩⲙ̄ϩⲉⲟⲩ [ⲛⲥⲁ] Böh, [ⲙⲡⲁⲗⲟ]ⲩ̣
ⲛ̄[ⲟ]ⲩⲙ̄ϩⲉⲟⲩ [ⲛⲥⲁ] He

[ⲡ̄ⲃ̄]

ⲛ̄ⲃⲟⲗ ϩⲓ ⲧⲉⲣⲏⲙⲟⲥ̄ ⲁⲡⲁⲅⲅⲉ
ⲗⲟⲥ ⲥⲁⲛⲟⲩϣ̄ϥ̄ ⲙ̄ⲡⲙⲁ ⲉ
ⲧⲙ̄ⲙⲁⲩ· ⲁⲩⲱ ⲛ̄ϯϩⲉ ⲁϥⲉⲓ ⲉ
ⲝⲙ̄ ⲡⲓⲙⲟⲟⲩ:ϯⲙⲉϩ   ⲓ̄ⲃ̄

5 ⲧ ⲙ̄ⲛ̄ⲧⲥⲛⲟⲟⲩⲥ ⲙ̄ⲙ̄ⲛ̄ⲧⲣ̄ⲣⲟ ⲭⲱ
ⲙ̄ⲙⲟⲥ ⲉⲣⲟϥ ⲭⲉ ⲁϥϣⲱⲡⲉ ⲉⲃⲟⲗ
ϩⲙ̄ ⲫⲱⲥⲧⲏⲣ ⲥ̇ⲛⲁⲩ· ⲁⲩⲥⲁ
ⲛⲟⲩϣ̄ϥ̄ ⲙ̄ⲙⲁⲩ [ⲁ]ϥϫⲓ ⲛ̄ⲟⲩⲉⲟⲟⲩ
ⲙ̄ⲛ̄ ⲟⲩϭⲟⲙ· ⲁⲩ[ⲱ] ⲛ̄ϯϩⲉ ⲁϥⲉⲓ

10 ⲉⲝ̄ⲙ̄ ⲡⲓⲙⲟⲟⲩ· ϯⲙⲉϩ   ⲓ̄ⲅ̄
ⲧ ⲙ̄ⲛ̄ⲧϣⲟⲙⲧⲉ ⲇⲉ ⲙ̄ⲙ̄ⲛ̄ⲧⲣ̄ⲣⲟ ⲭⲱ
ⲙ̄ⲙⲟⲥ ⲉⲣⲟϥ ⲭⲉ ϭⲓ̇ⲛⲙⲓⲥⲉ ⲛⲓⲙ
ⲛ̄ⲧⲉ ⲡⲉⲩⲁⲣⲭⲱⲛ ⲟⲩⲗⲟⲅⲟ[ⲥ ⲡⲉ·]
ⲁⲩⲱ ⲁϥϫⲓ ⲛ̄ⲟⲩⲧⲱϣ ⲙ̄ⲡⲙ[ⲁ]

15 ⲉⲧⲙ̄ⲙⲁⲩ ⲛ̄ϭⲓ ⲡⲉⲓ̈ⲗⲟⲅⲟⲥ· ⲁϥ
ϫⲓ ⲛ̄ⲟⲩⲉⲟⲟⲩ ⲙ̄ⲛ̄ ⲟⲩϭⲟⲙ·
ⲁⲩⲱ ⲛ̄ϯϩⲉ ⲁϥⲉⲓ ⲉⲝ̄ⲙ̄ ⲡⲓⲙⲟⲟⲩ
ϩⲓⲛⲁ ⲭⲉ ⲉⲩⲉⲧⲱⲧ ⲛ̄ⲧⲉⲡⲓⲑⲩ
ⲙⲓⲁ ⲛ̄ⲧⲉ ⲛⲉⲓ̈ⲃⲟⲙ· ϯⲅⲉⲛⲉⲁ ⲇⲉ

20 ⲛ̄ⲛⲁⲧⲣ̄ ⲣ̄ⲣⲟ ⲉϩⲣⲁⲓ̈ ⲉⲭⲱⲥ ⲭⲱ
ⲙ̄ⲙⲟⲥ ⲭⲉ ⲁⲡⲛⲟⲩⲧⲉ ⲥⲱⲧⲡ̄
ⲙ̄ⲙⲟϥ ⲉⲃⲟⲗ ϩ̄ⲛ̄ ⲛⲓⲉⲱⲛ ⲧⲏⲣⲟⲩ
[ⲁ]ϥⲧⲣⲉ ⲟⲩⲅⲛⲱⲥⲓⲥ ⲛ̄ⲧⲉ ⲡⲓⲁⲧ̄
[ⲭ]ⲱϩ̄ⲙ̄ ⲛ̄ⲧⲉ ⲧⲙⲉ ϣⲱⲡⲉ ⲛ̄

25 [ϩⲏⲧϥ̄]· ⲡⲉⲭⲁϥ ⲭⲉ ⲁϥⲉⲓ ⲉ[ⲃⲟⲗ]
[ϩ̄ⲛ̄] ⲟⲩⲁⲏⲣ ⲛ̄ϣ̄ⲙ[ⲙ]ⲟ ⲉ̣[ⲃⲟⲗ]
[....]ⲛⲟϭ ⲛ̄ⲛⲉⲱⲛ ⲛ̄ϭⲓ[
[....]ⲙ̄ⲫⲱⲥⲧ[ⲏ]ⲣ ⲁ̣[

Numéro manque — 4 Chiffre ⲓ̄ⲃ̄ = douze, en bout de ligne — Signe ⲧ entre les lignes 4 et 5
à gauche — 7 Chiffre ⲃ̄ = deux au-dessus de ⲥⲛⲁⲩ — 8 [ⲁ]ϥϫⲓ: [ⲁ]ϥϫⲓ MacR —
9 ⲁⲩ[ⲱ]: ⲁⲩ[ⲱ] Böh, He — 10 Chiffre ⲓ̄ⲅ̄ = treize, en bout de ligne — Signe ⲧ entre les
lignes 10 et 11 — 12 un ⲭ au-dessus du ϭ de ϭⲓⲛⲙⲓⲥⲉ — 23 [ⲁ]ϥⲧⲣⲉ: [ⲁ]ϥⲧⲣⲉ MacR, He
— ⲡⲓⲁⲧ[ⲭ]ⲱϩ̄ⲙ̄: ⲡⲓⲁ[ⲧⲭ]ⲱϩ̄ⲙ̄ Böh — 25 [ϩⲏⲧϥ̄]: [ϩⲏⲧϥ̄] MacR, [ϩⲏⲧ]ϥ Böh —
ⲡⲉⲭⲁϥ: ⲡⲉⲭⲁ[ⲥ] Böh — ⲉ[ⲃⲟⲗ ϩ̄ⲛ̄] ⲟⲩⲁⲏⲣ ⲛ̄ϣ̄ⲙ[ⲙ]ⲟ: ⲉ[ⲃⲟⲗ ϩ̄ⲛ̄] ⲟⲩⲁⲏⲣ ⲛ̄ϣⲙⲙⲟ̣
MacR, [ⲉⲃⲟⲗ ϩ̄ⲛ ⲟ]ⲩⲁⲏⲣ ⲛ̄ϣ̄ⲙ[ⲙ]ⲟ̣ Böh, ⲉ̣[ⲃⲟⲗ ⲛ̄]ⲟⲩⲁⲏⲣ ⲛ̄ϣⲙⲙⲟ He — 26 ⲉ̣[ⲃⲟⲗ:
ⲉ[ⲃⲟⲗ ϩ̄ⲛ̄] MacR — 27 [....]ⲛⲟϭ: [ⲟⲩ]ⲛⲟϭ MacR, [ϩ̄ⲛ ⲟⲩ]ⲛⲟϭ Böh, [ϩ̄ⲛ ⲛ̄]ⲛⲟϭ He
— ⲛ̄ⲛⲉⲱⲛ: ⲛⲛⲉⲱⲛ Böh — ⲛ̄ϭⲓ[: ⲛ̄ϭⲓ[ⲡⲓ ⲛⲟϭ] MacR, Böh, He — 28 ⲙ̄ⲫⲱⲥⲧ[ⲏ]ⲣ ⲁ̣[:
ⲙ̄ⲫⲱⲥⲧⲏⲣ· ⲁⲩ[ⲱ ⲁϥⲧⲣⲉ] MacR, ⲙ̄ⲫⲱⲥⲧ[ⲏ]ⲣ· ⲁⲩ[ⲱ ⲁϥⲧⲣⲉ] He

(82)

dehors au désert⁰. L'ange⁰
le nourrit en ce lieu-là
et de cette manière il vint
sur l'eau». Le douzième
5   royaume dit à
son propos: «Il est né
de deux luminaires⁰. Il
fut nourri là et reçut gloire
et puissance. Et de cette manière
10 il vint sur l'eau». Le treizième
royaume dit à son
sujet: «Tout engendrement
de leur archonte⁰ est une parole⁰.
Cette parole⁰ reçut un ordre
15 là-bas. Il reçut
gloire et puissance
et de cette manière il vint sur l'eau,
afin que soit satisfait le désir⁰
de ces puissances.» Or la génération⁰
20 qui n'a pas de royauté au-dessus
d'elle dit: «Dieu le choisit
parmi tous les éons⁰.
Il fit en sorte qu'une Gnose⁰ concernant
la pureté de la vérité existe
25 par lui. Il dit: «Il est issu
d'un Air⁰ étranger de [. . . .
[± 4] grand Éon⁰ [. . . .
[± 4 .   le Luminaire⁰ [. . . . .

[ⲡ̅ⲅ̅]

ⲧⲅⲉⲛ[ⲉⲁ] ⲛ̅ⲧⲉ ⲛⲓⲣⲱⲙⲉ ⲉⲧⲙ̅ⲙⲁⲩ
ⲣ̅ ⲟⲩⲟⲉⲓⲛ ⲛⲏ ⲉⲧⲁϥⲥⲟⲧⲡⲟⲩ ⲛⲁϥ
ϩⲱⲥⲧⲉ ⲛ̅ⲥⲉⲣ̅ ⲟⲩⲟⲉⲓⲛ ⲉⲭ̅ⲙ̅ ⲡⲓ
ⲉⲱⲛ ⲧⲏⲣ̅ϥ ⲧⲟⲧⲉ ⲧⲥⲡⲟⲣⲁ ⲛⲁⲧ
5　ⲟⲩⲃⲉ ⲧϭⲟⲙ· ⲛⲏ ⲉⲧⲛⲁϫⲓ ⲙ̅ⲡⲉϥ
ⲣⲁⲛ ϩⲓ̅ⲭ̅ⲙ̅ ⲡⲓⲙⲟⲟⲩ· ⲁⲩⲱ ⲛ̅ⲧⲟⲧⲟⲩ
ⲧⲏⲣⲟⲩ· ⲁⲩⲱ ⲟⲩⲛ̅ ⲟⲩⲕⲗⲟⲟⲗⲉ
ⲛ̅ⲕⲁⲕⲉ ⲛ̅ⲛⲏⲩ ⲉϫⲱⲟⲩ· ⲧⲟⲧⲉ
ⲥⲉⲛⲁⲱϣ ⲉⲃ[ⲟ]ⲗ ϩ̅ⲛ ⲟⲩⲛⲟϭ ⲛ̅ⲥⲙⲏ
10　ⲛ̅ϭⲓ ⲛⲓⲗⲁⲟⲥ ⲉⲩϫⲱ ⲙ̅ⲙⲟⲥ ϫⲉ
ⲛⲁⲓ̈ⲁⲧⲥ̅ ⲛ̅ⲧⲯⲩⲭⲏ ⲛ̅ⲧⲉ ⲛⲓⲣⲱ
ⲙⲉ ⲉⲧⲙ̅ⲙⲁⲩ ϫⲉ ⲁⲩⲥⲟⲩⲱⲛ
ⲡⲛⲟⲩⲧⲉ ϩ̅ⲛ ⲟⲩⲅⲛⲱⲥⲓⲥ ⲛ̅
[ⲧ]ⲉ̣ ⲧⲙⲉ· ⲥⲉⲛⲁⲱⲛ̅ϩ̣ ϣⲁ ⲛⲉ
15　[ⲱ]ⲛ ⲛ̅ⲧⲉ ⲛⲉⲱⲛ ϫⲉ ⲙ̅ⲡⲟⲩ
ⲧⲁ̣ⲕⲟ ϩ̅ⲛ ⲧⲉⲩⲉⲡⲓⲑⲩⲙⲓⲁ
ⲙ̅ⲛ ⲛⲓⲁⲅⲅⲉⲗⲟⲥ· ⲟⲩⲧⲉ ⲙ̅
ⲡⲟⲩϫⲉⲕ ⲛⲓϩⲃⲏⲩⲉ ⲛ̅ⲧⲉ ⲛⲓ
ϭⲟⲙ ⲉⲃⲟⲗ· ⲁⲗⲗⲁ ⲁⲩⲁϩⲉⲣⲁⲧⲟⲩ
20　ⲙ̅ⲡⲉϥⲙ̅ⲧⲟ ϩ̅ⲛ ⲟⲩⲅⲛⲱⲥⲓⲥ
ⲛ̅ⲧⲉ ⲡⲛⲟⲩⲧⲉ ⲛ̅ⲑⲉ ⲛ̅ⲟⲩⲟ
ⲉⲓⲛ ⲉⲁϥⲉⲓ̈ ⲉⲃⲟⲗ ϩ̅ⲛ ⲟⲩⲕⲱ
ϩ̅ⲧ̅ ⲙ̅ⲛ ⲟⲩⲥⲛⲟϥ· ⲁⲛⲟⲛ ⲇⲉ
ⲁⲛⲣ̅ ϩⲱⲃ ⲛⲓⲙ ϩ̅ⲛ ⲟⲩⲙ̅ⲛ̅ⲧⲁⲧ
25　ϩⲏⲧ ⲛ̅ⲧⲉ ⲛⲓϭⲟⲙ· ⲁⲛϣⲟⲩ
ϣⲟⲩ ⲙ̅ⲙⲟⲛ ϩ̅ⲛ ⲧⲡⲁⲣⲁ
[ⲃⲁ]ⲥⲓⲥ ⲛ̅ⲧⲉ ⲛⲉⲛϩⲃⲏⲩ[ⲉ]
[...]ⲟ̣ⲩⲁ[.]ϣ̣[.]ⲟⲩⲃⲉ[
[.]ⲉ ⲛ̅ⲧⲉ.[....].ⲉⲛⲉϥϩⲃⲏ[ⲩⲉ
30　[.]ⲏⲃ̣.[.....]ϭⲁⲙ· ⲡ[

Numéro manque — 1 ⲧⲅⲉⲛ[ⲉⲁ]: ⲧⲅⲉⲛ[ⲉ]ⲁ MacR, He, [ⲧⲅ]ⲉⲛ[ⲉⲁ] Böh — 9 ⲉⲃ[ⲟ]ⲗ:
ⲉⲃ[ⲟ]ⲗ MacR, He, ⲉⲃ[ⲟⲗ] Böh — 10 ⲉⲩϫⲱ: [ⲉⲩ]ϫⲱ Böh — 13 ⲛ̅[ⲧ]ⲉ̣: ⲛ[ⲧⲉ] Böh —
14 ⲛⲉ[ⲱ]ⲛ: ⲛⲉⲱⲛ He — 16 ⲧⲁⲕⲟ: ⲧⲁ̣ⲕⲟ MacR — 27 ⲛ̣ⲉⲛϩⲃⲏⲩ[ⲉ]: ⲛ̣ⲉⲛⲃⲏⲩϣ MacR,
He — 28 [...]ⲟ̣ⲩⲁ[.]ϣ̣ [.]ⲟⲩⲃⲉ[: [ⲧⲏⲣ]ⲟⲩ ⲁ̣ⲛϣ̣ⲱ ⲟⲩⲃⲉ [ⲡⲛⲟⲩ/ⲧ]ⲉ MacR, He
[..]ⲟ̣ⲩⲁ [.]ϣ̣[.]ⲟⲩⲃⲉ[Böh — 29 [.]ⲉ ⲛ̅ⲧⲉ.[....].ⲉⲛⲉϥϩⲃⲏ[ⲩⲉ: [ⲧ]ⲉ ⲛ̅ⲧⲉ [ⲧⲙⲉ] ϫⲉ
ⲛⲉϥϩⲃⲏ[ⲩⲉ] MacR,]ⲛⲧⲉ[...]ⲉⲛⲉϥϩⲃⲏ[ⲩⲉ Böh, ⲧ]ⲉ ⲛ̅ⲧⲉⲛ̣[ⲟⲩ] ⲇⲉ ⲛⲉϥϩⲃⲏ[ⲩⲉ He
— 30 [.]ⲏⲃ̣ .[.....]ϭⲁⲙ· ⲡ[: [ⲧ]ⲏ̣ⲣⲟ̣[ⲩ...].ⲁⲙ...[MacR, [.].̣.[　]ⲕ̣ⲁ̣ⲙⲉ[Böh,
[ⲧ]ⲏ̣ⲣⲟ[ⲩ ⲛ̅ⲧⲁ]ⲅⲁⲙⲁϩⲧ[ⲉ ϫⲉ]

(83)

La génération⁰ de ces Hommes-là
brille, ceux qu'il s'est choisis,
de sorte⁰ qu'ils brillent sur tout
l'éon⁰. Alors⁰ la semence⁰ s'opposera
5   à la puissance, à ceux qui
recevront son nom sur l'eau et
par la main de tous. Et sur eux
viendra un nuage de ténèbres.
Alors⁰ les peuples⁰ crieront d'une
10 voix puissante en disant:
«Heureuse l'âme⁰ de ces Hommes-là,
parce qu'ils ont connu
Dieu dans une Gnose⁰
de vérité; ils vivront
15 pour l'éternité, car ils ne se
sont pas anéantis avec les anges⁰
par le désir⁰ et ils n'ont pas
accompli les œuvres des
puissances, mais ils se sont
20 tenus debout en Sa présence dans une
Gnose⁰ de Dieu, comme une
lumière qui est sortie du feu
et du sang. Mais⁰ nous, nous
avons accompli toute œuvre
25 dans la déraison de ces puissances
et nous nous sommes enorgueillis dans
la transgression⁰ de nos œuvres
[. . . . .]
[± 10   ] ses œuvres
30 [. . . . .]

[ⲡⲇ]

ⲟⲩϣⲁ ⲉⲛⲉϩ ⲡⲉ· ⲛⲉⲓ ϩⲁ ⲛⲉⲛ
ⲡ̄ⲛ̄ⲁ̄· ⲁⲛⲉⲓⲙⲉ ⲅⲁⲣ ⳁⲛⲟⲩ ϫⲉ
ⲛⲉⲛⲯⲩⲭⲏ ⲛⲁⲙⲟⲩ ϩ̄ⲛ̄ ⲟⲩⲙⲟⲩ
ⲧⲟⲧⲉ ⲁⲩⲥⲙⲏ ϣⲱⲡⲉ ϣⲁⲣⲟⲟⲩ
5   ⲉⲥϫⲱ ⲙ̄ⲙⲟⲥ ϫⲉ ⲙⲓⲭⲉⲩ̄ ⲙ̄ⲛ̄
ⲙⲓⲭⲁⲣ̄ ⲙ̄ⲛ̄ ⲙⲛⲏⲥⲓⲛⲟⲩⲥ· ⲛⲏ
ⲉⲧϩⲓϫ̄ⲛ̄ ⲡⲓϫⲱⲕ̄ⲙ̄ ⲉⲧⲟⲩⲁⲁⲃ
ⲙ̄ⲛ̄ ⲡⲓⲙⲟⲟⲩ [ⲉ]ⲧⲟⲛ̄ϩ̄ ϫⲉ ⲉⲧⲃⲉ
ⲟⲩ ⲛⲉⲧⲉⲧⲛ̄ϣ̄ϣ ⲟⲩⲃⲉ ⲡⲛⲟⲩ
10 ⲧⲉ ⲉⲧⲟⲛ̄ϩ̄ ϩ̄ⲛ̄ ϩ[ⲉ]ⲛⲥⲙⲏ ⲛ̄ⲁⲛⲟ
ⲙⲟⲥ ⲙ̄ⲛ̄ ϩⲉⲛⲗⲁⲥ ⲉⲙ̄ⲛ̄ ⲛⲟⲙⲟ[ⲥ ⲉ]
ⲧⲉ ⲉⲧⲟⲟⲧⲟⲩ· ⲙ̄ⲛ̄ ϩⲉⲛⲯⲩⲭⲏ
ⲉⲩⲙⲉϩ ⲛ̄ⲥⲛⲟϥ ⲙ̄ⲛ̄ ϩⲉⲛ[ϩⲃⲏⲩⲉ]
ⲉⲩⲥⲟⲟϥ· ⲉⲧⲉⲧⲛ̄ⲙⲉϩ ⲉ[ⲃⲟⲗ]
15 ϩ̄ⲛ̄ ϩⲉⲛϩⲃⲏⲩⲉ ⲉⲛⲁ ⲧⲙⲉ ⲁⲛ ⲛⲉ
ⲁⲗⲗⲁ ⲛⲉⲧ̄ⲛ̄ϩⲓⲟⲟⲩⲉ ⲙⲉϩ ⲛ̄
ⲟⲩⲛⲟϥ ⲙ̄ⲛ̄ ⲡⲧⲉⲗⲏⲗ· ⲉⲁⲧⲉ
ⲧⲛ̄ϫⲉϩ̄ⲙ̄ ⲡⲓⲙⲟⲟⲩ ⲛ̄ⲧⲉ ⲡⲱⲛ[ϩ̄]
ⲁⲧⲉⲧⲛ̄ⲥⲱⲕ̄ ⲙ̄ⲙⲟϥ ⲉϩⲟⲩⲛ
20 ⲉⲡⲟⲩⲱϣ ⲛ̄ⲧⲉ ⲛⲓϭⲟⲙ
ⲛⲏ ⲉⲧⲁⲩⳁ ⲧⲏⲩⲧ̄ⲛ̄ ⲉⲧⲟⲟ
ⲧⲟⲩ ϫⲉ ⲉⲧⲉⲧⲛ̄ⲉϣⲙϣⲉ
ⲙ̄ⲙⲟⲟⲩ· ⲁⲩⲱ ⲙ̄ⲡⲉ{ⲡⲉ}
ⲧ̄ⲛ̄ⲙⲉⲉⲩⲉ ⲉⲓⲛⲉ ⲙ̄ⲡⲁ ⲛⲓ
25 [ⲣ]ⲱⲙⲉ ⲉⲧⲙ̄ⲙⲁⲩ ⲁⲛ ⲛⲏ
[ⲉ]ⲧⲉⲧⲛ̄ⲡⲱ̣ⲧ̣ ⲛ̄ϭⲱⲟⲩ
[. . .]ⲡⲟⲩⲥ[. .]̣ [.]ⲛ̄ⲥⲁ ⲛⲉ
[. .]ⲉⲡⲓⲑⲩⲙ[ⲓⲁ . . .]. .ⲉ

Numéro manque — 1 ϩⲁ: ϩⲁ MacR, He, ⲁ̣[ⲁ] Böh — 8 [ⲉ]ⲧⲟⲛ̣ϩ̣: ⲉ̣ⲧⲟⲛϩ̣ MacR, He, [ⲉⲧ]ⲟⲛϩ Böh — 9 ⲛⲉⲧⲉⲧⲛ̄ϣϣ: ⲛⲉⲧⲉⲧⲛ̄ϣ̣ϣ MacR, He — 10 ϩ[ⲉ]ⲛⲥⲙⲏ: ϩⲉⲛⲥⲙⲏ Böh — 11 ⲛⲟⲙⲟ[ⲥ ⲉ]/ⲧⲉ Böh — 13 [ϩⲃⲏⲩⲉ̣]: ϩ̣[ϩⲃⲏⲩⲉ] MacR, He, [ϩⲱⲃ] Böh — 14 ⲉ[ⲃⲟⲗ]: ⲉ̣[ⲃⲟⲗ] MacR, He, [ⲉⲃⲟⲗ] Böh — 15 ⲉⲛⲁ ⲧⲙⲉ ⲁⲛ ⲛⲉ: ⲉⲛⲁ ⲧⲙⲉ ⲁⲛ ⲛ[ⲉ] Böh, ⟨ⲁⲛ⟩ⲉⲛⲁ ⲧⲙⲉ {ⲁⲛ} ⲛⲉ̣ He — 20 ⲉⲡⲟⲩⲱϣ: ⲉⲡⲟⲩⲱϣ MacR, He — ⲛⲓϭⲟⲙ: ⲛⲓϭⲟⲙ MacR, He — 23 ⲙ̄ⲡⲉ{ⲡⲉ}ⲧ̄ⲛ̄ⲙⲉⲉⲩⲉ: ⲙ̄ⲡⲉ{ⲡⲉ}ⲧ̄ⲛ̄ⲙⲉⲉⲩⲉ He — 25 [ⲣ]ⲱⲙⲉ: [ⲣ]ⲱⲙⲉ MacR, He, [ⲣ]ⲱⲙ̣ⲉ Böh. — 26 [ⲉ]ⲧⲉⲧⲛ̄ⲡⲱⲧ: [ⲉ]ⲧⲉⲧⲛ̄ⲡⲱⲧ MacR, He, [ⲉ]ⲧⲉⲧⲛⲡ[ⲱ]ⲧ Böh — ⲛ̄ϭⲱⲟⲩ: ⲛ̄ϭⲱⲟ[ⲩ] MacR, He, ⲛ̄ⲥⲱⲟ[ⲩ] Böh — 27 [. . .]ⲡⲟⲩⲥ [. .] [.]ⲛ̄ⲥⲁ ⲛⲉ: [. . .]ⲡⲟⲩⲥ [.].[.]ⲛ̄ⲥⲁⲛⲉ MacR,]ⲧⲟⲩⲥ[. . . . .]ⲥⲁⲛⲉ Böh, ϫⲉ ⲙ̄]ⲡⲟⲩⲥ[ⲱⲧⲙ] ⲛ̄ⲥⲁ ⲛⲉ He — 28 [. .]ⲉⲡⲓⲑⲩⲙ[ⲓⲁ . . .]. .ⲉ: [.]ⲉⲡⲓⲑⲩⲙ[ⲓⲁ . . .]. ϩⲉ MacR,]ⲉⲡⲓⲑⲩⲙ[ ]. .ⲉ Böh, [ⲧ̄ⲛ̄]ⲉⲡⲓⲑⲩⲙ[ⲓⲁ· ⲟ]ⲩⲧⲉ

(84)

est éternel; celles-là sont contre
nos esprits °. Car ° nous avons compris
maintenant que nos âmes ° mourront de mort.
Alors ° une voix se fit entendre
5   à eux disant: «Micheu et
Michar et Mnésinous qui êtes
préposés au baptême saint et
à l'eau vivante, pourquoi
criiez-vous contre le Dieu vivant
10   avec des voix sans loi ° et
des langues qui n'ont pas de
loi ° et des âmes °
pleines de sang et d'[œuvres]
souillées, alors que vous êtes remplis
15   d'œuvres qui ne sont pas celles de la vérité.
Mais ° vos voies sont pleines
de joie et de jubilation, alors que vous
avez souillé l'eau de la vie et
que vous l'avez soumise à
20   la volonté des puissances,
celles qui vous ont assujettis
pour que vous les serviez.
Ainsi votre pensée
ne ressemble pas à celle
25   de ces Hommes-là, ceux
que vous persécutez
[.....................]
[...] désir ° [.........]

[ⲡ̄ⲉ̄]

ⲙ̣ⲁⲣⲉⲡⲉⲩⲟⲩⲧⲁϩ ⲗⲱⲱⲙ· ⲁⲗⲗⲁ
ⲥⲉⲛⲁϣⲱⲡⲉ ⲉⲩⲥⲟⲟⲩⲛ ⲙ̄ⲙⲟⲟⲩ
ϣⲁ ⲛⲓⲛⲟϭ ⲛ̄ⲛⲉⲱⲛ· ϫⲉ ⲛⲓϣⲁϫⲉ
ⲉⲧⲁⲩⲁⲣⲉϩ ⲉⲣⲟⲟⲩ ⲛ̄ⲧⲉ ⲡⲛⲟⲩⲧⲉ
5 ⲛ̄ⲧⲉ ⲛⲉⲱⲛ ⲙ̄ⲡⲟⲩϩⲓ̇ⲧⲟ̇ⲟ̇ⲧⲟⲩ ⲉ
ⲡϫⲱⲱⲙⲉ ⲟⲩⲧⲉ ⲛ̄ⲥⲉⲥϩⲟⲩⲧ̈ ⲁⲛ·
ⲁⲗⲗⲁ ϩⲉⲛⲁⲅ̄ⲅⲉⲗⲓⲕⲟⲥ ⲉⲧⲛⲁ̄ⲛⲧⲟⲩ
ⲛⲁⲓ̈ ⲉⲧⲉ ⲛ̄ⲥⲉⲛⲁ̄ⲙⲙⲉ ⲉⲣⲟⲟⲩ ⲁⲛ ⲛ̄
ϭⲓ ⲛ̄ⲅⲉⲛⲉⲁ ⲧⲏ[ⲣⲟ]ⲩ ⲛ̄ⲛ̄ⲣⲱⲙⲉ· ⲥⲉ
10 ⲛⲁϣⲱⲡⲉ ⲅⲁ[ⲣ ⲉ]ϫ̄ⲛ̄ ⲟⲩⲧⲟⲟⲩ ⲉϥ
ϫⲟⲥⲉ ϩⲓ̇ⲭ̄ⲛ̄ ⲟⲩⲡⲉⲧⲣⲁ ⲛ̄ⲧⲉ ⲧⲙⲉ·
ⲉ̣ⲧⲃⲉ ⲡⲁⲓ̈ ⲥⲉⲛⲁ†̄ ⲣⲁⲛ ⲉⲣⲟⲟⲩ
ϫⲉ ⲛⲓϣⲁϫⲉ ⲛ̄ⲧⲉ †ⲁⲫⲑⲁⲣⲥⲓⲁ
[ⲙ̄ⲛ̄ †]ⲙ̄ⲛ̄ⲧⲙⲉ ⲛ̄ⲛⲏ ⲉⲧⲥⲟⲟⲩⲛ
15 [ⲙ̄]ⲡⲛⲟⲩⲧⲉ ⲛ̄ϣⲁ ⲉⲛⲉϩ ϩ̄ⲛ̄ ⲟⲩ
[ⲥ]ⲟ̣ⲫⲓⲁ ⲛ̄ⲧⲉ ⲟⲩⲅⲛⲱⲥⲓⲥ ⲙ̄ⲛ̄
ⲟ̣ⲩⲥⲃⲱ ⲛ̄ⲧⲉ ϩⲉⲛⲁⲅ̄ⲅⲉⲗⲟⲥ ϣⲁ
ⲉⲛⲉϩ ϫⲉ ϥⲥⲟⲟⲩⲛ ⲛ̄ϩⲱⲃ ⲛⲓⲙ:
ⲧ̄ ⲛ̣ⲁⲓ̈ ⲛⲉ ⲛⲓⲁⲡⲟⲕⲁⲗⲩⲯⲓⲥ ⲉⲧⲁ
20 [ⲁ̄]ⲇⲁⲙ ϭⲁⲗⲡⲟⲩ ⲉⲃⲟⲗ ⲛ̄ⲥⲏⲑ̄ ⲡⲉϥ
ϣⲏⲣⲉ· ⲁⲩⲱ ⲁⲡⲉϥϣⲏⲣⲉ ⲧⲁⲙⲉ
ⲧⲉϥⲥⲡ[ⲟ]ⲣⲁ ⲉⲣⲟⲟⲩ· ⲧⲁⲓ̈ ⲧⲉ †ⲅⲛⲱ
ⲥⲓⲥ ⲛ̄ⲛⲁⲡⲟⲕⲣⲩⲫⲟⲛ ⲛ̄ⲧⲉ ⲁ̄ⲇ̄ⲁ̄ⲙ̄
ⲉⲧⲁϥⲧⲁⲁⲥ ⲛ̄ⲥⲏⲑ̄· ⲉⲧⲉ ⲡⲓ ϫⲱ
25 ⲕ̄ⲙ̄ ⲉⲧⲟⲩⲁⲁⲃ ⲡⲉ ⲛ̄ⲛⲏ ⲉⲧⲥⲟ
ⲟⲩⲛ ⲛ̄†ⲅⲛⲱⲥⲓⲥ ⲛ̄ⲉⲛⲉϩ ⲉⲃⲟ̣[ⲗ]
ϩ̣ⲓ̈ⲧⲟⲟⲧⲟⲩ ⲛ̄ⲛⲓⲗⲟⲅⲟⲅⲉⲛⲏⲥ ⲙ̄[ⲛ̄]
ⲛⲓⲫⲱⲥⲧⲏⲣ ⲛ̄ⲁⲧⲧⲁⲕⲟ ⲛⲏ [ⲉⲧⲁⲩ]
ⲉⲓ̄ ⲉⲃⲟⲗ ϩ̄ⲛ̄†ⲥⲡ[ⲟ]ⲣⲁ ⲉⲧⲟⲩⲁ̣[ⲁⲃ]
30 ⲓ̄ⲉⲥⲥⲉⲩⲥ ⲙ̣[ⲁ̄ⲍ]ⲁⲣⲉⲩ[ⲥ ⲓ̄ⲉⲥⲥⲉ]
ⲇ̄ⲉⲕⲉⲩⲥ [ⲡⲓ]ⲙ̣ⲟⲟⲩ ⲉⲧⲟ[ⲛ̄ϩ̄]
ⲧⲁⲡⲟ̣[ⲕⲁⲗⲩ]ⲯⲓⲥ ⲛ̄ ⲁ̣ⲇ̣[ⲁⲙ]

Numéro manque — 1 ⲙ̣ⲁⲣⲉ: [ⲙⲉ]ⲣⲉ Böh — 5 ⲙ̄ⲡⲟⲩϩⲓ̇ⲧⲟ̇ⲟ̇ⲧⲟⲩ Cod: ⲙ̄ⲡⲟⲩϩⲓⲧⲟⲩ
MacR, He, ⲙⲡⲟⲩϩⲓ ⲧⲟⲟⲧⲟⲩ Böh — 11 ⲟⲩⲡⲉⲧⲣⲁ: ⲟⲩⲡⲉⲧⲣⲁ MacR, Böh — 12 ⲉ̣ⲧⲃⲉ:
ⲉⲧⲃⲉ Böh — 15 [ⲙ̄]ⲡⲛⲟⲩⲧⲉ: [ⲙ̄]ⲡ̄ⲛⲟⲩⲧⲉ MacR, He, [ⲙⲡ]ⲛⲟⲩⲧⲉ Böh — 16 [ⲥ]ⲟ̣ⲫⲓⲁ:
[ⲥ]ⲟ̣ⲫⲓⲁ MacR, He — 17 ⲟ̣ⲩⲥⲃⲱ: [ⲟ]ⲩⲥⲃⲱ Böh — ϩⲉⲛⲁⲅⲅⲉⲗⲟⲥ ϣⲁ ⲉⲛⲉϩ:
ϩⲉⲛⲁⲅⲅⲉⲗⲟⲥ ⟨ⲛ̄⟩ϣⲁ ⲉⲛⲉϩ He — 18 ⲛⲓⲙ: ⲛⲓⲙ MacR, He — 19 Signe ⲧ̄ dans la marge
gauche — ⲛ̣ⲁⲓ̈: ⲛⲁⲓ̈ MacR, Böh, He — 22 ⲧⲉϥⲥⲡ[ⲟ]ⲣⲁ: ⲧ̄ⲉϥⲥⲡ[ⲟ]ⲣⲁ MacR, He,
ⲧⲉϥⲥⲡ[ⲟ]ⲣⲁ Böh — 27 ⲙ̄[ⲛ̄]: ⲙ̣[ⲛ̄] MacR, Böh, He — 28 ⲛ̄ⲁⲧⲧⲁⲕⲟ ⲛⲏ[ⲉⲧⲁⲩ]:

(85)

　　leur fruit ne se flétrit pas. Mais[o]
　　ils seront connus jusqu'aux Grands
　　Éons[o], car les paroles
　　qu'ils ont gardées du Dieu
5　des Éons[o] n'ont pas été confiées à la génération
　　et elles ne sont pas non plus écrites.
　　Mais ce sont des êtres angéliques[o] qui les
　　apporteront, elles que toutes les générations[o]
　　des hommes ne comprendront pas;
10　elles adviendront, en effet, sur une montagne
　　élevée, sur un rocher[o] de vérité,
　　c'est pourquoi elles seront nommées
　　«paroles de l'incorruptibilité[o]
　　[et de la] vérité» pour ceux qui connaissent
15　le Dieu éternel dans une
　　sagesse[o] de Gnose[o] et un
　　enseignement d'Anges[o] éternels,
　　car il connaît toute chose.»
　　Voilà les apocalypses[o] qu'Adam
20　révéla à son fils Seth et
　　son fils les fit connaître à
　　sa semence[o]. Voilà la Gnose[o]
　　secrète[o] d'Adam qu'il a donnée
　　à Seth: c'est le baptême
25　saint de ceux qui connaissent
　　la Gnose[o] éternelle par
　　l'entremise de ceux qui sont nés de la parole[o]
　　qui sont issus de la semence[o]
　　sain[te], Jesseus, M[az]areu[s, Jesse]
30　dekeus, [l'eau vivante].
　　　　　　L'Apo[ca]lypse d'A[dam].

ⲚⲀⲦⲦⲀⲔⲞ ⲚⲎ[ⲈⲦⲀⲨ] MacR, Böh — 29 ⲈⲦⲞⲨⲀ[ⲀⲂ]: ⲈⲦⲞⲨⲀ[ⲀⲂ] MacR, Böh, He —
30 ⲒⲈⲤⲤⲈⲨⲤ: [Ⲓ]ⲈⲤⲤⲈⲨⲤ Böh — Ⲙ[ⲀⲌ]ⲀⲢⲈⲨ[Ⲥ: Ⲙ̱Ⲁ[Ⲍ]ⲀⲢⲈⲨⲤ̱ MacR, He — ⲒⲈⲤⲤⲈ]
ⲀⲈⲔⲈⲨⲤ: ⲒⲈⲤⲤⲈ]ⲀⲈⲔⲈⲨ[Ⲥ Böh — 31 [ⲠⲒ]Ⲙ̱Ⲟ̱Ⲟ̱Ⲩ ⲈⲦⲞ[Ⲛ̱Ϩ]:]ⲰⲞⲨ ⲈⲦ̱[ⲞⲨⲀⲀⲂ] Böh —
32 ⲦⲀⲠⲞ[ⲔⲀⲀⲨ]Ϥ̱ⲒⲤ Ⲛ̄ Ⲁ̱Ⲁ[ⲀⲘ]: ⲦⲀⲠ̱Ⲟ[ⲔⲀⲀⲨ]Ϥ̱ⲒⲤ Ⲛ̱Ⲁ̱Ⲁ[ⲀⲘ] MacR, ⲦⲀⲠ[ⲞⲔⲀⲀⲨ]Ϥ̱ⲒⲤ
Ⲛ̱Ⲁ[ⲀⲘ] Böh, ⲦⲀⲠ̅Ⲟ[ⲔⲀⲀⲨ]Ϥ̱ⲒⲤ ⲚⲀⲀ[ⲀⲘ] He

COMMENTAIRE

Introduction : 64,1-65,23

« L'Apocalypse qu'Adam fit connaître à son fils Seth ... » (64,1-3)

Adam *informe* son fils Seth, c'est le sens exact du verbe copte utilisé (ⲧⲁⲙⲉ), à propos de *choses secrètes* ou *cachées* (apocalypse est ici employé au singulier, mais on le trouvera au pluriel à la fin du traité, 85,19). Il faut sans doute souligner l'emploi de ce ⲧⲁⲙⲉ qui se distingue nettement des verbes ⲟⲩⲱⲛϩ, dévoiler, ϯⲥⲃⲱ, enseigner ou encore ϭⲱⲗⲡ, révéler. Il ne s'agit donc pas pour commencer d'une révélation au sens précis et solennel de ce terme (l'emploi technique de ϭⲱⲗⲡ est réservé pour la fin du traité), mais simplement d'une information, d'un message, en fin de compte d'un testament qu'Adam mourant confie à son fils Seth.

Bien des commentateurs, au reste, considèrent l'ApocAd comme un testament. P. Perkins[48] y retrouve quatre thèmes littéraires propres à la tradition testamentaire juive : un patriarche, à l'approche de sa fin, transmet à sa descendance une révélation qu'il a lui-même reçue par l'intermédiaire d'êtres angéliques ; cette révélation porte sur un déroulement historique divisé traditionnellement en trois périodes dont la dernière se conclut dans un jugement final qui inverse le sort des bons et des méchants[49]. G. W. E. Nickelsburg[50] reprend cette affirmation en soulignant cependant de considérables déviances par rapport au canevas habituel du *Testament* juif : l'élément narratif concernant le patriarche lui-même et les circonstances de sa mort est pratiquement inexistant, il n'y a pas non plus d'exhortation morale à proprement parler, celle-ci est remplacée par une apocalypse ou révélation historique qui forme le contenu essentiel de l'écrit et qui lui a donné son titre. Avec P. Perkins, il découvre des parallèles frappants entre le testament d'Ève, dans la *Vie d'Adam et Ève* (49-50) et notre écrit, ce qui laisserait supposer une tradition testamentaire adamique commune. De plus, l'analyse de Nickelsburg montre que les matériaux dont sont construites l'*Apocalypse de Moïse* et la *Vie d'Adam et Ève* constituent un testament d'Adam qui partage de manière intéressante avec l'ApocAd l'absence

---

[48] P. Perkins, *Apocalypse of Adam*, p. 382-395.
[49] *Ibid.*, p. 385.

d'éléments éthiques et parénétiques. Par ailleurs, Nickelsburg découvre des parallèles évidents entre l'Apocalypse des Semaines du premier *Hénoch* (93-91) et notre texte. Tous deux, en effet, font mention de trois jugements : le déluge d'eau (Hénoch 93,4), la destruction par le feu (93,8) et le jugement final (91,11-15). Pour tous deux également une race élue sera affrontée à une génération perverse et se verra préservée afin que lui soit confiée la vraie science de Dieu (93,10). Des deux côtés on trouve aussi mention de «plante de choix» ou d'«arbres qui portent du fruit», de demeures saintes préparées pour les justes, enfin d'élus enlevés à cette terre et protégés du mal, comme Hénoch ravi au ciel. Nickelsburg en conclut que la *Vie d'Adam et Ève* (29,2-10 et 49-50) et ApocAd dérivent d'une tradition commune : un testament apocalyptique d'Adam qui aurait été influencé par l'*Apocalypse des Semaines* ou par des traditions hénochiques. Ces parallèles indéniables sont en effet d'un réel intérêt, non tant sans doute pour déterminer les filiations et décider quel texte a influencé l'autre, mais pour se convaincre du fait que notre traité appartient à une tradition juive testamentaire apocalyptique qui lui donne d'autant plus d'attrait que les données de base sont utilisées en un sens très particulier et pour des lecteurs qui étaient capables, alors, d'en saisir mieux que nous la portée profonde.

La personne de Seth est évidemment de premier plan dans le traité, non seulement comme dépositaire de la révélation d'Adam, mais surtout comme chef d'une lignée dont le sort fait l'objet même de cette révélation. Son importance se précise donc d'elle-même au fil du récit. Pour la place qu'elle occupe d'une manière générale dans la spéculation et la littérature gnostiques, nous renvoyons le lecteur aux ouvrages autorisés qui ont traité du sujet avec ampleur et compétence [51].

« ... en la sept centième année ... » (64,4)

L'indication est donnée sans plus de précision. A. Böhlig, dans une note de l'édition princeps [52], rapporte cet âge à Seth et non à Adam,

---

[50] «Some related Traditions in the Apocalypse of Adam, the Books of Adam and Eve, and I Enoch», *The Rediscovery*, vol. II, p. 515-539.

[51] On consultera avec profit : A. F. J. KLIJN, *Seth in Jewish, Christian and Gnostic Literature*, Leiden, 1977. G. W. MacRae, «Seth in Gnostic Texts and Traditions», *Soc. of Biblical Literature, Seminar Papers 1977*, ed. by P. J. ACHTEMAIER, Missoula (Montana), 1977, p. 17-24. De même, pour une vue d'ensemble, le vol. II de B. LAYTON, *The Rediscovery of Gnosticism : Sethian Gnosticism*, Leiden, 1981, en particulier la contribution de B. A. PEARSON, «The figure of Seth in Gnostic Literature», p. 472-504.

[52] *Koptisch-gnostische Apokalypsen*, p. 87, n. 12.

parce qu'il suit le texte hébreu (Gen 5,1-4) lequel mentionne qu'Adam avait 130 ans quand il engendra Seth et qu'il mourut à l'âge de 930 ans; la révélation à Seth se placerait ainsi 100 ans avant sa mort. Mais la Septante nous dit qu'Adam avait 230 ans à la naissance de Seth et qu'il mourut 700 ans après. Il nous semble donc plus logique de rapporter à Adam plutôt qu'à Seth les 700 ans de notre texte et cela pour deux raisons: la première est que l'auteur utilise dans l'ensemble de l'écrit la version de la Septante; la seconde est que si, comme nous venons de le montrer, notre Apocalypse est bien aussi un testament, il est naturel que la révélation se place peu avant la mort de son auteur et non pas 100 ans auparavant [53].

« *Écoute mes paroles mon fils Seth ...* » (64,5-8)

Dans un premier temps, Adam explique à Seth son origine et sa situation initiale. Cet exposé, qui aurait pu donner matière à de longs développements et à des spéculations cosmogoniques, à l'exemple de ce qu'on trouve dans d'autres traités comme ApocrJn, puis HypArch et Ecr sT, demeure ici extrêmement sobre et semble relever d'un schéma anthropogonique sinon primitif, en tout cas simplifié.

En effet, Adam est façonné de la terre par un dieu qui ne porte aucun nom, ni qualificatif particulier [54], mais qui est évidemment le démiurge, créateur que le traité ne confond pas avec le Dieu souverain, bien qu'il le désigne de la même manière [55].

P. Perkins qui considère l'ensemble du traité comme un encouragement à l'apostasie envers le Dieu des Juifs, décèle sous cette ambiguïté d'appellation la marque d'une ironie délibérée de l'auteur à l'endroit du dieu créateur et de sa prétention à se considérer comme le maître de la création et de l'histoire humaine [56]. Sans aller forcément jusque-là, on

---

[53] La Septante, suivie par Flavius Josèphe, *Ant.* I,2,3, est la seule version à donner cette chronologie que Jérôme explique en disant (*Quaestiones Hebraicae in libro Geneseos* 10,16): «Quia in ducentis erraverat, consequenter hic posuit septingentos cum in Hebraeo hic habeatur octingentos».

[54] À l'exception de Sacla (74,7), un des noms du démiurge que l'on retrouve dans ApocrJn, HypArch, EvEgypt et ProTri, nulle part ne sont mentionnés, ni Ennoia, ni Sophia, ni Jaldabaoth, appellations qui trahiraient une certaine spéculation théogonique; ceci pourrait être un indice d'ancienneté du texte.

[55] Pour éviter la confusion et rendre plus aisée la compréhension immédiate du texte, je n'emploie la majuscule que pour le Dieu supérieur. La distinction ne va pas toujours de soi et celle que j'adopte est fonction de mon intelligence de l'ensemble du traité, telle qu'elle est exposée dans l'Introduction et tout au long du Commentaire.

[56] *Apocalypse of Adam*, p. 391 et conclusion p. 394-5.

peut supposer que le texte ne s'embarasse pas plus de subtilités théogoniques qu'il ne prend la peine d'exposer longuement le récit de la création et de la chute et on pourra voir plus bas qu'il ne s'attarde pas non plus à distinguer les deux Ève (la spirituelle et la charnelle) et pas davantage le Seth historique de son modèle céleste, distinction pourtant indispensable à la claire compréhension du traité.

Précisément, l'Ève qui est créée de la terre avec Adam est appelée immédiatement «mère de Seth» et c'est elle aussi qui a vu la gloire dans laquelle «Adam l'accompagne», gloire «qui sort de l'Éon dont tous deux sont issus». Il y a pour le moins apparente contradiction entre la terre dont ils sont pétris et la gloire de l'Éon dont ils se disent sortis. Cependant, il est relativement aisé de replacer les éléments — donnés ici succintement — dans la trame d'un récit plus circonstancié dont l'Apocr Jn (texte du BG et de III NH) nous offrirait une première version, II NH puis HypArch et Ecr sT présentant un exposé encore plus détaillé et raffiné dans son propos.

La création d'Adam à partir de la terre et simultanément celle d'une Ève capable de renseigner le premier homme sur une Gloire qu'elle seule a vue et sur le Dieu Éternel qu'elle seule connaît, nous renvoie très certainement au passage de l'ApocrJn où il est dit qu'Adam, empli de lumière et mû par le souffle reçu de Sophia, est enlevé par les Puissances et transféré dans la matière [57]. Le Père miséricordieux lui envoie alors, pour lui venir en aide, l'Intelligence-Lumière à qui Adam donne le nom de Vie : «Elle lui explique la descente de sa déficience et elle l'instruit de sa remontée» [58].

L'Ecr sT expose le même épisode [59] avec plus de luxe dans la spéculation et en introduisant un thème dont ApocAd se contente d'offrir un bref rappel au passage : celui de l'androgyne. «Cependant», dit l'Ecr sT, «la naissance de l'instructeur est arrivée ainsi : Sophia, après avoir jeté une goutte de lumière, se répandit sur l'eau. Aussitôt, l'homme se manifesta comme androgyne. Cette goutte se modela d'abord comme un corps de femme. Ensuite elle se modela dans le corps de la ressemblance de la mère, qui avait été manifestée, et s'acheva en douze mois. Fut engendré un homme androgyne, celui-là que les Grecs appellent Hermaphrodite. Mais sa mère, les Hébreux l'appellent Ève, la

---

[57] BG 52,1-17; III 24,14-24; II 19,34-20,9.

[58] BG 53,15; III 25,15; II 20,20. J'adopte, pour l'ApocrJn, la traduction de M. TARDIEU, Le Codex de Berlin, Paris, 1984. Ibid., p. 135.

[59] Sur les correspondances entre ces deux formes d'exposés de la création d'Adam-Ur-Mensch, cf. H. M. SCHENKE, Der Gott «Mensch» in der Gnosis, Göttingen, 1962, p. 64-68.

Vie, c'est-à-dire l'instructrice de la Vie»[60]. C'est un peu plus loin, seulement (64,22-23), qu'ApocAd parle d'une division imposée par le dieu créateur qui va transormer le couple primitif en deux éons distincts.

«Je marchais avec elle...» (64,9-11)

C'est la marche du gnostique, celle qui l'amène à prendre conscience de son être véritable et à retourner vers le lieu d'où il est issu. Dans ApocrJn, la Mère, Providence du Tout, marche vers le gnostique pour l'éveiller, le faire se souvenir, c.-à-d. retrouver le lieu d'où il vient et où il doit retourner[61]. Dans *Thomas l'athlète*, le Seigneur explique à son jumeau, l'apôtre: «Pendant que tu marches maintenant avec moi, même si tu l'ignores toi-même, tu es déjà parvenu à la connaissance et on t'appellera 'celui qui se connaît lui-même'»[62]. Celui qui se connaît est donc celui qui sait d'où il est sorti et où il se rend. Le logion 2 d'EvTh exprime allégoriquement cette tension du gnostique vers son lieu: «Jésus a dit: que celui qui cherche ne cesse de chercher jusqu'à ce qu'il trouve et quand il trouvera, il sera émerveillé et il dominera le Tout»[63].

«Elle me fit connaître...» (64,12-15)

Adam marche donc avec Ève dans la gloire, c.-à-d. dans la pleine connaissance, qu'elle lui communique, de leur origine, de l'Éon dont ils sont issus et vers lequel ils doivent retourner. Cette origine les apparente aux Grands Anges, soit aux entités du monde de la Lumière. Adam leur est semblable, puisqu'il est à l'image de l'Homme Primordial, c.-à-d. de Dieu Lui-même, puisqu'aussi bien il détient en lui le souffle de l'Esprit, selon HypArch 88,12-17, ou de la Mère Sophia, selon ApocrJn BG 51,1-52,1; III,23,19; 24,14; II 19,15-32[64].

---

[60] Traduction M. TARDIEU, *Trois Mythes Gnostiques*, Paris, 1974, p. 317, Ecr sT 113,21-35.

[61] Hymne final II 30,11-31,27.

[62] ThAthl 138,14-15; traduction inédite R. KUNTZMANN.

[63] Traduction J.-E. MÉNARD, *L'Évangile selon Thomas* (*NHS*, 5), Leiden 1975, p. 55. Sur cette interprétation, cf. J.-E. MÉNARD, «Das Evangelium des Philippus und der Gnostizismus», W. ELTESTER, *Christentum und Gnosis* (BHNTW, 37), Berlin, 1969, p. 53-54.

[64] Pas plus que pour Dieu et les Hommes, le texte ne se donne la peine de distinguer entre les Anges du monde supérieur et ceux qui sont soumis au démiurge. Tout au plus donne-t-il, comme ici, aux Anges du monde de la lumière le qualificatif de *Grands* dont nous montrons justement la signification précise ci-après, ou encore de *Saints* (76,2) et d'*Éternels* (75,8; 76,27; 85,17). En deux endroits, par contre, le terme désigne nettement des éons de la sphère inférieure: ceux qui se sont anéantis par le désir (83,16) et ceux qui, avec

L'épithète *grand* (ⲚⲞϬ) va être utilisée tout au long du discours adamique pour désigner aussi bien le monde spirituel que les entités qui lui appartiennent. Quand Adam voudra, par contre, décrire l'état de déchéance dans lequel l'a précipité la perte de la gnose, il dira que ses jours «ont diminué», qu'ils sont «devenus petits» (ⲀⲨⲢ̄ⲔⲞⲨⲈⲒ), 67,10-11. La grandeur est donc la caractéristique du Plérôme, du monde de la Lumière, comme nous l'apprennent d'ailleurs clairement d'autres traités dont les titres, à eux seuls, sont éloquents: «Le Deuxième Traité du *Grand* Seth», «Le Concept de Notre *Grande* Puissance», «Le Livre Sacré du *Grand* Esprit Invisible» (ou EvEgypt), etc. Irénée parle avec ironie de cette grandeur dont les parfaits de la gnose se disent investis: «Seuls ils ont bu la grandeur de la connaissance de la Puissance inexprimable»[65]. Dans le GrSeth, le terme abstrait ⲠⲘⲈⲄⲈⲐⲞⲤ désigne soit le Plérôme, soit l'entité suprême de la Triade[66].

Quant au thème de la ressemblance, il sous-entend, évidemment, tout le mythe de création de l'Adam psychique façonné par les Puissances à l'image de Celui dont elles ont perçu la figure dans l'eau: «Et le Père saint, parfait, Homme primordial, fit connaître aux (archontes) la figure d'un homme. Le bienheureux leur manifesta sa ressemblance. Et inclina la tête l'archontat tout entier des sept autorités; ils aperçurent dans l'eau la figure de l'image. Et elles (les autorités) se dirent entre elles: 'Faisons un homme à l'image de Dieu et à notre ressemblance'»[67]. L'homme est donc façonné selon le reflet perçu dans l'eau (la figure de l'image) et à la ressemblance des archontes créateurs eux-mêmes. Ce qui fait dire à HypArch (87,29-33), combinant Gen 1,26 et 2,7: «Ayant pris de la poussière du sol, ils modelèrent leur homme d'après leur corps et d'après la ressemblance de Dieu qui leur était apparue dans les eaux». L'homme est donc femelle par son corps matériel, comme le corps des archontes, mais il est mâle par sa ressemblance (ⲠⲒⲚⲈ) avec la ressemblance de Dieu qui est l'Homme primordial. Et on se trouve ainsi ramené au thème de l'androgynie première[68].

les Puissances, «utilisent le Nom dans l'erreur» (77,19). De plus, à l'exception d'Abrasax, Samblo et Gamaliel, puis de Micheu, Michar et Mnésinous, on ne trouvera pas non plus, pour les anges ou les éons, les subtiles dénominations et classifications qu'on rencontre dans une littérature gnostique plus tardive et plus élaborée, comme par exemple, dans EvEgypt.

[65] *Adv.Haer.* I,13,6.

[66] Cf. J. A. GIBBONS, *A Commentary on the Second Logos of the Great Seth*, Yale University, PhD dissertation 1972, p. 140-143; de même, L. PAINCHAUD, *Le Deuxième Traité du Grand Seth*, Québec, 1982, p. 74-75.

[67] BG 48,1-14; III 21,23-22,5.

[68] Thème que les *Extraits de Théodote* (79) exploitent aussi d'une autre manière: «Tout

« Car nous étions supérieurs … » (64,16-23)

Par cette ressemblance et par l'insufflation de l'Esprit, combinaison de Gen 1,26 et 2,7, Adam provoque la jalousie des puissances auxquelles il est désormais supérieur et qu'il ne connaît pas puisqu'il est «autre», «allogène» [69]. Le texte se contente de mentionner que, «dans sa colère», l'archonte imposa une limite, ou une division, au couple primitif pour en faire deux éons (64,20-23).

L'ApocrJn, dans l'étoffe duquel nous continuons à retrouver le fil de notre récit, ne parle pas de division, mais d'un transfert d'Adam par les puissances «en bas, dans l'immense matière», «parce qu'il était devenu plus intelligent qu'elles et qu'il était entré dans la lumière» [70].

La jalousie devient colère en ApocAd et cette colère n'est pas insignifiante car, tout au long du récit, elle va venir ponctuer les évènements de l'histoire du salut, soit par provocation, soit par réaction à une intervention divine. Pour le moment, en reléguant Adam sur la terre, le démiurge lui impose bien une limite (ⲧⲱϣ); mais on peut dire également qu'il le divise [71] si, poursuivant notre lecture d'ApocrJn, nous arrivons immédiatement à la création de la femme, l'Ève charnelle, que l'archonte essaye de façonner pour faire sortir d'Adam — sans y parvenir — l'Ève spirituelle, c.-à-d. son Intelligence-Lumière [72]. L'HypArch de son côté, (89,3-12), nous explique comment, en plongeant Adam dans le sommeil de l'ignorance, les puissances parviennent à «séparer son côté», c.-à-d. à lui ôter sa partie spirituelle pour former à sa place une femme de chair [73].

« Et la gloire qui était dans notre cœur nous abandonna, moi et ta mère Ève … » (64,24-28)

D'après HypArch (90,17), la femme spirituelle entre dans le serpent, l'Instructeur. Celui-ci, en incitant la femme charnelle, puis Adam, à

---

le temps que la semence est encore sans forme», disent-ils, «elle est l'enfant de la Femelle: mais une fois formée, elle est changée en Homme et devient 'Fils de l'Époux'. Elle n'est plus faible et soumise aux Puissances cosmiques, tant visibles qu'invisibles; mais changée en Homme, elle devient un fruit mâle».

[69] Voir l'importance du thème plus bas, p. 69-70.

[70] BG 52,1-7; III 24,14-24; II 19,34-20,9.

[71] Cf. R. KASSER, «Apocalypse d'Adam», *Revue de Théologie et de Philosophie* 100 (1967), p. 319, qui proposerait de lire ⲡⲱϣ, séparer, au lieu de ⲧⲱϣ, limiter. Dans le CH I,12-18, on voit clairement que la chute dans la matière produit la rupture de l'androgyne chez l'Homme primordial et la partition, par décret divin, de tout le monde sensible en deux sexes.

[72] BG 59,6-19; III 29,12-24; II 22,28-23,5.

[73] Commentaire B. BARC, *L'Hypostase des Archontes*, Québec, 1980, p. 91.

transgresser l'ordre de l'archonte et à manger du fruit, leur permet de découvrir qu'ils sont «nus du spirituel». L'archonte chasse alors Adam et sa femme du paradis, ils sont jetés «dans de grandes tribulations et dans les soucis de l'existence, afin qu'(ils) soient accaparés par la vie matérielle et n'aient pas le loisir de s'attacher à l'Esprit-Saint»[74]. Ce passage résonne comme le commentaire même de la phrase de notre Apocalypse: précipités dans l'existence matérielle d'ici-bas, Adam et Ève se découvrent privés de la gloire qui les environnait et du souffle de connaissance qui les animait[75].

« Elle entra dans un autre Grand Éon... » (64,29-65,9)

ApocAd ne fera allusion que plus loin (66,27) à l'union du démiurge avec l'Ève charnelle en ne mentionnant d'ailleurs qu'un seul fils né de cette union. ApocrJn et HypArch, par contre, nous dévoilent qu'ayant aperçu auprès d'Adam l'Ève spirituelle, c.-à-d. la co-ressemblance d'Adam, l'archonte des puissances est troublé et désire s'unir à elle. Mais celle-ci lui présente son ombre, l'Ève charnelle, dont il engendrera deux fils[76]. Puis immédiatement l'ApocrJn poursuit: «Adam connut sa semblable et il engendra Seth»[77], tandis que l'HypArch appuie la même affirmation par un commentaire biblique qui aura son importance: «Adam connut sa co-ressemblance Ève. Elle conçut et enfanta Seth à Adam. Et elle dit: 'J'ai enfanté un *autre* homme, de Dieu, à la place (d'Abel)'»[78]. Seth est donc le fils de la ressemblance d'Adam, puisque fils de l'Intelligence-Lumière cachée en lui[79]. Caïn et Abel, par contre, sont les fruits de la dissemblance, nés de la femme et d'un dieu[80]. Seth est

---

[74] *HypArch* 91,7-11, trad. B. BARC.

[75] *L'ÉvPhil* (sent. 51) compare le pneumatique à un vase de verre modelé par le souffle du feu, c.-à-d. ayant reçu en lui une étincelle du pneuma divin. Le hylique, par contre, est un vase d'argile qui sera détruit parce qu'il a été produit sans souffle. Cf. J.-E. MÉNARD, *L'Évangile selon Philippe*, Strasbourg, 1967, p. 71 et p. 167. C'est aussi ce qui est affirmé chez Irénée (*Adv.Haer.* I,6,1) quand il est dit que l'homme hylique «périra inéluctablement, incapable qu'il est de recevoir aucun souffle d'incorruptibilité». Quant à l'HypArch, elle donne à Zoé, la fille de Pistis Sophia, comme à Noréa, fille d'Ève, un souffle capable, pour la première de se transformer en ange de feu qui précipite Jaldabaoth au fond de l'abîme (95,10-13), pour la seconde de brûler l'arche bâtie par Noé sur l'ordre de l'archonte (92,16-17). Privés de ce pneuma vivifiant, les proptoplastes sont précipités eux aussi dans l'abîme de la condition terrestre et hylique.

[76] HypArch 89,18-31; ApocrJn BG 62,3-63,12; III 31,6-32,6; II 24,8-34.

[77] BG 63,12; III 32,6; II 24,35.

[78] 91,30-34.

[79] Sur cette ressemblance, cf. aussi B.A. PEARSON, «The figure of Seth in Gnostic Literature», *The Rediscovery*, vol. II, p. 481.

[80] Cf. M. TARDIEU, *Codex de Berlin*, p. 329.

le fils de l'Ève spirituelle, Mère des Vivants, c.-à-d. des gnostiques et il est
«*autre*» non seulement parce que, selon Gen 4,25, il est venu remplacer
Abel, mais parce qu'il est surtout d'une provenance différente [81]. C'est ce
que notre texte veut faire comprendre en précisant en outre que cette
autre génération ne provient pas de l'Éon dont Adam et Ève sont issus,
mais «d'une semence de Grands Éons», d'un Homme dont Seth, fils
d'Adam, porte le Nom (65,1-9). L'altérité de cette descendance va
constituer une des données essentielles du plan de salut et d'élection livré
par la révélation d'Adam.

D'après Épiphane [82], les «Archontiques» disent que la Puissance d'En
haut est descendue avec les anges, serviteurs du Dieu bon, et qu'elle s'est
emparée de Seth lui-même qu'ils appellent aussi l'«Allogène». *Allogène*
est également le titre que porte en colophon un des traités de la
Bibliothèque de Nag Hammadi (XI,69,5-6): la parenté des révélations
qu'il contient avec des écrits comme les 3StSeth (VII,5), Zostr (VIII,1) ou
Mar (X,1) permet de voir sous cet «Allogène» la figure de Seth. Dans
Zostr (VIII,128,7), «Allogenios» est le nom du quatrième Éon de la
quatrième Lumière et enfin, dans EvEgypt (III,41,6 et IV,50,21), le
qualificatif d'«allogène» (ⲁⲗⲗⲟⲅⲉⲛⲏⲥ-ⲁⲗⲗⲟⲅⲉⲛⲓⲟⲥ) est attribué à la
Puissance incompréhensible (ⲁⲧⲅⲉⲣⲙⲏⲛⲉⲩⲉⲥ) qui provient du Père
ineffable. On peut voir ainsi les glissements d'une interprétation à l'autre.
Mais il est clair que, tout au long de notre Apocalypse, les mots «autre»
(ⲕⲉ) ou «étranger» (ϣⲙⲙⲟ̄) sont des termes clés de l'exposé, destinés à
bien montrer la différence, pour ainsi dire ontologique, qui sépare les fils
de Seth des autres races de la terre et l'altérité totale de leur origine, de
leur comportement, de leur connaissance.

La suite du texte précise d'ailleurs que cette «autre» semence est celle
des «Grands Éons», que c'est la «Grande Génération», issue de cet
«Homme-là» [83] dont Seth porte le Nom.

---

[81] Même si Philon prend bien soin de signifier qu'il est différent d'Abel, «*autre*», mais
non «*étranger*» ἕτερον γάρ, οὐ μὴν ἀλλότριον, *De Post. Caïni* 172. Cf. aussi, sur cette
origine de Seth, ÉPIPHANE, *Pan.* 39,2,4, selon qui les séthiens attribuent à la Mère, c.-à-d. à
la Puissance d'en haut, la génération de Seth. Après la mort d'Abel, en effet, elle plaça en lui
le sperme de sa puissance et l'étincelle d'en haut pour en faire le premier principe de leur
race.

[82] *Pan.* 40,7,1-3. Trad. M. TARDIEU, *Trois mythes*, p. 36.

[83] Tout comme l'adjectif «grand» (ⲛⲟϭ), cf. ci-dessus p. 67, on trouve fréquemment le
démonstratif ⲉⲧⲙⲙⲁⲩ (celui-là), utilisé pour désigner des réalités du monde supérieur: «ces
Hommes-là», «ces Anges-là», «ce Nom-là». Il est intéressant de constater que le *Livre
d'Hénoch* éthiopien emploie lui aussi, en plusieurs endroits, le démonstratif quand il nomme
le Fils de l'Homme (46,2-4; 48,2; 62,5; 69,29...): «Ce Fils de l'Homme». Sans doute le
traducteur voulait-il donner tout son poids à l'article grec, parce qu'il ressentait la valeur de
la formule, mais aussi, comme ici, la dimension spéciale de l'entité qu'elle désignait.

Le Nom va être évoqué à quatre reprises dans le traité :

— 65,7 : je t'ai appelé du Nom de cet Homme ;

— 72,6 : ils seront appelés de ce Nom-là ;

— 77,19 : ils utiliseront ce Nom dans l'erreur ;

— 83,5 : ceux qui recevront son Nom sur l'eau.

Chaque fois, le Nom se présente comme un privilège, soit accordé à certains, soit usurpé par d'autres. Il s'agit évidemment du Nom de Seth. Comme dans le Judaïsme, le nom gnostique exprime l'être même de celui qui le porte : «Celui qui n'existe pas n'a pas de nom», dit EvVer et «celui qui existe, existe avec son nom. Et le seul qui le connaît et le seul auquel il appartient de l'appeler, c'est le Père. Le Fils est son nom»[84]. Porter le nom de Seth équivaut donc à reproduire en son être l'image terrestre du prototype céleste, le Grand Seth[85], et donc à devenir un élu de la gnose séthienne, un fils de la «Grande Génération» et des «Grands Éons».

Mais une fois de plus, l'auteur néglige de nous éclairer sur l'identité exacte de cet Homme dont Seth porte le nom et c'est en recourant à d'autres traités qu'il nous est possible de le connaître vraiment. Ce Seth, modèle céleste, l'EvEgypt nous apprend qu'il est le fils de «l'incorruptible Adamas», qu'il a été engendré avec les quatre Luminaires Harmozel, Oroiael, Davithé et Eléleth[86] et que sa semence est appelée la «semence du Grand Seth», «la semence du Père», la «Génération incorruptible», ἄφθαρτος γενεά[87].

Mais EvEgypt mentionne un cinquième Luminaire[88] : «Ioël qui préside au Nom». Il faut noter que l'ApocrJn, dans les deux recensions des Codex II et III de NH, fait état lui aussi de cinq Luminaires[89] et J. Doresse signale que, dans le passage parallèle, le BG a corrigé le chiffre 5 en 4[90]. L'EvEgypt cependant est le seul à assigner un nom et une fonction à ce cinquième Luminaire : «Ioël qui préside au Nom». «Il ne lui sera pas encore donné d'être lavé par le baptême saint, supérieur au ciel, incorruptible. Mais à partir de maintenant, par l'homme incorruptible Poimaël, ceux qui sont dignes de l'invocation et de la renonciation des cinq sceaux dans le baptême de source, ceux-là

---

[84] EvVer 39,11-20. Trad. J.-E. MÉNARD, *NHS*, 2, Leiden, 1972, p. 66.

[85] Cf. B. A. PEARSON, «The figure of Seth ...», *The Rediscovery*, vol. II, p. 483.

[86] EvEgypt III 51,20 ; 54,11 ; 55,17 et IV 63,15 ; 65,30 ; 67,2.

[87] III 54,8-11 et IV 65,27-30.

[88] III 65,23 ; IV = lacuneux à cet endroit.

[89] ApocrJn II,19,19 ; III 23,24.

[90] J. DORESSE, «Le Livre sacré du Grand Esprit Invisible», II. Commentaire, *Journal Asiatique* 256 (1968), p. 340, n. 108.

connaîtront leurs receveurs : de la même façon dont ceux-ci leur seront
enseignés, ils seront connus par eux et ils ne goûteront pas la mort »[91].
Dans la logique du texte on peut comprendre que si le premier Luminaire
est le lieu de l'Homme incorruptible, Adamas, le deuxième celui du
Grand Seth, le troisième celui des protoséthiens, le quatrième celui des
séthiens historiques, le cinquième est celui de ceux qui se sont agrégés à
la race des séthiens par les rites du baptême d'ici-bas (renonciation des
cinq sceaux et baptême de source) avant de recevoir « le baptême
incorruptible, supérieur au ciel » c.-à-d. la parfaite connaissance. Le Nom
est donc lié ici à un rite baptismal[92] symbolisant — et c'est ce qui
importe ici, quelles qu'en aient été par ailleurs les pratiques extérieures
(onction, ablutions …) — une *métanoia*, une conversion et une initiation
à la vraie connaissance. Il faudra sans doute s'en souvenir pour
comprendre le passage de 83,5 : « ceux qui invoquent son Nom sur l'eau ».

L'ApocrJn de son côté, précise qu'Adamas, l'Homme parfait, issu « de
la prescience et de l'intellect en vertu du Grand Esprit invisible », siège
sur le premier Éon « près du sublime et divin Autogénéré, Christ, et
d'Harmozel, le premier Luminaire », qu'il établit son fils Seth sur le
deuxième Luminaire Oroiaël, tandis que « la semence de Seth, c'est-à-dire
les âmes des saints immortels », les protoséthiens, descendants de Seth
avant le déluge selon Gen 5, sont établis sur le troisième Luminaire,
Daveithé ; enfin le quatrième Éon, Eléleth, devient la demeure de ceux
qui « sont ignorants de la plénitude et ne se sont repentis qu'ensuite »,
c.-à-d. de ceux qui n'ont pas connu le Plérôme, les séthiens historiques
promis à la révélation et au salut, ceux dont il sera question finalement
tout au long de notre traité et dont l'origine supérieure est ainsi établie
d'entrée de jeu et de façon irréfutable[93].

Une référence ici aux 3StSeth (120,1-15) éclaire davantage encore la
nature et le processus de ces générations célestes. Seth explique lui-même
que c'est Adamas, le Père, qui est l'Allogène par excellence, mais qu'en
manifestant à son fils Seth le plan du salut, il le constitue Père de la race
vivante et inébranlable, celle des séthiens primitifs, mais aussi des fils de
Seth « établis dans l'Engendré », c.-à-d. « dans la déficience », selon le

---

[91] III 65,23-66,8. Trad. J. Doresse, *Journal Asiatique* 254 (1966), p. 416-417.

[92] Sur ces rapports entre Ioël, considéré comme une abréviation du tétragramme divin,
le Nom et le baptême, cf. J. Doresse, « Le Livre sacré », II. Commentaire, p. 349, n. 139 et
p. 340, n. 108, de même que la n. 11 de mon article « L'Apocalypse d'Adam du Codex V de
Nag Hammadi et sa polémique anti-baptismale », *Revue des Sciences religieuses* 51 (1977),
p. 219.

[93] ApocrJn BG 34,19-35,15 ; III 12,24-14,5 ; II 8,28-9,20. Trad. M. Tardieu, p. 103-105.

commentaire qu'en donne P. Claude [94]. Ces fils de Seth, à l'image de leur origine céleste Adamas, ne sont cependant «pas ressemblants» (120,12-13), parce qu'ils «sont issus d'autres générations»; ils sont supérieurs aux générations de la déficience parce qu'enracinés dans la vraie Vie qui est la Connaissance [95].

« Après ces jours-là, la gnose éternelle … » (65,9-23)

Déchus de la vraie connaissance, les protoplastes font l'apprentissage, non seulement de la finitude qui conduit à la mort, mais de l'asservissement dans la crainte à un démiurge auquel ils ne peuvent plus demeurer étrangers (65,15-21).

La transition, dans le texte, entre ce qui, jusque-là, s'est voulu simplement un rappel des événements passés et de la situation initiale conditionnant le drame actuel, est marquée par la triple récurrence, en 65,10.14.22, des mots: «Après ces jours-là», «À partir de ce moment-là», «Après cela». Désormais le récit entre dans son déroulement historique, l'étape des origines est dépassée. Les personnages sont en place, la scène est prête pour le déroulement de l'action.

PREMIÈRE ÉTAPE: 65,24-70,7

C'est alors qu'intervient ce que je considère, dans la compréhension que j'ai acquise de l'ensemble du traité, comme le *premier passage de l'Illuminateur*, selon la formulation livrée par l'auteur lui-même en 76,8-10: «À nouveau encore passera pour la troisième fois le Luminaire de la Gnose».

Premier passage: «Or moi j'étais endormi dans la pensée de mon cœur …» (65,24-66,11)

Adam, «endormi dans la pensée de son cœur», c.-à-d. selon le commentaire donné par le Seigneur lui-même dans l'ApocrJn [96]: «Dont les oreilles du cœur ont été rendues pesantes de sorte qu'il ne comprenne ni ne voie», distingue devant lui trois hommes dont cependant la ressemblance lui demeure cachée «du fait» précise le texte, «qu'ils n'étaient pas issus des puissances du dieu qui les avait créés» (65,29-

---

[94] P. CLAUDE, *Les Trois Stèles de Seth. Hymne gnostique à la Triade*, Québec, 1983, p. 78.

[95] *Ibid.*, p. 78.

[96] BG 58,19-59,5; III 29,1-10; II 22,20-25.

32) [97]. L'altérité dans l'ordre de l'être et de la provenance entraîne l'incommunicabilité dans l'ordre de la connaissance.

Les trois Hommes, dont une lacune du feuillet ne permet pas d'apprendre autre chose sinon qu'ils «surpassent», donc qu'ils sont du monde de la «Grandeur» [98] apportent à Adam non seulement une information capable de dissiper son ignorance («apprends ce qui concerne l'Éon»), mais également un message d'espérance et de salut («apprends ce qui concerne la semence de cet Homme-là, celui que la Vie a rejoint…» 66,4-7). Ainsi, par la «Grande Génération», et en elle, la mort d'Adam deviendra vie.

La vision trimorphe fait évidemment penser à Gen 18,2, ainsi qu'au *Testament d'Abraham* 3,4 et 6,16 où le thème réapparaît [99]. M. E. Stone [100] a relevé par ailleurs un parallèle intéressant dans le récit arménien de la mort d'Adam, où Ève voit en songe Adam conduit au pied du trône de trois hommes lumineux dans un palais éblouissant [101], tandis que dans le *Livre d'Adam* géorgien, c'est trois anges avec trois encensoirs et trois coupes qu'Ève aperçoit sur l'autel où est offert un sacrifice après la mort d'Adam [102] et c'est également par trois anges que le corps d'Ève est enseveli près de celui d'Adam [103].

---

[97] Le brusque passage du «nous» au «je» à cet endroit de la narration («nous le savions» … «quant à moi, je m'étais endormi» …) ne me semble pas justifier le découpage opéré par C.W. HEDRICK dont l'analyse fait commencer ici la deuxième source qu'il a voulu repérer dans le traité. Jusqu'ici, le récit concernait Adam et Ève et leur sort commun; la vision, par contre, est le fait du seul Adam qui est également seul à en instruire son fils et à lui transmettre la révélation, objet de tout le document. Le passage à la première personne semble, au contraire, donner plus de force au protagoniste et à la forme qu'emprunte son discours: celle d'un testament. Il est d'ailleurs remarquable que les phrases où s'opère cette transition au «je» (65,6; 65,22-24; 66,9-12; 67,10-12) expriment une démarche propre à Adam, ou une intelligence qui lui est particulière de la situation: c'est lui qui donne à son fils le nom de Seth (65,6); lui qui reçoit la vision (65,19-28); lui qui entend les paroles de la révélation (66,9-12); enfin lui seul qui comprend, en 67,10-12. Là encore, le style du discours nous paraît cohérent, tout comme sa structure.

[98] Plus loin (66,10), le texte précise qu'ils sont effectivement *grands* et qu'ils se tiennent *debout* devant Adam.

[99] Édition et trad. M. E. STONE, *The Testament of Abraham* (*Pseudepigrapha Series*, 2), Missoula (Mont.), 1972, p. 6 et 14.

[100] «Report on Seth Traditions in the Armenian Adam Books», *The Rediscovery*, vol. II, p. 469. Voir (*ibid.*) la discussion sur les rapports des collections arméniennes avec les traditions séthiennes sur Adam, en particulier la n. 17.

[101] Trad. allemande E. PREUSCHEN, «Die apokryphen, gnostischen Adamsschriften aus dem armenischen übersetzt und untersucht», *Festgruss für B. Stade*, Giessen, 1900, p. 187.

[102] Trad. française J. P. MAHÉ, «Le Livre d'Adam géorgien», *Studies in Gnosticism and Hellenistic Religions presented to G. Quispel*, Leiden, 1981, p. 256.

[103] *Ibid.*, p. 260.

Mais c'est sans doute à l'intérieur même de la littérature dite séthienne qu'il faut chercher la signification de cette apparition trimorphe. La triade Père-Mère-Fils est en effet à la base de la conception théogonique des traités séthiens [104] et le motif exemplaire s'en retrouve dans bien des structures du Plérôme, comme on peut le voir par exemple, entre autres, dans l'EvEgypt (l'enfant trois fois mâle). L'ApocAd elle-même en livre nommément des exemples : en 75,22, Abrasax, Samblo et Gamaliel ; en 84,5, Micheu, Michar et Mnésinous ; enfin et surtout Jesseus, Mazareus et Jessédekeus en 85,30, les Luminaires indestructibles «issus de la sainte semence». Et c'est peut-être à l'une de ces triades messagères de Lumière et de Connaisance qu'il faut penser ici.

Ces Grands Hommes sont *debout* (69,11) devant Adam, parce qu'ils appartiennent au monde transcendant. L'Adam psychique, en effet, ne se dressera que par l'insufflation en lui de l'Esprit ou du souffle de Sophia [105]. Hippolyte explique [106] que dans l'*Apophasis Mégalè*, la septième Puissance, souvent appelée aussi Logos, est celle «qui se tient, s'est tenue et se tiendra debout» (ὅπερ ἐστιν ὁ ἑστως, στὰς, στησομένος) parce qu'elle est la cause et l'origine de tout ce qui est appelé à l'être. La station debout est donc la caractéristique de l'être dans sa plénitude. La même attitude, cependant, est attribuée, quelques lignes plus bas, au démiurge qui se dresse face à Adam et Ève pour revendiquer sur eux une autorité qu'il sent lui échapper. Mais la *mimésis* de l'archonte est un thème de la théogonie gnostique, souligné entre autres par l'ApocrJn [107] et par Irénée, d'après qui le démiurge n'est que l'image parfaitement ignorante du Monogène, reproduisant elle-même des images en ignorant ce qu'elle crée [108].

«Alors, lorsque j'eus entendu...» (66,12-23)

Le gémissement (ⲁϩⲟⲙ) d'Adam et Ève est la réponse faite à la révélation par ceux que n'habite pas encore la plénitude de l'Esprit et qui attendent l'achèvement de la manifestation divine, «le ciel nouveau et la terre nouvelle» où l'Apocalypse de Jean (21,4) promet qu'il n'y aura plus

---

[104] Sur le thème de la triade, cf. en particulier A. BÖHLIG, «Triade und Trinität in den Schriften von Nag Hammadi», *The Rediscovery*, vol. II, p. 617-634; et J. TURNER, «Gnostic Sethianism, Platonism and the divine Triad», *Working Seminar*, Southwest Missouri State University, (Springfield) 29.3-1.4.1983.

[105] ApocrJn BG 50,15-52,1; III 23,14-24,14; II 19,2-33; ou encore HypArch 88,5-15.

[106] *Élenchos* VI,13 et 17.

[107] BG 49,4; III 22,13; II 15,9 et BG 74,9; III 38,19; II 29,24.

[108] *Adv.Haer.* I,5,1 et II,7,2.

ni pleur, ni gémissement. C'est par un gémissement aussi (ⲁϥⲁϣⲁϩⲟⲙ) que Jésus provoque l'intervention divine en faveur du sourd-muet (Mc 7,34) et l'EvVer (42,20) montre les spirituels comme libérés de toute passion, de toute peine et de tout «gémissement».

Ce soupir d'insatisfaction a donc de quoi inquiéter le démiurge qui profère sa première interrogation (66,17): «Adam, pourquoi soupirez-vous dans votre cœur?» Chaque étape du salut va être introduite par une question du Pantocrator (66,17; 71,17; 77,6) étalant ainsi ouvertement l'ignorance profonde, qui est sa condition de nature, par rapport au mystère du Plérôme et à l'économie du salut [109]. Il s'efforce donc de persuader au premier couple qu'ils ont en eux la vie à laquelle ils aspirent et — se servant des termes mêmes de Gen 2,7 — leur affirme que lui-même leur a insufflé un souffle de vie pour les faire âme vivante (66,21-23). Cette utilisation scripturaire n'est évidemment pas innocente, l'auteur gnostique tenant bien à montrer que le Dieu de la Bible et le démiurge ne font qu'un. Le «souffle de vie» qu'il prétend avoir donné à l'homme façonné de la terre d'après Gen 2,7 (ἄνθρωπον χοῦν ἀπὸ τῆς γῆς) ne peut donc être que l'âme au sens biblique (καὶ ἐγένετο ὁ ἄνθρωπος εἰς ψυχὴν ζῶσαν) et non la ψυχή gnostique. Il s'agit donc de la création de l'Adam terrestre, du troisième Adam, selon Ecr sT [110], création que l'ApocrJn relate en ces termes: «Les archontes amenèrent Adam à l'ombre de la mort et procédèrent à un remodelage, mais cette fois à partir de la terre, de l'eau, du feu et du souffle, c.-à-d. à partir de la matière, de la ténèbre, du désir et de l'esprit travesti» [111]. C'est ce quel'ApocAd résume en deux lignes:

«*Alors les ténèbres se firent sur nos yeux...*» (66,24-67,4)

Et sans autre développement, le texte signale la procréation d'un fils par le démiurge s'unissant à l'Ève charnelle: «Alors le dieu qui nous avait créés créa un fils de lui... (lacune) ta mère» (66,25-28). L'épisode est longuement exposé par ApocrJn [112], par HypArch [113] et par Ecr sT [114].

---

[109] Sur l'ignorance du démiurge, cf. Irénée, cité plus haut, *AdvHaer.* I,5,1 et II,6-7, ainsi qu'Hippolyte *El.* VI,33,1. Voir surtout ApocrJn BG 61 10-19; III 30,22-31,4; II 23,35-24,8 où il est dit explicitement que Jaldabaoth «ignore le mystère (concernant Adam et Ève) advenu par le saint décret d'en haut».

[110] Voir là-dessus M. TARDIEU, *Trois mythes*, p. 120, n. 122.

[111] BG 55,1-8; III 26,13-19; II 21,4-9. De même HypArch 88,3-15.

[112] BG 62,3-63,12; III 31,6-32,6; II 24,8-34,1.

[113] 89,26-31 et 91,11-15.

[114] 117,3-18.

Mais alors que ces traités dissertent sur l'origine de Caïn et d'Abel, tous deux issus de cette union de l'Ève charnelle avec le monde archontique et tous deux respectivement ancêtres des races hylique et psychique, l'ApocAd ne mentionne globalement qu'un fils né du démiurge (66,27).

Par contre, elle insiste une nouvelle fois sur la déchéance des proto-plastes :

«*Alors disparut l'acuité de notre connaissance ...*» (67,5-13)

Si l'ApocrJn signale cet asservissement sexuel de l'Ève charnelle au dieu créateur comme l'origine du processus d'engendrement auquel est désormais soumise une humanité déchue et souffrante [115], les lacunes de notre texte ne nous permettent pas de lui en faire dire absolument autant. Cependant, la mention rapide de la sexualité «et je conçus un doux désir de ta mère» (67,2-3), liée à l'environnement des ténèbres et à la disparition de la connaissance (66,24-67,5) permet d'affirmer que, pour lui aussi, sexualité et reproduction relèvent du démiurge et sont donc œuvre de mort [116]. De plus, elles provoquent la disparition de la connaissance dans sa finesse, son «acuité» (ⲁⲕⲙⲏ). Si l'on voit dans cette *acmé* un épanouissement, une connaissance achevée et parfaite, au sens, par exemple, où Philon peut parler d'une ἀκμὴ τῆς ψυχῆς ou τῆς ἀρετῆς, épanouissement de l'âme ou de la vertu [117], on mettrait alors volontiers le terme en parallèle avec les expressions employées plus haut dans le texte pour désigner cette plénitude de connaissance qu'Adam et Ève avaient en partage avant l'intervention malfaisante du démiurge: «Gnose éternelle» (65,10), «Gnose première» et «gloire» (64,25 et 27). Par contre, si l'on voit davantage cette *acmé* comme un terme, un sommet, au sens où l'emploie par exemple l'*Asclépius* de NH [118] pour désigner l'union consommée de l'homme et de la femme parvenue à son point culminant, alors on pensera à un degré de perfection dans la connaissance qui est l'apanage des seuls pneumatiques: le pneuma léger étant porté vers les sommets, au-delà des pesanteurs de la matière, comme «l'esprit porté sur les eaux»: «Le pur était porté au-dessus, mais le lourd et l'hylique, le boueux et l'épais, se portait au-dessous» [119]. C'est

---

[115] BG 62,3-63,12; III 31,6-32,6; II 24,8-34,1; IV 37,17-38,23.

[116] Cf. M. TARDIEU, *Codex de Berlin*, p. 327-328. Sur l'ascèse sexuelle du gnostique comme rejet de l'œuvre du dieu créateur, cf. aussi K. KOSCHORKE, *Die Polemik der Gnostiker gegen das kirchliche Christentum* (*NHS*, 12), Leiden, 1978, p. 110-116 et *passim*.

[117] *De sacrificiis Abelis et Caïni*, 80.

[118] DP 65,20.

[119] *Extraits de Théodote* 47,3.

donc dans cette sphère de l'hylique, matériel et borné, que sont entraînés les serviteurs, esclaves du démiurge, avec, pour autre conséquence, la perte de l'immortalité: «C'est pourquoi les jours de notre vie diminuèrent et je compris que j'étais tombé au pouvoir de la mort» (67,10-14).

Dans le texte latin d'Irénée, on trouve le terme *deminoratio* ou *deminutio* pour qualifier la déchéance du démiurge et de ses éons, leur ignorance et leur dégradation, *labis fructus*: «Demiurgum... quem in deminoratione emissum dicunt... ab his in deminoratione facti sunt aeonibus... nisi aeones in ignorantia et deminutione fuissent» [120]. La *deminoratio* rend bien la formule de notre texte: devenir petits, p̄κογει. Dans le GrSeth (69,13), ceux qui sont appelés «petits» sont en même temps ignorants: «Ils ont révélé un mélange d'ignorance dans une contrefaçon... car ils sont petits et ignorants». Pareillement la GrPuis qualifie l'éon psychique «d'infime», κογει, «mélangé avec les corps, qui procrée dans les âmes et pollue» [121]. Il faut donc comprendre qu'Adam a pris conscience de la déchéance qui, de l'état pneumatique, l'a conduit à n'avoir plus qu'une condition impure et ignorante.

Pareillement, dans les spéculations juives sur Gen 1,26 et ss., le «rapetissement» d'Adam est une conséquence immédiate du péché, car ayant été créé à la ressemblance de Dieu, il avait une taille gigantesque qui lui permettait d'embrasser l'univers. Le péché, en lui faisant perdre sa ressemblance, lui fait perdre sa taille, du même coup [122].

La répétition, dans ce passage, des plaintes d'Adam sur la précarité de sa condition présente résonne comme une sorte de refrain. Les mêmes constatations amères lui avaient déjà échappé à la page 65: «La Gnose éternelle s'éloigna de moi et de ta mère .... nous fûmes instruits au sujet d'œuvres mortes, comme des hommes ... nous connûmes le dieu qui nous avait créés ... nous le servions dans la crainte et l'esclavage ... notre cœur devint ténèbres». Cette lamentation avait déjà été annoncée une première fois à la page 64: «La gloire qui était dans notre cœur nous abandonna, moi et ta mère Ève, ainsi que la Gnose première qui soufflait en tous». Certes, il est possible d'expliquer ces répétitions par un remaniement du texte et une juxtaposition de sources différentes. Mais si tel est le cas, il faut admettre que le compilateur, en maintenant ces redites, atteint parfaitement son but: l'intérêt du texte, en effet, est moins

---

[120] *Adv.Haer.* II,19,9.

[121] 39,17. Trad. P. CHERIX, *Le Concept de Notre Grande Puissance*, Fribourg, 1982, p. 14.

[122] Cf. sur ce thème H. M. SCHENKE, *Der Gott «Mensch» in der Gnosis*, Göttingen, 1962, p. 128-129.

d'expliquer l'histoire de la déchéance que d'étaler ses conséquences et sa lamentable réalité pour faire ressortir d'autant mieux la grâce du salut et l'impérieuse nécessité de se ranger du côté des élus.

Le message révélateur est ainsi parfaitement amené et le discours passe au futur :

« *Maintenant donc, mon fils Seth, je vais te révéler …* » (67,14-69,1)

En fait, la révélation d'Adam à Seth est au second degré : Adam transmet à son fils ce qui lui a été dévoilé à lui-même au moyen d'un songe (65,26 et ss.). C'est ce que A. J. Festugière appelle les types de révélation directe et indirecte [123]. La révélation directe est reçue par Adam au cours d'un entretien, durant son sommeil, avec trois personnages célestes. La révélation indirecte est la « *traditio* » du père au fils, c'est le testament proprement dit [124].

Le Ps. Chrysostome au 4e s. parle, dans l'*Opus imperfectum in Matthaeum*, d'un écrit de Seth qui se transmettait de génération en génération et de père en fils [125]. Le renseignement cependant provient de l'amalgame opéré entre Seth et Zoroastre, considérés tous les deux comme fondateurs des sciences du ciel et de l'astrologie, et de l'attribution aux descendants de Seth d'une pratique qui avait cours chez les Chaldéens où les Mages se transmettaient leurs doctrines de père en fils [126].

Adam dévoile à Seth ce qui se passera dans une première étape, celle de « cette génération » (67,24) c.-à-d. de ceux que la Bible nomme les Patriarches d'avant le déluge (Gen 5) et la Gnose les Grands Séthiens ou les protoséthiens, descendants immédiats d'Adam et Seth.

« *… s'élèveront en effet les eaux de pluie du dieu Pantocrator …* » (69,2-18)

Les lacunes du bas de la page 67 et du haut de la page 69 nous amènent sans transition, ni autre explication, au déluge d'eau provoqué par le dieu créateur, désireux d'éliminer toute chair de la terre. La logique

---

[123] *La Révélation d'Hermès Trismégiste* I, Paris, 1944, p. 309-347.

[124] Sur l'écrit appelé proprement *Testament d'Adam*, cf. J.-B. FREY, *Dictionnaire de la Bible, Supplément* I, col. 117-124 ; de même, S. E. ROBINSON, « Testament of Adam », *The Old Testament Pseudepigrapha* ed. by J. H. CHARLESWORTH, New York, 1983, p. 988-995. Sur les rapports de notre texte avec les traditions adamiques, voir plus haut p. 7, n. 24 et p. 62-63, ainsi que les travaux cités de P. PERKINS et G. W. E. NICKELSBURG.

[125] Cf. J. BIDEZ, F. CUMONT, *Les Mages hellénisés*, II. Paris, 1938, reprint Paris 1973, p. 118-119 S12.

[126] Cf. DION CHRYSOSTOME, in *Mages hellénisés*, II, p. 143 Fr. O 8.

du récit nous permet cependant de comprendre que le démiurge, irrité par la présence sur la terre de ceux qui lui demeurent des «étrangers» (69,18), décide de les supprimer par un anéantissement global de toute l'humanité (69,5-18). L'HypArch rejoint cette interprétation en motivant le déluge par cette simple phrase: «Alors les hommes commencèrent à se multiplier et à devenir beaux» (92,3-4). Les hommes beaux sont ici les séthiens, comme le remarque justement B. Barc[127]: «Le mythe de Genèse est totalement inversé; alors que dans le texte canonique, la perversité des hommes était à l'origine du déluge, ici, au contraire, c'est la beauté des séthiens qui va provoquer la jalousie des archontes et leur décision d'exterminer les hommes par un déluge». EvEgypt confirme cet énoncé en déclarant que «le déluge a été envoyé dans le monde à cause de cette race (ⲅⲉⲛⲉⲁ)», c.-à-d. la race de Seth[128].

Le déluge d'eau est donc la première des trois épreuves provoquées par le démiurge.

La destruction du monde par les deux cataclysmes successifs d'eau et de feu apparaît déjà dans le *Livre d'Adam et Ève* (49): Ève enjoint à ses enfants de graver sur des tablettes de pierre et d'argile les enseignements reçus de leurs parents, afin qu'au moment des châtiments à venir, les tables de pierre résistent au déluge d'eau, celles de terre au déluge de feu. Flavius Josèphe rapporte la même légende, mais en mettant la prédiction dans la bouche d'Adam s'adressant à Seth exclusivement[129]. C'est d'ailleurs cette légende qui valut à Seth d'avoir été considéré jusqu'à la fin de la période byzantine comme un maître en astronomie et en astrologie et même d'avoir été, en cette qualité, identifié puis assimilé à Zoroastre[130]. J. Bidez et F. Cumont estiment d'ailleurs que la

---

[127]. *HypArch* Comment. p. 110.

[128] III 61,4-5; IV 72,12-14. C'est du moins en ce sens que je comprends la tournure peu claire du copte: ⲉⲃⲟⲗ ϩⲓⲧⲛ ⲛⲏ ⲉⲧⲟⲩⲕⲱⲧⲉ ⲛ̄ⲥⲱⲟⲩ — ⲉⲃⲟⲗ ϩⲓⲧⲛ rendant peut-être un ἀπό grec, «à partir de», «en suite de» et finalement «à cause de ceux qu'il recherche». — De même, en lisant ϩⲛ̄ ⲛⲓ ⲉⲃⲟⲗ ϩⲛ̄ ϯⲥⲡⲟⲣⲁ (Stern §556, p. 371) j'interprète que le démiurge cherche parmi tous les fils des hommes ceux en qui est passée la Vie de la Gnose, c.-à-d. les séthiens. Incapable, dans son ignorance, de les reconnaître, (le texte précise un peu plus bas qu'ils lui sont «étrangers», 69,18), il décide, comme Hérode cherchant Jésus, d'éliminer toute chair sur la terre pour être certain d'atteindre ainsi son but. ⲟⲩⲱⲧⲃ̄ ⲉϩⲣⲁⲓ ⲉ peut signifier «aller jusqu'à», «atteindre», mais aussi «dépasser, passer à côté». C'est dans ce dernier sens qu'on le trouve par ex. en GrPuis 44,29: «Il voulut s'élever et dépasser ce lieu-là». Mais dans le codex V, dans ApocPaul 19,24, il a, comme ici, le sens de «parvenir», «atteindre»: «Il atteignit le quatrième ciel». C'est celui que je retiens, bien qu'on eût pu comprendre également que le démiurge recherche les séthiens parmi les hommes que la Vie de la Gnose a dépassés, c.-à-d. laissés de côté. «Vie» ⲱⲛϩ̄ s'impose ici, et non pas «révélation» ⲟⲩⲱⲛϩ̄ qui devrait normalement être suivie de ⲉⲃⲟⲗ.

[129] *Ant.Jud.* I,2,3.

[130] Cf. J. BIDEZ, F. CUMONT, *Les Mages*, I, p. 45-46 et II, p. 148; de même W. BOUSSET, *Hauptprobleme der Gnosis*, Göttingen, 1907, reprint 1973, p. 381 et n. 2.

destruction du monde par l'eau et par le feu est une doctrine de l'astrologie chaldéenne [131].

C'est probablement en effet la vieille conception du cycle cosmique périodiquement régénéré, telle que l'illustre par exemple la tradition chaldéenne de la «Grande Année», qui est à l'origine des croyances en la récurrence des bouleversements du monde: l'univers, en soi éternel, se trouve, au cours de la «Grande Année» qui revient à intervalles plus ou moins fixes, d'abord anéanti, puis renouvelé, soit par un déluge d'eau, soit par le feu.

Cette doctrine a sans doute aussi influencé Platon exposant dans le *Timée* (22c-e) l'opinion d'un ancien prêtre égyptien sur les destructions cosmiques par le feu et l'eau: il les considère soit comme des déviances des corps qui circulent dans le ciel autour de la terre et qui provoquent ainsi des embrasements et des conflagrations, soit comme des débordements de fleuves emportant tout vers la mer. Cependant ces catastrophes sont permises par les dieux «pour purifier la terre» (22 d). C'est essentiellement cette signification symbolique du déluge qui a été retenue dans les mythes et les traditions. Le déluge régénère ce qui est usé, purifie ce qui est souillé et promet une nouvelle existence. Philon, par exemple, a bien vu ces deux aspects de sanction [132] et de purification régénératrice [133] du déluge.

Parce qu'il résorbe ce qui est usé et qu'il le renouvelle, le déluge est un phénomène non définitif, donc périodique.

Une telle conception était largement répandue dans l'antiquité, chez les Stoïciens par exemple: Dion Chrysostome, Sénèque... Origène même en fait usage dans son *Contre Celse* [134]. Dans la littérature juive, outre les traditions du Cycle d'Adam, c'est l'*Apocalypse des Semaines* du *Livre d'Hénoch* qui nous rapproche le plus de la triple périodisation qui structure notre texte: elle mentionne en effet un premier jugement, le déluge, à la deuxième semaine (93,4); un second, la destruction par le feu, à la sixième semaine (93,8); enfin «le grand jugement éternel» dans la dixième semaine (91,15) [135].

Dans la littérature gnostique, la ParSem mentionne les trois cataclysmes, mais la destruction par le feu ne concerne que Sodome et le triple schéma est moins net. Par contre, dans l'EvEgypt on trouve une

---

[131] *Ibid.*, p. 45.

[132] *De Confus.* 25 ou *De Vita Mos.* II 53-59.

[133] *Quod deter.* 170 ou *De Migr.* 125.

[134] I, 19-20 et IV, 9-13; 20-21. Cf. là-dessus A. F. J. KLIJN, *Seth in Jewish, Christian and Gnostic Literature*, Leiden, 1977, p. 121-124.

[135] G. W. E. NICKELSBURG, «Some related Traditions», *The Rediscovery*, vol. II, p. 532 et 535.

mention très précise des trois «parousies» au travers desquelles Seth doit se manifester: le déluge, la conflagration et le jugement des archontes [136] et, en III 61,1-6 (IV 72,10-14), il est clairement dit que le déluge «vint comme un exemple (ΤΥΠΟⲤ) de la consommation de l'éon» et qu'il est envoyé «à cause de la race incorruptible» [137]. Ceci nous ramène à la problématique d'ApocAd où les cataclysmes sont des expressions de la colère du démiurge confronté à la race élue et où la purification et le renouvellement de la terre signifient, dans l'esprit du créateur, élimination de la descendance de ceux qui échappent à sa domination, c.-à-d. des séthiens qui lui sont «étrangers» (69,18).

«Après cela viendront de Grands Anges dans des nuages élevés...» (69,19-25)

Les nuages apparaissent en plusieurs endroits de notre récit: ils sont tantôt nuages élevés (69,21), tantôt nuages de lumière (71,9; 75,18-20) ou nuages de ténèbres (83,8) et même nuage de désir (81,16-19). Ils accompagnent, ou sont eux-mêmes, une manifestation de l'Éon supérieur et cela, ou pour sauver (69,21; 75,18-20) et éclairer (71,9) ou pour confondre et perdre (83,8) [138].

Ici, ils enveloppent les Grands Anges pour «emmener ces Hommes-là», c.-à-d. les élus de la Gnose, dans «le lieu où se trouve l'Esprit de la Vie».

L'ApocrJn, qui veut rectifier l'histoire biblique du déluge et de l'arche, assure que Noé a été préservé, non dans l'arche, mais «dans un lieu; et non seulement lui, Noé, mais des hommes issus de la génération inébranlable parvinrent dans un lieu et se mirent à l'abri dans une nuée lumineuse» [139]. Or dans ce lieu, toujours selon ApocrJn, Noé reconnaît sa supériorité sur le démiurge: «Par la nuée lumineuse qui l'enveloppe, commente M. Tardieu [140], il sait, lui et les siens, qu'il exerce sa souveraineté sur l'archonte. Ils forment ensemble un îlot de salut par la gnose, dans un monde dominé par la ténèbre du Dieu de la Bible». La nuée de lumière est donc ici un abri, un lieu de salut, dans et par la gnose.

---

[136] III 63,4-8; IV 74,17-22.

[137] III 61,13; 72,23. Cf. sur cette triple périodisation P. PERKINS, *Apocalypse of Adam*, p. 387-389.

[138] Ils n'ont pas la même fonction que la nuée de l'EvEgypt (III 56,26) qui sépare le monde de la Lumière du monde inférieur, comme une sorte de voile cosmique. Cf. J. DORESSE, «Le Livre sacré», II. Comment., p. 339, n. 106.

[139] BG 73,5-12; III,38,1-6; II 29,8-12.

[140] *Codex de Berlin*, p. 337.

En outre, ce qui est dit et interprété de Noé dans l'ApocrJn est exactement énoncé aussi dans l'ApocAd; non plus de Noé cependant, mais des élus, fils de Seth. Et ceci nous apprend deux choses: 1) que le lieu où sont emmenés les élus n'est pas à entendre obligatoirement au sens matériel d'un transfert dans un endroit quelconque des sphères célestes (comme on peut le lire, par exemple, dans les apocalypses juives: Abraham emmené sur un nuage de lumière par l'archange Michel jusqu'à l'éther du ciel pour y contempler le monde [Test. Abr. 9] ou encore Zostrien lui-même [Zost 4,21-23] ravi dans une nuée lumineuse), mais plutôt au sens spirituel ou allégorique d'une introduction dans la lumière de la connaissance réservée aux parfaits; 2) que, par rapport à l'ApocrJn, ou à son réviseur, qui voit dans Noé un gnostique, l'ApocAd se situe résolument dans le courant de pensée opposé, c.-à-d. dans celui qu'illustre également l'HypArch et qui lie irrémédiablement Noé, et une partie de sa descendance au moins, à la loi du Pantocrator.

Le salut est donc assuré, en cette première étape, à ceux «en qui est passée la Vie de la Gnose» (69,13-15). Ces héritiers de la Connaissance perdue par Adam et Ève et qui demeurent pour le démiurge des «étrangers», donc des «allogènes», sont les premiers descendants de la race de Seth, les protoséthiens, ceux qui d'après l'ApocrJn et l'EvEgypt sont établis sur le troisième Luminaire, Daveithé.

Rien n'est encore dit de Noé lui-même, mais peut-être était-il mentionné dans la lacune du bas du feuillet. En tout cas, le début de la page 70 nous apprend que la «[multitude] de la chair restera dans les [eaux]», c.-à-d. que la race hylique est définitivement liée au monde d'en bas et à sa pesanteur et que le démiurge, croyant avoir obtenu sa victoire, «se repose de sa colère» (70,6-7).

Ainsi s'achève, semble-t-il, la première phase de l'histoire du salut selon la visée de notre révélateur.

DEUXIÈME ÉTAPE: 70,8-76,7

« Et il jettera sa puissance sur les eaux ... » (70,8-16)

La deuxième étape commence au moment où le démiurge apaisé «jette sa puissance sur les eaux» c.-à-d. repeuple la terre et la donne en partage à Noé et à ses fils pour qu'ils la dominent en rois (70,8-71,8). Là encore on pense à l'ApocrJn [141] où l'archonte et les puissances «inclinant la tête

[141] BG 48,6-10; III 22,1-3; II 14,30-34.

vers l'eau» y aperçoivent l'image selon laquelle ils vont façonner l'Adam psychique. M. Tardieu fait remarquer [142] que le verbe καταγεύειν utilisé par BG et NH III a un sens technique et que cette «inclinaison de la tête vers le bas est le premier acte de la génération (genesis)». Commentant l'Oracle Chaldéen 62,19, μηδὲ κάτω νεύσῃς, H. Lewy explique: «The 'downward inclination' expresses in the vocabulary of the Platonists imitated by the Chaldaeans the action of turning towards the material world, away from the noetic goal» [143]. En «jetant sa puissance sur les eaux», le démiurge procède à une recréation du monde hylique dont il va confier la garde à sa propre descendance: «Et il donnera puissance à ses fils et à leurs femmes» (70,10-11) [144], puisque nous savons (66,26) qu'il a bien procréé un fils avec l'Ève charnelle, comme nous allons de même apprendre (70,10-16) qu'il a préservé dans l'arche cette descendance.

«Et Dieu dira à Noé, celui que les générations appelleront Deucalion ...» (70,17-23)

Noé apparaît ici pour la première fois avec une équivalence dans l'appellation qu'on retrouve presque mot pour mot chez Philon [145]: «... Cet homme-là que les Grecs (Ἕλληνες) appellent Deucalion et les Chaldéens Noé» [146]. Ce rapprochement se retrouve également chez les premiers apologistes chrétiens: Justin [147] et Théophile d'Antioche [148]. Que l'auteur de l'ApocAd ait éprouvé le besoin de «traduire» en grec le nom de Noé pourrait signifier, soit que, tout comme Philon ou Justin, il écrit dans un milieu juif hellénisé, soit que, connaissant bien la légende grecque, il savait que, d'après l'oracle consulté par Deucalion et Pyrrha, les pierres qui devaient repeupler la terre étaient appelées «les os de la Grande Mère», c.-à-d. la Terre [149]. En appelant Noé Deucalion, l'auteur

---

[142] *Codex de Berlin*, p. 299.

[143] H. Lewy, *Chaldaean Oracles and Theurgy*, nouvelle éd. par M. Tardieu, Paris, 1978, p. 294 et n. 136.

[144] R. Kasser propose d'introduire ici une ligne supplémentaire — peut-être omise par le scribe — et de lire: «Il donnera puissance ⟨à Noé et à sa femme⟩, à ses fils et à leurs femmes». Cette correction ne me paraît pas s'imposer, le sens du texte est assez clair.

[145] *De Praem.* 23.

[146] Ce parallélisme avec Philon pourrait autoriser la traduction du ⲅⲉⲛⲉⲁ du texte copte par «païens» ou «nations» au sens du «gentes» latin.

[147] *Apologie* II 7,2.

[148] *A Autolycus* II 30 t III 18-19. En fait il s'agit davantage, chez ces auteurs, d'une réduction du second personnage au premier, surtout chez Théophile d'Antioche qui rejette la légende du repeuplement de la terre par Deucalion et Pyrrha, mais accepte le nom de Deucalion comme étant celui que — par le biais d'une étymologie étrange — les païens auraient donné à Noé. Cf. *SC*, p. 149 et n. 2.

[149] «Ossaque post tergum Magnae jactate Parentis» Ovide, *Métamorphoses*, I 383.

pouvait rendre plus évidente son appartenance et celle de sa race à la terre, au monde hylique, à la matière et à son maître, le démiurge. C'est en tout cas ce qu'exprime la suite du récit :

«*Je te donnerai la terre ... en royauté tu seras roi sur elle ...*» (71,1-8)

Le démiurge rend Noé participant de sa propre royauté; ainsi peut-on du moins comprendre l'expression ϨⲚ ⲞⲨⲘⲚⲦⲢ̅Ⲣ̅Ⲟ ⲔⲚⲀⲢ̅Ⲣ̅Ⲣ̅Ⲟ. C'est en effet le propre du démiurge d'avoir autorité sur ses créatures et donc de régner sur elles. La SJC (et Eug) nous éclaire bien là-dessus : selon elle, l'Homme primordial, créateur d'entités hiérarchisées dans une ogdoade, dieux, archanges, anges, myriades qui sont à son service, a pouvoir sur elles et inaugure, par là, les deux manifestations de la divinité et de la royauté [150]. Le Premier Père, au contraire, le Propator qui est sans principe, qui se voit lui-même comme dans un miroir, ne crée pas à proprement parler ; il manifeste simplement sa similitude dans une foule de vis-à-vis, «autogénérés, de même puissance, glorieux et innombrables, que l'on appelle la génération que nulle royauté ne domine» [151]. Et les deux textes donnent une précision dont nous aurons à nous souvenir plus bas : «La multitude entière, là où nulle royauté ne la domine, est dite les fils du Père inengendré» [152]. Il convient donc de bien comprendre cette royauté reçue par Noé en relation avec la non-royauté de la Génération élue qui prendra toute son importance plus loin (82,19-20). En recevant autorité du démiurge, Noé s'asservit à lui avec toute sa descendance : «Aucune semence ne sortira de toi, d'hommes qui ne se tiennent debout en ma présence issus d'une autre race» [153]. Ainsi, Noé reçoit en partage ce qui dépend du créateur, c.-à-d. la terre.

---

[150] SJC BG 95,5-96,10; Eug III 77,10-78.
[151] SJC BG 91-92,15; Eug III 75,1-20.
[152] Trad. M. Tardieu, *Codex de Berlin*, p. 176-177.
[153] Seules les entités du Plérôme se tiennent *debout* en présence de Dieu; par ex. Éléleth, le Grand Ange et les autres Luminaires, se tiennent debout en présence de l'Esprit-Saint (HypArch 93,8-21); de même dans GrPuis (43,9-10), les hommes qui se préparent à se tenir debout et à devenir des éons infinis, ou encore Gamaliel, Jesseus, Mazareus, Jessédekeus en Zost 47,5-6.
On pourrait comprendre ce passage autrement encore : le démiurge interdit à Noé de tolérer pour sa descendance un comportement qui est celui des élus du Plérôme, dans une gloire qu'il ne veut pas connaître puisqu'elle est autre, c.-à-d. qu'elle lui est étrangère.

Deuxième passage: «*Alors ils seront comme la nuée de la Grande Lumière…*» (71,8-15)

Ayant partagé la terre entre ses fidèles serviteurs, le démiurge se croit à nouveau maître de la situation quand il voit surgir devant lui les Hommes de la Gnose «comme la nuée de la Grande Lumière». C'est le *deuxième passage de l'Illuminateur*, la deuxième possibilité offerte à l'humanité de retrouver la Connaissance perdue en prenant contact avec ceux qui sont les *Envoyés* du Plérôme et qui apparaissent comme la nuée de la Grande Lumière. Ils ne sont pas cette nuée elle-même [154]. Ils sont des Hommes (ⲛ̅ⲣⲱⲙⲉ ⲉⲧⲙ̅ⲙⲁⲩ), tout comme l'étaient les trois Hommes apparus à Adam lors du premier passage, tout comme le sera l'Illuminateur du troisième avènement, capable de souffrir dans sa chair (77,16-17). Ils sont envoyés par le monde supérieur de la Gnose sans être forcément des entités de ce monde même. Les «Grands Nuages de Lumière» ou «les Grands Anges dans des nuages élevés» (75,18 ; 69,21) par contre, eux, appartiennent au Plérôme et n'interviennent en effet personnellement qu'au moment du salut, dans la lutte avec les forces du démiurge. Il convient donc de distinguer entre les *envoyés* de la Gnose, les Hommes de la race de Seth, qui par trois fois vont rappeler au peuple de la déficience le message de Lumière et de salut et les Entités du Plérôme (Grandes Nuées ou Grands Anges) qui apparaissent *in extremis* pour soustraire les élus, les séthiens ou ceux qui se sont ralliés à eux, aux cataclysmes provoqués par les colères du Pantocrator, et qui viendront enfin les récompenser lors du jugement final.

Les envoyés se dressent donc devant Noé, ce qui veut dire que par leur attitude même ils trahissent leur être et leur origine.

«*Et dieu dira à Noé…*» (71,16-25)

Le deuxième passage des envoyés provoque la deuxième interrogation du démiurge qui manifeste ainsi son ignorance inquiète à chaque intrusion du monde de la Lumière dans son propre royaume (66,17 ; 71,17 ; 77,6 ; cf. plus haut p. 76). Il reproche à Noé d'avoir désobéi à ses ordres, comme le Dieu de la Genèse à Adam et Ève, et d'avoir voulu porter atteinte à sa puissance en «formant une autre génération», c.-à-d. en s'affiliant au monde de la connaissance. Ainsi Dieu, dans le récit biblique, reproche-t-il aux premiers parents d'avoir voulu goûter au fruit de la connaissance du bien et du mal (Gen 3,11) et d'avoir voulu rivaliser

[154] Cf. plus haut le sens de la nuée lumineuse p. 82.

avec lui, puisque, d'après le tentateur, Dieu n'ignore pas que cette connaissance donnerait à Adam et Ève une puissance semblable à la sienne («mais Dieu sait que le jour où vous en mangerez, vos yeux s'ouvriront et vous serez comme des dieux», Gen 3,5). Il y a donc ici une reprise ironique du récit biblique de la chute, en même temps qu'une preuve de la possibilité conservée à Noé et à sa descendance de faire encore un choix. Mais Noé, solennellement, prend à témoin la puissance du créateur («Je témoignerai en présence de ton bras») qu'il n'est pas le père de cette génération [155]. Il rejette donc toute appartenance au monde de la Lumière et reconnaît officiellement la puissance du démiurge sur lui.

« Il les introduira dans la terre qui leur convient et leur bâtira une demeure sainte ... » (72,3-6)

La lacune du texte laisse pourtant supposer que le passage des Envoyés a opéré une discrimination entre les véritables fils de Seth et ceux qui, en acceptant la loi du démiurge, comme Noé vient de le faire, restent à jamais la descendance procréée par celui-ci au commencement.

En effet, «certains» — il n'est pas possible de préciser davantage leur identité — sont introduits dans une terre à leur mesure et reçoivent en partage une demeure sainte, exactement «un lieu saint» (ⲙⲁ). Le passage a un parallèle en 77,11 où il sera dit que «la gloire se retirera pour demeurer dans des maisons saintes qu'elle s'est choisies». Le rapprochement nous permet de supposer que c'est la gloire (ⲡⲓⲉⲟⲟⲩ), du genre masculin en copte, qu'il faut lire sous le pronom *il* du présent contexte. Il s'agirait alors, non de lieux mystérieux où les élus seraient protégés et comme mis en réserve, mais des cœurs des justes devenus aptes à recevoir la connaissance pour qu'elle puisse y élire domicile. Dans le GrSeth, «ceux qui étaient dans le monde ont été préparés par la volonté de Sophia» et elle-même «sortit pour préparer des demeures et des lieux pour le Fils de la Lumière» [156]. Un peu plus bas d'ailleurs, ApocAd confirme cette interprétation en précisant: «Il n'y aura aucune abomination dans leur cœur, seule y sera la Gnose de Dieu» (72,12-14) [157].

---

[155] Le terme ⲅⲉⲛⲉⲁ, on l'a déjà vu, est employé dans notre texte pour désigner toute progéniture ou race, bonne ou mauvaise, et même dans le sens de «nations», *gentes* (70,18). C'est le contexte ou le qualificatif accolé (grand — autre) qui fait la différence, comme pour bien d'autres termes du traité: cf. plus haut dieu, anges, Ève, hommes etc.

[156] GrSeth 50,25 et 51,1-3. Trad. L. PAINCHAUD, Québec, 1982, p. 27 et 29.

[157] Le thème de la préservation des élus, dans lequel G. W. E. NICKELSBURG (*The Rediscovery*, II, p. 536) trouve une parenté entre l'ApocAd et l'*Apocalypse des Semaines* du

Cette inhabitation de la Connaissance donne du même coup, à ceux qui en sont dignes, le privilège d'être appelés «de ce Nom-là», à savoir, du Nom qu'Adam donna à son fils Seth, «le Nom de l'Homme qui est la semence de la Grande Génération» (65,5-8), donc de devenir des séthiens.

«*Ils resteront là-bas 600 ans ...*» (72,7-14)

Ce chiffre reste énigmatique. On pourrait y voir une allusion au rôle joué par le nombre 6 dans l'Apocalypse de Jean (13,18 et 14,20) : 666, le chiffre de la Bête; 1600 stades pour le fleuve de sang de la vendange; mais il y a là un sens péjoratif, peu en rapport avec notre contexte. Par contre on peut penser plus volontiers que le chiffre 6 est celui de l'héxaméron biblique, le nombre de la création. Comme la tradition juive fait durer le monde durant 6 millénaires, les 600 ans des élus de la deuxième période déterminée par notre texte représenteraient une étape intermédiaire entre la création (6) et le jugement final (6000). Ceci viendrait en outre confirmer l'idée que les séthiens, loin d'être transposés dans un lieu préservé, font partie intégrante du temps et de l'histoire [158].

I Hénoch (91-93) semble effectivement intervenir au terme des deux premières phases historiques du déroulement du salut (69,19 et 75,26) plutôt que dans l'épisode final du jugement eschatologique. Par contre, je ferais volontiers un rapprochement entre mon interprétation de la demeure sainte, cœur des justes, et le passage de *I Hénoch* (91,13) où il est dit que, vers la fin de la huitième semaine, «les justes acquerront des maisons à cause de leur justice».

[158] On peu observer aussi que 6 s'exprime dans l'hexagone formé par la conjonction de deux triangles inversés, dans l'étoile à 6 branches, le sceau de Salomon, symbole parfait de

Feu

Air   Terre

Eau

la pensée hermétique qui voit dans la pointe supérieure du premier triangle le feu, dans la pointe inférieure, l'eau; l'intersection des deux, latéralement, représentant l'air et la terre. L'ensemble de l'hexagone figure ainsi la totalité et la perfection de l'univers, la réduction du multiple au simple, de l'imparfait au parfait. On retrouverait là quelque chose de la problématique antithétique eau-terre, air-feu de notre traité; une telle pensée ne serait pas forcément étrangère à la spéculation des auteurs gnostiques. Cf. sur ce thème M. Tardieu, «La Gnose valentinienne et les Oracles Chaldaïques», *The Rediscovery*, vol. I, p. 194-238; cf. aussi l'horoscope dans l'ApocrJn et les spéculations sur les chiffres de l'année et de la semaine, M. Tardieu, *Codex de Berlin*, p. 285-288.

« Alors Noé partagera la terre ... » (72,15-26)

Le clivage est opéré entre les fils de Seth qui ont en partage «la seule
Gnose de Dieu» et les fils de Noé qui reçoivent la terre en héritage,
à condition de «la servir dans la crainte et l'esclavage» c.-à-d. dans
l'allégeance totale au Maître de la création. Alors que les séthiens sont
«avec les Anges de la Grande Lumière et dans la Connaissance de
l'incorruptibilité», les fils de Noé sont soumis au Pantocrator dans «la
crainte et l'esclavage tous les jours de leur vie».

« ⟨Alors parla Sem⟩ fils de Noé ... » (73,1-12)

Le nom de Sem peut être restitué ici sans problème, d'une part en
raison de l'apposition «fils de Noé», d'autre part, parce que la suite du
texte ne mentionne plus que Cham et Japheth, laissant ainsi supposer que
le sort de Sem est définitivement réglé. En effet, non seulement il se fait le
porte-parole des fidèles adorateurs de la puissance du Pantocrator, mais
il reconnaît que c'est de lui qu'est issue toute la race de ceux qui ne se
détourneront pas de la loi de Noé (73,8-9) et qui serviront le démiurge
«dans l'humilité et la crainte de leur connaissance»[159]. En affirmant que
sa descendance sera agréable au créateur, il prend à son compte ce qui,
selon EvVer (22,11) devrait être la caractéristique, au contraire, du vrai
gnostique: «Possédant la gnose, il fait la volonté de celui qui l'a appelé et
veut lui être agréable» et il revendique le privilège d'être «marqué du
sceau».

Les *Extraits de Théodote* (86,2-3) distinguent le sceau σφραγίς imposé
aux animaux pour signifier à qui ils appartiennent et l'empreinte laissée
par le sceau σφράγιςμα comme une effigie de celui au nom duquel il est
imposé. C'est ce dernier terme qui est utilisé pour désigner la marque
laissée dans l'âme fidèle par la Vérité et qui la rend «porteuse de l'image
du céleste» (80,3).

En demandant d'être marqué du sceau démiurgique, Sem réclame sans
doute une empreinte — comme le gnostique — à l'effigie de celui qui l'a

---

[159] «Parce que c'est la descendance tout entière qui est issue de moi»: on peut voir ici,
de même que plus bas en 76,17-20, un cas de phrase coupée (ou «cleft sentence») au parfait.
Cf. H. J. POLOTSKI, «Nominalsatz und Cleft Sentence im Koptischen», *Orientalia* 31
(1962), p. 430, ainsi que P. CHERIX, *Le Concept de Notre Grande Puissance*, Fribourg, 1982,
p. 50 § 29. La construction — similaire dans les deux cas — qui fait d'un collectif (ⲡⲓⲡⲣⲟ6
ⲧⲏⲣ̄ϥ 73,5; ⲡⲓⲡⲗⲁⲥⲙⲁ ⲧⲏⲣ̄ϥ 76,17) le sujet de la phrase, suivi d'un pronom relatif au
singulier, puis d'un verbe au pluriel, autorise cette interprétation et la coupure adoptée.
Mais on peut comprendre aussi: car c'est de moi qu'est issue toute la descendance et ils ne
se détourneront pas de toi.

créé à son image et ressemblance. Mais en fait il ne peut espérer recevoir de lui aucun sceau véritable puisque celui-ci suppose la reproduction d'une réalité céleste qui lui échappe. Le terme cⲫⲣⲁⲅⲓⲥ semble donc bien approprié qui indiquerait plutôt la simple appartenance à un maître, comme celle des animaux marqués, évoqués par Théodote [160].

« Alors d'autres, de la descendance de Cham et de Japheth s'en iront au nombre de 400.000 ... » (73,13-24)

A. Böhlig a fait remarquer que les *Homélies manichéennes* (68,18) mentionnent 400.000 justes, dans un passage très lacuneux où il est question des premières générations bibliques ; ces 400.000 viennent après l'énumération de Enosh, Sem, Schem et avant «les années d'Hénoch». Flavius Josèphe [161] assigne le chiffre de 400.000 aux membres de la tribu de Juda. Ce nombre est sans doute symbolique : multiple du chiffre 4 qui représente le cosmos [162]. Quoiqu'il en soit, un certain nombre de descendants de Cham et de Japheth se séparent pour «entrer dans une autre terre» et «habiter avec ces Hommes-là qui sont issus de la Grande Gnose éternelle». Ceux-là ont donc entendu et reçu le message des Envoyés de la Gnose, ils sont entrés dans l'altérité du monde des élus et sont préservés de toute œuvre mauvaise par «l'ombre de la puissance» des messagers, c.-à-d. par ce que ces messagers laissent percevoir dans la sphère inférieure de leur pouvoir, selon le sens qu'il convient de donner à l'ombre : reflet, dans ce monde, des réalités préexistantes [163]. Ils deviennent donc participants de la demeure et de la pureté des élus séthiens apparus à Noé en 71,10. Alors que la descendance de Sem est demeurée imperméable à la conversion, une partie de la race de Cham et de Japheth est donc, elle, accessible au message de salut et à la pureté qu'il implique.

« Alors la descendance de Cham et de Japheth formera douze royaumes ... » (73,25-74,6)

Le texte grec de la Septante assigne 12 fils à Japheth et Cham (8 à Japheth ; 4 à Cham), tandis que l'Hébreu n'en accorde que 7 à Japheth.

---

[160] C'est sans doute la différence qu'il faut faire avec l'HypArch 89,28, où le sceau de la Voix suppose la reproduction dans la matière d'une réalité céleste, la Voix. (Cf. B. Barc, p. 97). La main ici n'indique qu'une action matérielle et charnelle.

[161] *Ant.Jud.* VII,320.

[162] Quant à Seth qui, dans l'EvEgypt III 62,12-15, demande des gardiens pour sa semence, il obtient 400 anges sortis des Grands Éons. Faut-il mettre ceux-ci en rapport avec ceux-là, comme le suggère J. Doresse, «Le Livre sacré», II, p. 374?

[163] Cf. ExpVal 35,29; HypArch 89,26; 94,11-13.

Notre traité, nous l'avons déjà vu, utilise la version grecque de la Bible. C'est donc là sans doute qu'il faut chercher l'origine des 12 royaumes formés par les descendants de Cham et de Japheth restés soumis à la loi de Noé et du démiurge [164]. Une fois de plus, le donné biblique est soigneusement mis à profit pour servir la polémique antilégaliste de l'auteur. Ces 12 royaumes restent donc imperméables au message gnostique, ce que prouve à l'évidence le seul fait qu'ils se constituent en royaumes, dans la royauté même donnée à Noé et à ses fils par le Pantocrator (71,1-4).

La lacune du bas de page nous permet simplement de savoir qu'un «conseil se tiendra» avant que la page 74 nous montre les fidèles de Sacla portant accusation devant lui. Dans l'HypArch [165], les puissances des ténèbres, incapables de saisir la ressemblance de l'Incorruptibilité apparue dans les eaux — «les psychiques, en effet, ne peuvent saisir les spirituels» — se concertent avant de procéder à leur propre création. La même situation se retrouve ici: les 12 royaumes terrestres, confrontés aux «Éons de l'incorruptibilité» (74,2) et réalisant leur déficience, se mêlent aux puissances pour tenir conseil avec elles et porter accusation «auprès de Sacla leur dieu». Le GrSeth montre les archontes délibérant pour essayer de neutraliser le pouvoir inquiétant du Christ, Fils de Lumière [166]. De même ici, l'intrusion du monde de la Lumière dans celui de la ténèbre provoque trouble et confusion.

« Ils diront à Sacla: 'Quelle est la puissance de ces hommes?' ... » (74,7-26)

Les puissances archontiques, troublées, demandent des comptes à Sacla. Comme nous l'avons déjà noté [167], Sacla est l'unique appellation que notre traité donne au démiurge, alors que, d'après la version longue de l'ApocrJn [168], il possède trois noms: «Le premier est Samaël, le deuxième Saklas, le troisième Jaldabaoth». Il reçut le premier qui signifie «Dieu aveugle» quand, n'ayant pas encore la connaissance du monde céleste, il se proclama Dieu par ignorance; le second, qui signifie «fou», lui fut donné quand, «après avoir reçu de Sophia lumière et puissance, il

[164] On peut pourtant remarquer que, par ailleurs, d'après l'ApocrJn BG 39,5-10; III 16,7-11, le démiurge donne naissance à 12 anges qu'il établit sur 12 éons, selon le modèle du Plérôme impérissable.

[165] 87,14-24.

[166] GrSeth 52,10-14. Comment. L. PAINCHAUD, p. 89.

[167] Cf. p. 64 et n. 54.

[168] II 11,15-18; de même HypArch 94,4-96,14 et également ProTri 39,26-31. Sur ces appellations du démiurge, voir l'exposé très complet de B. BARC, «Samaël, Saklas, Jaldabaoth. Recherche sur la genèse d'un mythe gnostique», in *Colloque*, p. 123-150.

se proclama Dieu pour la seconde fois, en présence des fils qu'il s'était engendrés»[169]. D'après l'ApocrJn[170], ces fils qu'il créa, jumelé à la démence, sont au nombre de douze. Peut-être est-ce parce que douze royaumes, issus de Cham et de Japheth viennent se présenter devant lui en «se mêlant aux puissances» (74,4-5) qu'il mérite particulièrement ici son surnom de Sacla, maître des douze archontes qui règnent sur le monde terrestre[171]. L'accusation des douze royaumes reprend les termes mêmes de l'interdiction faite par le démiurge à Noé en 71,4-8: «Aucune semence ne sortira de toi d'hommes qui ne se tiennent debout en ma présence issus d'une autre gloire». Les Grands Hommes sont accusés d'être «dans leur gloire», c.-à-d. dans une autre gloire que celle des archontes, et les royaumes cherchent à savoir quelle est la puissance qui permet à ces hommes de «se tenir debout» devant le démiurge, autrement dit d'avoir un comportement et une attitude propres — on l'a vu — aux entités du monde de la Lumière, alors qu'ils ont été, comme eux, tirés de la semence de Cham et de Japheth. Ils appartiennent maintenant à un autre Éon et ont bouleversé l'ordre établi par le créateur, en refusant sa royauté et en détournant son peuple.

«Alors le dieu des éons leur donnera...» (74,26-75,16)

La lacune au bas de la page 74 ne permet pas de connaître exactement la réponse de Sacla. Mais après l'affirmation renouvelée de l'auteur sur la pureté, l'absence d'*epithumia*, qui caractérise les élus «issus d'un grand commandement d'un Ange éternel», c.-à-d. de l'autorité ou de la puissance de Seth lui-même[172], le déluge de feu, de soufre et de bitume intervient comme une nouvelle manifestation de colère du démiurge. Cette fois, il est décidé à «obscurcir les yeux des puissances des Luminaires», c.-à-d. peut-être à «induire en erreur même les élus» (Matt. 24,24).

Le déluge de feu marque donc la fin de la deuxième période du cycle cosmique de régénération et n'a en fait, dans ce contexte, aucun rapport avec le châtiment de Sodome et Gomorrhe (Gen 19,24), comme le

---

[169] B. Barc, *ibid.*, p. 123.

[170] BG 39-41; III 16,6-17,16; II 10,26-11,3.

[171] ApocrJn II 11,4-7: «Et il établit sept rois, un par firmament du ciel, sur les sept cieux et cinq sur les profondeurs de l'abîme pour qu'ils y règnent».

[172] ογα϶ ca϶νε, commandement, comme en EvVer 39,2, a le sens de pouvoir, autorité (ἐξουσία) cf. J. É. MÉNARD, *L'Évangile de Vérité* (NHS, 2), p. 182. Eug 77,14 montre que le Père, l'Homme père de lui-même, a créé un grand Éon auquel il a donné autorité et c'est par cette autorité que les entités immortelles créèrent à leur tour (88,3-15). L'autorité est donc caractéristique de l'activité angélique.

remarque d'ailleurs très justement A. F. J. Klijn [173]. Tout au plus s'en rapproche-t-il par la description du fléau: feu, soufre, auxquels notre texte ajoute le bitume [174]. Comme on l'a vu plus haut [175], le déluge de feu fait partie du scénario de l'*Apocalypse des Semaines* dans l'Hénoch éthiopien et l'EvEgypt le prédit également comme accompagnant la deuxième des trois parousies du Grand Seth pour «la réconciliation du cosmos» [176]. Il faut noter aussi au passage que la destruction du monde par le feu se retrouve dans la littérature mandéenne, dans le *Ginza de Droite*, cependant dans un schéma qui diffère sensiblement de celui dont la tradition nous est livrée ici [177]: les trois bouleversements, par l'épée, par le feu et par l'eau, sont trois tentatives successives et infructueuses du monde inférieur, commandé par Rūhā, pour mettre la main sur les envoyés de la sphère d'Haijē: Hitil, Sitil et Énos. Chacun d'eux est attaqué à tour de rôle par l'un des fléaux parce que le précédent a échoué. Le thème de la périodisation historique — important dans la structure de notre Apocalypse — n'apparaît donc pas, semble-t-il, dans ce passage des écrits mandéens [178].

Tout comme l'eau, le feu a un pouvoir destructeur et régénérateur à la fois. La purification par le feu est d'ailleurs complémentaire de celle qui est obtenue par l'eau (alternance des inondations et des sécheresses, mythes successifs du Déluge et de l'Embrasement). L'eau peut féconder ou noyer; le feu illumine, mais il peut aussi obscurcir par sa fumée, brûler et anéantir: «Les yeux des puissances des Luminaires seront obscurcis et les Éons ne verront plus par eux en ces jours-là» (75,12-16). On trouve une constatation presque identique dans l'*Hénoch* éthiopien: «En ces jours-là, s'il jette sur vous un feu terrible, où fuirez-vous et comment vous

---

[173] *Seth* ... p. 25 et 121.

[174] L'ApocAd ne fait d'ailleurs nulle part mention de Sodome et Gomorrhe. Par contre l'EvEgypt ajoute, ce qui a dû être de bonne heure une glose de commentateur: «Certains disent que Sodome est le lieu de demeure du Grand Seth qui est Gomorrhe (III 60,12-14; IV 71,22-25).

[175] Cf. p. 81-82.

[176] III 63,4-16; IV 74,17-75,4.

[177] *Ginza de Droite*, 259,13-271,23.

[178] Quant à l'influence exercée sur notre texte par la description de l'éruption du Vésuve en 79 ap. J.C., conservée dans les *Lettres* de PLINE LE JEUNE (VI,16 et 20), suggérée par H. GOEDICKE («An unexpected allusion to the Vesuvius eruption in 79 A.D.», *American Journal of Philology* 90 [1969], p. 340-341) elle constitue sûrement un intéressant rapprochement littéraire, mais sans plus. Le «pumice» par lequel l'auteur traduit le ϴΗΝ copte me paraît bien audacieux. Et pourquoi, dans ce cas, ne pas trouver la cendre, si omniprésente dans le récit de Pline? Enfin, les nuages lumineux ont une signification symbolique très précise dans notre contexte qui n'a rien à voir avec les phénomènes physiques observés par Pline, si intéressants qu'ils soient par ailleurs.

sauverez-vous ? ... Et tous les luminaires seront pris d'une grande crainte et la terre entière sera consternée, tremblera et se troublera.» [179].

Mais cette purification conduit à la régénérescence (c'est le symbole du phénix). Ici, elle prend la forme du salut qui intervient à la fin de la deuxième période :

« Et descendront de Grands Nuages lumineux ...» (75,17-76,7)

Nous l'avons vu [180], le nuage lumineux est, dans notre contexte, le lieu des entités célestes ou ces entités elles-mêmes. Ici, les Grands Nuages accompagnent, ou sont, Abrasax, Samblo et Gamaliel, soit une triade comme en d'autres endroits du traité [181]. Cependant si ces noms d'anges ou d'éons sont connus d'autres écrits gnostiques, ils n'y sont pas groupés de la même manière. Dans l'EvEgypt [182], présentés comme les conjoints (ⲥⲩⲛⲍⲩⲅⲟⲥ) et les serviteurs (ⲇⲓⲁⲕⲟⲛⲟⲥ) des quatre Grands Luminaires, ils sont accompagnés en outre de Gabriel, lié au deuxième Luminaire Oroiaël, tandis que Gamaliel l'est au premier Harmozel, Samblo au troisième, Daveithé et Abrasax au quatrième Eléleth. L'attrait de l'ApocAd pour les triades, alors que par ailleurs elle ne mentionne jamais les quatre Luminaires, explique peut-être cette restriction. Dans le Traité anonyme du Codex Bruce [183], et dans Zost [184], Gamaliel est nommé avec Strempsychos et Akramas comme Gardien (ⲫⲩⲗⲁⲝ) qui aide ceux qui ont cru à l'étincelle de lumière. Dans le même passage de Zost [185] Abrasax est jumelé avec Isaël et Audaël et Samblo appelé l'héritier. ProTri unit Gamaliel et Samblo [186] comme Grands Serviteurs des Lumières ; enfin, dans le Manuscrit de Berlin 1608, publié par A. Harnack et C. Schmidt sous le titre erroné d'Apocalypse de Moïse [187], alors qu'en réalité il s'agit des *Révélations de l'apôtre Barthélemy*, une hymne chantée par l'archange Michel en l'honneur d'Adam énumère une cohorte d'anges, parmi lesquels Abrasax avec sa cithare. Abrasax, ou Abraxas est d'ailleurs le seul de nos trois noms

[179] 102, 1-3. Trad. F. MARTIN, Paris, 1975, p. 269.
[180] Cf. plus haut p. 82.
[181] Cf. plus haut p. 75.
[182] III 52,19-53,9 ; IV 64,15-65,2 ; de même III 64,24-65,1 ; IV 76,17-19.
[183] Ch. 8 éd. MacDermot, *NHS*, 13, p. 239.
[184] 42,7.
[185] 47,13 et 24.
[186] 48,27-29.
[187] A. HARNACK und C. SCHMIDT, «Ein koptisches Fragment einer Moses-Adam Apokalypse», *Sitzungsberichte der preussischen Akademie der Wissenschaften zu Berlin*, Berlin, 1891, p. 1045-1049.

qu'on découvre dans les papyrus magiques édités par A. M. Kropp, lequel lui attribue une abondante littérature — et non seulement dans les milieux gnostiques — en tant que l'une des figures du Très-Haut [188]. Les exemples édités par Kropp le rangent cependant le plus souvent dans des listes d'anges ou d'êtres célestes, aux côtés des Sabaoth, Michel, Gabriel, Ouriel, Raphael etc. [189].

Comme à la fin de la première période (69,19-25), ces entités du monde de Lumière «emmènent» (ⲉⲩⲛⲁⲭⲓ-ⲛ̄ⲥⲉⲭⲓⲧⲟⲩ) les élus en un lieu élevé, «au-dessus des éons, des principautés et des puissances» (75,26-27) où ils deviennent «semblables aux Saints Anges», «ne leur étant plus étrangers» (76,4-6). Ceux-là sont donc définitivement sauvés, puisqu'ils sont totalement assimilés à la race des «Allogènes». C'est le salut assuré, dans cette deuxième période, aux séthiens historiques, lesquels se voient introduits dans le quatrième Luminaire, Eléleth, comme les protoséthiens l'avaient été dans le troisième, Daveithé, en 69,22-24.

TROISIÈME ÉTAPE: 76,8-85,1

Troisième passage: «A nouveau encore passera pour la troisième fois le Luminaire de la Gnose...» (76,8-27)

Cette fois, le passage de l'Illuminateur est expressément signalé.

Dans HypArch, l'ange Eléleth annonce à Noréa la manifestation de l'Homme Véritable «au bout de trois générations»: «...'Cette semence ne se manifestera pas maintenant. Cependant, au bout de trois générations, elle se manifestera et elle rejettera loin d'eux le lien de l'erreur des puissances'. Alors je dis: 'Seigneur, dans combien de temps?' Il me dit: 'Lorsque l'Homme véritable manifestera au moyen d'une créature [l'Esprit de la] Vérité que le Père a envoyé'» [190]. Cependant, Eléleth a en vue ici le triomphe définitif qui inaugure la quatrième période, celle du salut. B. Barc fait remarquer [191] que dans la relecture christianisée du système séthien, l'Homme véritable qui devient Sauveur «n'intervient plus au début de la quatrième période, mais pendant la troisième, pour consoler les séthiens encore soumis à la domination des puissances et leur annoncer la venue du Sauveur, venue qui se réalisera au bout de trois générations». C'est dans ce sens qu'il faut comprendre ici le troisième

---

[188] *Koptische Zaubertexte*, III, Bruxelles, 1930, p. 123 §203 et n. 6-7.
[189] I, C39; K7; S106.
[190] HypArch 96,27-35.
[191] HypArch, comment. p. 128.

passage de l'Illuminateur : il inaugure la dernière période qui marque l'approche des temps eschatologiques et va déboucher sur le jugement final et le triomphe définitif assurant l'ère du salut.

L'Apocalyptique juive connaît, elle aussi, un chef idéal, Prophète, Messie ou Fils de l'Homme, instrument de Dieu pour annoncer, préparer et finalement instaurer, le royaume de Dieu à venir, l'âge d'or qui rendra la paix et la justice au petit reste d'Israël. C'est sans doute cela aussi qui légitime l'apparition personnelle de celui que le texte appelle l'«Illuminateur» (ϕωcτηρ) ou le «Luminaire» de la Gnose, tout comme le *Livre d'Hénoch* dit du Fils de l'Homme qu'il sera la «Lumière des Peuples» (48,4) et mieux encore, comme le *Testament de Lévi* qui le compare à l'astre du jour se levant dans le ciel φωτίζων φῶς γνωσέως (18,3), illuminant la lumière de la connaissance.

Il passera dans une «grande Gloire». On pense ici à la δόξα conférée au Fils de l'Homme par la vision de *Daniel* (7,14) ou à celle qui, dans le *Testament de Lévi* (18,6), sort du temple pour le sanctifier. Cependant, le rapprochement ne peut être que littéraire. Il ne s'agit pas ici d'une gloire parousiaque, mais de la Gloire du gnostique, celle que nous avions déjà vue associée à la Connaissance ou même identique à elle (64,9 et 25 ; 74,6 et 23). Celle qui, en tout cas, selon l'EvVer découle de la Connaissance : «Ils connurent, ils furent connus, ils furent glorifiés, ils glorifièrent»[192], parce que le parfait gnostique retrouve dès ici-bas l'unité primordiale de son être et parvient au repos glorieux qui est le couronnement de son expérience profonde[193]. La Gloire de l'Illuminateur est donc celle de la parfaite Connaissance à laquelle il vient gagner d'autres descendants de Cham et de Japheth : «afin qu'elle subsiste pour lui dans des arbres qui portent du fruit»[194]. G. W. Nickelsburg[195] trouve à nouveau ici un parallèle intéressant avec l'*Apocalypse des Semaines* : en effet, la prédiction du patriarche concerne, est-il affirmé au début (93,2), «les enfants de justice, les élus du monde et la *plante d'équité*». Dans la troisième semaine, «un homme sera élu comme *plante de juste jugement* et après cela, il croîtra en *plante de justice* pour l'éternité» (93,5). À la fin de la septième semaine encore, «les justes élus (rejetons) de la *plante de justice* éternelle seront élus pour qu'il leur soit donné au septuple la science de

[192] 19,32-34.

[193] Cf. J.-É. MÉNARD, «Le repos, salut du Gnostique», *Revue des Sciences Religieuses* 51 (1977), p. 71-88.

[194] Je comprends la «descendance de Noé» comme une désignation globale des «fils de Cham et de Japheth», car la lignée de Sem me semble manifestement exclue d'une nouvelle possibilité de salut.

[195] «Some related Traditions», *The Rediscovery*, vol. II, p. 536.

toute la création de Dieu» (93,10). Les rapprochements avec notre texte paraissent si frappants que G. W. Nickelsburg n'hésite pas à tirer la conclusion: «Thus this Apocalypse traces the history of a chosen community, purified through and preserved from judgment, which will come to fruition and final judgment, when they will have full knowledge and will participate in that judgment. In their essential focus and thrust, those two apocalypses are alike» [196]. Cette observation me paraît juste à ceci près que la communauté élue et préservée dans le *Livre d'Hénoch* est précisément celle qui est condamnée par l'ApocAd. Mais il est encore une fois intéressant de constater à quel point l'auteur maîtrise sa connaissance du milieu juif et de sa tradition et avec quelle habileté il parvient à utiliser les sources et les méthodes d'interprétation pour tirer des textes un message totalement inversé par rapport à celui de l'orthodoxie.

Cependant, on s'en doute, l'avènement de l'Illuminateur a été largement exploité par la gnose chrétienne ou christianisée. L'exemple qui présente le plus de rapprochements avec notre texte est celui qu'offre le GrSeth. GrPuis aussi comprend la manifestation «dans l'éon psychique de l'Homme qui connaît la Grande Puissance» comme la venue du Christ [197]. Mais le GrSeth tout entier repose sur cette assimilation, interprétée dans un sens qui ne manque pas d'intérêt pour nous et qui sera discuté au fil du commentaire [198]. Bien entendu, le GrSeth est postérieur à l'ApocAd puisqu'il doit se situer, d'après L. Painchaud [199] entre le début du 3e s. et la fin du 4e. Mais il se présente à nos yeux comme une glose polémique de ce que l'ApocAd se contente d'insinuer et à ce titre, il peut guider notre compréhension.

Il est vrai aussi que le thème de l'envoi en mission du Sauveur est largement répandu dans la littérature gnostique et en particulier à Nag Hammadi. Dans la *Lettre de Pierre à Philippe*, par exemple, on peut trouver une motivation de cette mission très semblable à celle qui est exprimée dans l'ApocAd: «J'ai été envoyé dans le corps pour la semence qui est tombée et je suis descendu dans leur ouvrage de mort» [200]. Alors que l'ApocAd dit (76,15-20): «Et il rachètera leurs âmes du jour de la mort, parce que c'est la création tout entière qui est issue de la terre

---

[196] *Ibid.*, p. 536.

[197] GrPuis 40,29-42,30.

[198] Sur le caractère à la fois chrétien et séthien du GrSeth, cf. L. PAINCHAUD, *Le Deuxième Traité du Grand Seth*, Québec, 1982, Introduction p. 1-21, en particulier p. 21, n. 42.

[199] *Ibid.*, p. 6.

[200] PiPhil, p. 136,16-20; trad. J.-É. MÉNARD p. 21, Québec, 1977, p. 21.

morte»[201]. Énoncé suivi d'une nouvelle monition: «Elles tomberont au pouvoir de la mort; mais ceux qui méditent la Gnose du Dieu éternel dans leur cœur ne périront pas, car ils n'ont pas reçu l'esprit de cette royauté unique, mais c'est de la main d'un Ange éternel qu'ils l'ont reçu …» La dualité entre, d'un côté la royauté unique accordée à Noé par le Pantocrator et son esprit qui engendre la mort pour toute la création, et de l'autre, la Gnose reçue par la main d'un Ange éternel et dont la méditation conduit au Dieu Suprême, est une nouvelle fois rappelée avec insistance comme une sorte d'exhortation à faire le choix qui s'impose.

« Et il fera des signes et des prodiges …» (77,1-4)

L'action thaumaturgique est une des caractéristiques de l'Envoyé des derniers temps. Par le miracle, Dieu manifeste son salut et le reste d'Israël, qui aura survécu dans la fidélité, pourra voir les actions merveilleuses de Dieu[202]. Pour la croyance populaire, c'est précisément à son action miraculeuse qu'on reconnaîtra le Messie, comme on peut le voir dans les Évangiles Synoptiques. Rien d'étonnant donc à ce qu'ici aussi le Phoster accomplisse des signes et des prodiges. Mais dans GrPuis, la même phrase cependant, mot pour mot, est affirmée de l'Imitateur[203], dont l'imposture, loin de conduire les hommes au salut, les précipitera dans l'erreur. C'est la lutte d'influence avec l'Antichrist ou l'ⲀⲚⲦⲓⲘⲉⲓⲘⲟⲚ ⲠⲚⲉⲨⲘⲀ, pour user du terme de l'ApocrJn[204], lequel attire à lui pour égarer. Ici, les «signes et prodiges» sont destinés à «porter un coup aux puissances et à leur archonte». C'est ce qui explique le trouble de ce dernier, attaqué sur son propre terrain.

« Alors le dieu des puissances sera troublé …» (77,4-15)

Comme lors des deux premiers passages[205], l'apparition d'un Envoyé céleste suscite le trouble et l'interrogation du monde archontique[206]: «Quelle est la puissance de cet homme qui nous est supérieur?». On se souvient qu'Adam a pris soin d'expliquer à Seth, au début de la révélation, que dans leur situation première, Ève et lui étaient «supé-

---

[201] Je fais de cette construction une «phrase coupée» («cleft sentence»), comme il a été expliqué plus haut p. 89 n. 159.
[202] Cf. *Quatrième Esdras* 7,26,30 et 13,50 ainsi que *Apoc. syriaque de Baruch*, 29,6 et 51,7.
[203] 40,29.
[204] BG 64,14-17; III 34,16-18; II 26,20-22.
[205] Cf. plus haut p. 76 et 86.
[206] Voir le même trouble dans l'Ecr sT 155,25-28; GrSeth 51,25-30 et la même interrogation en GrPuis 42,4-5.

rieurs au dieu qui les avait créés» (64,16-17). Cette supériorité avait provoqué la première colère du démiurge et leur réduction à la condition mortelle. La même colère éclate donc à nouveau ici et de même que la Gloire et la Gnose première abandonnèrent Adam et Ève et s'écartèrent d'eux pour entrer dans d'autres Grands Éons (64,24-30), de même ici, «la Gloire se retirera et elle demeurera dans des maisons saintes, celles qu'elle s'est choisies». Il faut donc comprendre que le monde soumis à l'archonte demeurant définitivement imperméable au salut et à la vraie Connaissance offerts par l'Envoyé, celui-ci se retire dans des «maisons saintes et choisies» c.-à-d. parmi les élus qui ont accepté le message de la Gnose. Comme il a été montré plus haut, ces «lieux» ou ces «maisons saintes» sont manifestement le cœur des élus de la Gnose. L'interprétation paraît d'autant plus certaine que, dans la suite, le texte précise: «Les puissances ne verront pas (la Gloire) de leurs yeux et elles ne verront pas non plus le Luminaire» (77,13-15), ce qui signifie clairement que le monde hylique restant sur le registre de la chair (voir avec les yeux) est résolument incapable de discerner ce qui, dans les élus, émane de la sphère lumineuse, de l'Esprit et de la pure Connaissance.

«Alors sera châtiée la chair de cet Homme...» (77,16-18)

La colère archontique ne peut donc atteindre que ce qui reste à sa portée: la chair de l'Envoyé. C'est ici un des passages du texte qui paraît postuler le plus ouvertement une origine de l'écrit contemporaine de l'éclosion, — ou de peu postérieure à la première diffusion — du christianisme. Le style, particulièrement dans ce passage, reste celui que P. Volz relève comme symptomatique de la rédaction des apocalypses [207], usant volontiers de tournures au passif, plus énigmatiques, et qui laissent l'auteur immédiat de l'action dans l'ombre: «Alors sera châtiée la chair de cet Homme sur qui l'Esprit Saint est venu». Le fonds, par contre, trahit une polémique voilée contre la présentation chrétienne d'une passion corporelle réelle de l'Envoyé: s'il a souffert, il n'a pu souffrir que dans sa chair seule, accessible aux archontes parce que terrestre. L'Esprit qui l'habite leur échappe radicalement puisqu'ils ne sont même pas capables de le voir. Le GrSeth va expliciter plus tard ce qu'on peut comprendre déjà entre les lignes: «J'ai cherché une maison corporelle, j'ai expulsé celui qui l'habitait d'abord et moi, je suis entré. Et la multitude entière des archontes fut troublée... C'est moi qui étais

[207] *Die Eschatologie der jüdischen Gemeinde*, Hildesheim, 1966, Nachdruck der Ausgabe 1934, p. 188.

dans (l'apparence de l'image) et je ne ressemblais pas à celui qui y était
d'abord. En effet, celui-là était un homme de ce monde. Quant à moi qui
suis d'au-dessus des cieux, je n'ai certes pas refusé d'être même le Christ
pour eux, mais je ne me suis pas manifesté à eux dans l'Amour qui
émanait de moi. Je laissais paraître que j'étais étranger aux régions
inférieures» [208]. D'où le trouble et la colère du dieu des puissances qui se
rend compte, tout comme dans les deux premières périodes, devant Noé
et devant les douze royaumes (71,17-20 et 74,3-16), de la nature insolite
des Envoyés de la race de Seth, mais sans être capable d'en atteindre
autre chose que l'apparence et d'avoir aucune emprise sur eux.

Cependant, c'est dans la troisième période seulement qu'il est parlé
explicitement d'un châtiment frappant l'Envoyé séthien dans sa chair. Or
il faut remarquer ici qu'avant l'ère chrétienne, l'apocalyptique juive
n'avait jamais tenté d'associer la figure du Messie ou du Fils de l'Homme
avec celle du Serviteur souffrant. Jésus est le premier à oser enseigner à
ses disciples — d'ailleurs scandalisés — «que le Fils de l'Homme (c.-à-d.
l'Envoyé céleste, le restaurateur de la Gloire d'Israël) devrait beaucoup
souffrir, être rejeté par les anciens, les grands-prêtres et les scribes et être
mis à mort» (Mc, 8,31). Comme le dit H. H. Rowley [209] : «There is no
serious evidence of the bringing together of the concepts of the Suffering
Servant and the Davidic Messiah before the Christian era». Même le
Livre d'Hénoch dont nous avons vu qu'il peut présenter nombre de
similitudes avec notre texte, ne se permet jamais cette association : le Fils
de l'Homme des Paraboles d'Hénoch n'assume pas de souffrance
rédemptrice comme le Serviteur du Deutéro-Isaïe ; il juge, il punit les
mauvais et délivre les justes, mais n'est pas atteint par ses ennemis.

Le châtiment de l'Envoyé dans sa chair ne peut donc être, à nos yeux,
qu'inspiré par l'événement chrétien, sans que pour autant l'auteur soit
lui-même un chrétien — du moins un chrétien de la Grande Église
d'alors. Il se tient certainement aussi éloigné de l'orthodoxie chrétienne
que de l'orthodoxie juive. S'il y a allusion à la passion du Christ, celle-ci
n'est envisagée que sous l'angle d'un docétisme tel qu'il s'explicite dans le
GrSeth : «Ils m'ont châtié ces gens-là et je suis mort, non pas en réalité,
mais en celui qui est manifesté ... Car cette mort qui est mienne et qu'ils
pensent être arrivée s'est produite pour eux dans leur erreur et leur

---

[208] 51,21-52,9. Trad. L. PAINCHAUD, p. 29-31.
[209] *The Servant of Lord*, 1952, p. 85, cité par D. S. RUSSEL, *The Method and Message of Jewish Apocalyptic 200 BC-AD 100*, London, 1971, p. 335. Voir, pour une argumentation plus développée sur le sujet, tout le chapitre : «Messiah, Son of Man and Suffering Servant» de l'ouvrage de RUSSELL, p. 334-340.

aveuglement: ils ont cloué leur homme pour leur propre mort. Leurs pensées, en effet, ne me virent pas, car ils étaient sourds et aveugles, mais en faisant cela, ils se condamnaient... Quant à moi, je me réjouissais dans les hauteurs, au-dessus de tout l'empire des archontes et de la semence de leur erreur (et) de leur vaine gloire et je me moquais de leur ignorance» [210].

C'est pourquoi l'étude, par ailleurs pertinente, de P. Perkins [211] replaçant la troisième période de l'ApocAd dans le cadre d'une scène d'exaltation et de jugement telle qu'elle a pu être cernée par G. W. Nickelsburg [212] dans les traditions intertestamentaires sur la résurrection, la vie éternelle et l'immortalité, nous paraît devoir être rectifiée, du moins précisée, sur ce point:

ou bien le Phoster est assimilé au Fils de l'Homme, ou au Messie, des scènes de jugement et de triomphe eschatologiques des Apocalypses juives et alors, selon la logique de ces mêmes apocalypses, il ne peut être en même temps le Serviteur souffrant, comme on l'a vu plus haut. Tout au plus peut-il subir les assauts du combat qui le mènera au triomphe, mais en aucun cas être la proie et la victime de ses ennemis;

ou bien il est la figure personnifiée du juste anonyme persécuté, tel que le présente par exemple Sag 2,12-20 citée par P. Perkins, mais alors il n'est pas en même temps, comme dans notre texte, l'Illuminateur envoyé par le monde supérieur pour accomplir le jugement final;

ou bien, enfin — et c'est cette alternative qui me paraît la seule possible — il est bien l'Envoyé du monde de la Lumière, la figure centrale de cette dernière période, celui sur qui les royaumes vont s'interroger et qui finira par être reconnu et par juger les bons et les mauvais, mais il est aussi, et en même temps, comme le Fils de l'Homme dans l'Évangile des chrétiens, celui qui va d'abord affronter la persécution et la passion corporelle. Cependant, à la différence de ce qu'enseigne la foi chrétienne orthodoxe sur ce point, souffrance et persécution ne l'atteignent que dans sa chair, c.-à-d. dans l'élément terrestre dont il s'est revêtu et qui seul est accessible aux puissances de ce monde; les élus de la Gnose par contre, eux, sont à même de le reconnaître au-delà de ce voile charnel.

S'il demeure donc évident que notre auteur utilise toute la technique et le cadre de l'apocalyptique juive pour s'exprimer, il est tout aussi évident que son message, lui, est repensé dans les perspectives de la gnose et

[210] GrSeth 55,16-19; 55,30-56,4; 56,14-19. Trad. L. PAINCHAUD, p. 39-41.

[211] Apocalypse of Adam, p. 389-391.

[212] Resurrection, Immortality and Eternal Life in intertestamental Judaism, (Harvard Theological Studies, 26), Cambridge, 1972.

d'une gnose dont l'ensemble de l'écrit lui-même nous amène à estimer qu'elle connaissait les données de la révélation chrétienne.

« Alors les anges et toutes les générations des puissances utiliseront ce Nom dans l'erreur ...» (77,18-27)

Après s'en être pris à la chair de l'Illuminateur par la persécution, les puissances tentent d'usurper son Nom, ou de «l'utiliser dans l'erreur» pour tromper les hommes. Tout comme à l'origine le démiurge se proclame Dieu sans égal: «Je suis Dieu, il n'y en a pas d'autre en dehors de moi» [213], il tente ici de capter à son profit l'identité même de l'Illuminateur.

L'usurpation du Nom par les puissances inférieures est un thème exposé par l'EvPhil [214]: «Les archontes voulurent tromper l'homme ... Ils prirent le nom de ce qui est bon, ils le donnèrent à ce qui n'est pas bon afin que, grâce aux noms, ils puissent le tromper ...» Le GrSeth, lui aussi, raconte que «(les archontes) ont usurpé le Nom (de la Grandeur) pour l'appliquer à une souillure et à une ignorance» [215] c.-à-d. à leur créature.

Dans notre traité, la fourberie de l'archonte consiste d'abord à poser une interrogation pleine de duplicité puisqu'elle feint de déceler le mensonge dans la révélation du Phoster qui lui demeure cachée: «D'où est venu cela et d'où sont issues ces paroles de mensonge, celles que toutes les puissances n'ont pas découvertes?»

On sait par l'HypArch [216] que l'œuvre de l'Envoyé qui se manifestera au bout de trois générations sera de rejeter loin des élus «le lien de l'erreur des puissances». L'Ecr sT de son côté enseigne que la division dans ce monde fut aussi cause de son errance [217] et que les hommes asservis aux démons sont dans l'ignorance, le sommeil et l'erreur jusqu'à la venue de l'Homme véritable [218].

Chacun des royaumes terrestres, soumis au démiurge, va donc se réclamer dans l'erreur d'un faux Illuminateur et proférer sur lui une opinion qui ne pourra être qu'un simulacre de vérité. C'est sans doute là le sens qu'il faut donner aux treize strophes qui vont suivre.

---

[213] HypArch 86,30; GrSeth 53,30.

[214] Log. 13, 56,18-25.

[215] 53,5-8. Cf. comment. L. PAINCHAUD, p. 93, n. 45.

[216] 96,29-31.

[217] C'est d'ailleurs la condition d'Adam lui-même après la division imposée par l'archonte créateur au début de notre traité (64,20-25).

[218] Ecr sT 171,15-24.

« En effet, le premier royaume dit à son sujet » (77,28-82,19)

Faut-il voir sous chacun de ces énoncés la description symbolique des différents mythes ou croyances dont l'auteur pouvait avoir eu connaissance à son époque?

Si certains traits permettent des rapprochements intéressants (par exemple, entre autres, le héros né du rocher qui peut faire penser aux légendes du culte mithraïque), il demeure difficile de décrypter de façon satisfaisante chacune des figures utilisées. Beaucoup de choses ont été écrites à ce sujet depuis la première analyse, toujours valable en bien des points, de A. Böhlig dans l'édition princeps [219], en passant par celle de R. Kasser [220] qui pense que «cette sorte d'hymne sémitique ou iranien» a été retouché et inséré tardivement dans la «Révélation d'Adam à Seth primitive», jusqu'aux parallèles recherchés plus récemment par J. M. Robinson entre la structure des treize strophes et celle de certaines péricopes du Nouveau Testament (Apocalypse de Jean, Ev. de Marc) ou de l'*Évangile des Hébreux* [221], en signalant encore au passage les rapprochements suggérés par J. T. Sanders avec les hymnes christologiques du Nouveau Testament ou les *Odes de Salomon* [222].

Pour notre part nous ne nous attarderons pas à ces études thématiques ou à ces parentés littéraires, pour intéressantes qu'elles soient. Notre but est davantage de saisir le sens du texte en lui-même, sous une symbolique dont il faut bien avouer que la signification de détail nous échappe en partie. Dans cette perspective, l'investigation d'écrits gnostiques de même famille paraît être plus susceptible que d'autres de fournir des éléments valables de compréhension.

C'est ainsi que le GrSeth [223] nous offre une série d'énoncés, groupés en 6 strophes, plus une septième, condamnant la prétention des personnages de l'Ancien Testament et la fausse opinion qu'ils ont donnée d'eux-mêmes au peuple des croyants. Le propos ressemble fort à celui des 12 strophes, plus une treizième, de l'ApocAd, mais alors que, dans cette dernière, c'est le monde de l'ignorance qui parle, tenant des discours qui ont l'apparence de la vérité, dans le GrSeth, c'est la Grandeur, Seth

---

[219] *Koptisch-gnostische Apokalypsen*, p. 91-93.

[220] «Bibliothèque gnostique V, Apocalypse d'Adam», *Revue de Théologie et de Philosophie* 100 (1967), p. 317-318.

[221] «On the *Gattung* of Mark (and John)», *Jesus and Man's Hope* (175th Anniversary Festival on the Gospels at Pittsburg Theological Seminary), *Perspective* 11 2(1970), p. 99-129.

[222] «Coptic Gnostic Literature from Nag Hammadi», *NTS* 15 (1971), p. 130-132.

[223] 62,27-65,18.

lui-même, qui fustige l'ignorance et le mensonge du monde inférieur. Chaque strophe commence donc par la même exclamation: «Quelle dérision que: Adam – Abraham, Isaac et Jacob – David – Salomon – les Douze Prophètes – Moïse» et finalement, comme en ApocAd, «l'archonte». Or, cette dernière strophe est en quelque sorte la conclusion, l'explication en condensé de tout ce qui fait la dérision des personnages cités. Il vaut la peine de la redonner ici en entier: «Quelle dérision, en effet, que l'Archonte quand il a dit: 'Je suis Dieu et nul n'est plus grand que moi' – 'Moi seul suis le Père et Seigneur et il n'y en a aucun autre en dehors de moi'. – 'Je suis un Dieu jaloux qui reporte les péchés des pères sur leurs fils jusqu'à la troisième et la quatrième génération', comme s'il eût été plus puissant que moi et mes frères! Mais nous, nous sommes innocents face à lui car nous n'avons pas péché. Nous sommes tellement supérieurs à son enseignement qu'il se trouve dans une vaine gloire et n'est pas en accord avec notre Père. Et notre communion a si bien prévalu sur sa doctrine qu'il s'enorgueillit dans une vaine gloire et n'est pas en accord avec notre Père. En effet, c'était là jugement, dérision et fausse prophétie. Aveugles, vous ne voyez pas votre aveuglement! Celui qu'ils ne connaissent pas et qu'ils n'ont jamais connu ni compris, ils ne lui ont pas prêté une oreille attentive... C'est pourquoi ils ont persévéré dans un jugement erroné et ils ont levé leurs mains souillées et meurtrières sur lui comme s'ils battaient l'air»[224]. L'avertissement qui clôt la strophe commente parfaitement ce qui est annoncé dans l'ApocAd à propos de l'Illuminateur (77,16-27): on portera la main sur lui et on proférera à son endroit des jugements erronés.

Au-delà des problèmes posés par l'origine, la date, la facture rédactionnelle de cette litanie offerte par le GrSeth, ce qui peut nous retenir, semble-t-il, valablement en elle, c'est l'insistance qu'elle met à dénoncer la prétention mensongère du monde dominé par l'archonte à détenir la vérité et le salut. Dans chacune des strophes, le personnage est stigmatisé comme une «contrefaçon» (Adam), une «fausse imitation» (les Douze Prophètes), imaginée par l'Hebdomade, c.-à-d. le démiurge et ses puissances, dont il est le jouet (David – Abraham, Isaac et Jacob, ou encore Moïse) et par qui il croit avoir reçu une mission de salut (Salomon). Chacun d'eux aussi est accusé de s'être enorgueilli et estimé, «dans une vaine gloire», «plus puissant» que la Grandeur qui parle.

Or chaque strophe de l'ApocAd affirme la naissance merveilleuse d'un

---

[224] 64,17-65,13.

personnage ou d'un enfant, présente la destinée qui lui donnera de
«recevoir gloire et puissance» et termine en concluant: «et c'est ainsi
qu'il vint sur l'eau». Dans la logique du contexte, ce personnage apparaît
lui aussi comme une contrefaçon trompeuse qui l'amène à se croire
investi de gloire et de puissance. Mais le sort dérisoire qui finalement lui
est réservé va se réduire à n'exercer de pouvoir que sur l'eau, c.-à-d. sur
«les régions inférieures», selon le GrSeth (50,16). C'est sans doute dans
cette conclusion cruelle que se trahit le mieux l'ironie toujours voilée,
mais réelle, qui parcourt tout le traité, comme on a déjà eu l'occasion de
le constater.

Toutes les origines prêtées par les 13 royaumes à l'Illuminateur se
veulent spirituelles. Les quatre premières (c.-à-d. celles des strophes 2, 3
et 4, puisque pour le premier royaume, la lacune du bas de page nous
laisse sur notre faim) sont illustrées par des figures appartenant au
monde de la tradition biblique: le Grand Prophète en 2, la Vierge en 3, la
Vierge et Salomon en 4. Les 4 naissances suivantes, par contre (5, 6, 7, 8),
se situent plutôt dans l'univers mythologique des nations (grec, égyptien,
iranien): la goutte du ciel qui féconde l'abîme de la mer en 5; la femme
anonyme qui engendre des fleurs qu'elle désire en 6; à nouveau la goutte
du ciel, mais qui cette fois fertilise les antres de la terre en 7; enfin la nuée
qui enveloppe le rocher en 8. À partir du neuvième royaume, l'origine de
l'Illuminateur se limite uniquement à la sphère de la divinité, laquelle
engendre à l'intérieur d'elle-même, comme l'enseigne, en effet, le *Corpus
Hermeticum*[225]: «Quand il s'agit de Dieu, l'acte d'engendrer n'est point
pareil: Dieu assurément n'éprouve pas de plaisir sensible; et il n'a aucun
coopérateur. En effet, comme il opère à lui tout seul, il est toujours
immanent dans son œuvre, étant lui-même ce qu'il produit». Dieu est
doué des deux sexes, il est ἀρρενόθηλυς[226]. Ainsi dans notre texte: la
muse du neuvième royaume et le dieu du dixième enfantent de leur
propre désir; le père, en 11, de sa propre fille; en 12, les deux luminaires
qui sont le soleil et la lune représentent la dualité mâle-femelle, ou le frère
et la sœur; quant au treizième royaume, il apparaît comme le point
culminant de l'énumération, puisqu'il ne donne pas moins que l'archonte
lui-même comme père à l'Illuminateur.

Aussitôt mis au monde, l'enfant est emmené, presque dans chaque
strophe, en un lieu privilégié, isolé ou élevé, qui est généralement celui
des révélations divines ou des théophanies: en effet, ou bien le texte

---

[225] XI,14. Trad. A. J. FESTUGIÈRE, Paris, 1978, p. 152.
[226] Cf. sur ce sujet l'excellent article de J. P. MAHÉ, «Le sens des symboles sexuels dans
quelques textes hermétiques et gnostiques», *NHS*, 7, Leiden, 1975, p. 123-145.

l'appelle simplement «ce lieu-là», ou bien le plus souvent il le désigne explicitement : une haute montagne, une nuée, les hauteurs, le ciel ou enfin le désert.

Ce lieu est évidemment aussi celui où l'enfant «est nourri», c.-à-d. instruit de la révélation et cette nourriture lui est donnée, pour nombre de royaumes, par un intermédiaire qui fait souvent figure de médiateur des révélations divines : l'ange ou la nuée, l'esprit, la mère et même l'oiseau, messager céleste lui aussi.

C'est cette nourriture divine qui donne à l'élu de «recevoir gloire et puissance», c.-à-d. connaissance et pouvoir de domination et c'est ainsi qu'il «vient sur l'eau», qu'il établit donc son règne sur les régions inférieures.

Telle est, semble-t-il, l'interprétation globale que l'on peut donner à cet énigmatique poème, dont les 13 strophes ne servent qu'à mettre en valeur la quatorzième, laquelle n'est plus celle d'un royaume, mais de «la génération sans roi», comme on le verra plus bas.

Pourquoi 13 royaumes, alors que jusqu'ici il n'était question que des douze issus de Cham et de Japheth? Parce que, sans doute, les douze appartenaient à la deuxième période, qu'un treizième s'est formé au cours de la troisième et que, vraisemblablement, alors que les douze premiers étaient encore sous la mouvance de la Loi, le treizième s'en est affranchi, sans pour autant avoir trouvé le chemin de la vraie connaissance. C'est le royaume dont l'archonte lui-même est le père, et le fils le Logos, c.-à-d. peut-être, le royaume de la nouvelle Loi : le Christianisme. Dans le GrSeth aussi, la septième et dernière strophe concerne l'archonte et sa prétention à s'ériger en Père et Seigneur «reportant les péchés des pères sur les fils jusqu'à la troisième et quatrième génération» c.-à-d., d'après notre schéma, jusqu'à l'époque où apparaît le véritable Illuminateur de la Gnose. Quoiqu'il en ait, l'archonte ne fait donc que reproduire dans une nouvelle génération les erreurs commises dans l'ancienne [227].

Pour le *premier royaume*, en l'absence d'une origine précise (en raison de la lacune du texte), il faut se contenter de remarquer que le lieu de révélation est le ciel, par l'intermédiaire peut-être «d'un esprit» (78,1), que l'Illuminateur est venu «sur le sein de sa mère», ce qui peut signifier tout simplement sur la terre, à moins qu'il n'y ait là une allusion voilée à la naissance du Christ, comme par exemple dans le Ps-Matthieu (18).

Le *deuxième royaume* qui met en scène le grand prophète et l'oiseau

---

[227] Cf. comment. L. PAINCHAUD, p. 133-134.

nourricier fait penser à l'histoire d'Élie[228], au corbeau dans le désert et à l'exhortation de l'ange: «Lève-toi et marche» jusqu'à la théophanie de l'Horeb.

La vierge du *troisième royaume*, rejetée avec son enfant hors de la ville, et emmenée au désert, présente plus d'analogies, apparemment, avec des thèmes du Nouveau que de l'Ancien Testament: rejet hors de la ville, fuite de l'enfant et sa mère au désert, sans qu'il soit cependant aisé de préciser davantage, sauf à voir des rapprochements éventuels avec le Protévangile de Jacques, par exemple, ou encore avec le Pseudo-Matthieu[229].

Comme dans le GrSeth, la strophe du *quatrième royaume* est consacrée au personnage de Salomon. Ici il est à la recherche d'une vierge, avec l'aide de Pharsalo, Saüël et de ses armées. De Pharsalo il est impossible de rien affirmer sinon, éventuellement, qu'Euripide donne le nom de Φάρσαλος à Achille[230] lequel ne serait pas déplacé dans ce contexte comme chef de guerre! Par ailleurs ϲⲁⲩⲏⲗ est rapproché par A. Böhlig et F. Wisse[231] de ïϲⲁⲟⲩⲏⲗ qu'on trouve dans l'EvEgypt[232] au milieu d'une liste de grandes entités du Plérôme, mais que ces deux auteurs feraient dériver de Ἰεζαβελ, nom de la reine, femme d'Achab! Peut-être! Mais à ce niveau, je préférerais alors retenir ϲⲁⲏⲗ, ange ou démon, qui figure dans des invocations magiques citées par A. M. Kropp[233]. Car la strophe qualifie l'armée de Salomon d'«armée de démons». Le thème n'est d'ailleurs pas insolite: d'autres traités de Nag Hammadi l'utilisent[234] et l'alliance de Salomon avec les démons, pris en bonne ou en mauvaise part, est connue du Talmud, du *Testament de Salomon*, de Josèphe[235] et de toute une littérature tardive dont en copte par exemple — et pour se borner au domaine qui nous intéresse — on possède deux témoignages au moins: les restes d'un conte sur Salomon et son anneau magique en forme de poème acrostiche, publiés par A. Erman[236]; et les fragments d'un parchemin palimpseste rapportant une légende sur la

---

[228] I Rois 17,4-6 et 19,5-8.

[229] ProtevJac 16,2; 19; 22; Ps.Matt 19.

[230] *Iphigenie à Aulis* 812.

[231] *Nag Hammadi Codices II,2 and IV,2. The Gospel of the Egyptians* (NHS, 4), Leiden, 1975, p. 194-195.

[232] III 64,14; IV 76,1.

[233] *Koptische Zaubertexte*, I, R 19,10, p. 75.

[234] TemVer 70,1-25; Ecr sT 155,1-3.

[235] *Ant.* VIII,45-49.

[236] «Bruchstücke Koptischer Volksliteratur II, Ein Märchen von Salomo», *Philos. und Histor. Abhandlungen der königlichen Akademie der Wissenschaften zu Berlin* aus dem Jahre 1897, p. 23-26.

construction du temple de Jérusalem par Salomon aidé des anges et des démons à la fois[237]. L'origine de cette légende remonterait au passage énigmatique du Qohélet (2,8) que le Talmud de Babylone interprète en affirmant que Salomon s'est procuré l'aide des démons pour achever la construction du temple[238] et que même ceux-ci n'ont pu y parvenir sans le secours de leur prince Asmodée. S. Giversen[239] voit dans ce dernier trait l'explication de la phrase sibylline de notre strophe: «Salomon envoya son armée de démons à la poursuite de la vierge et ils ne trouvèrent pas celle qu'ils cherchaient. Mais la vierge qui leur fut donnée, c'est elle qu'ils ont emmenée». Les démons eux-mêmes sont incapables de donner à Salomon ce qu'il cherche parce que la figure du Sauveur qu'il représente est imparfaite. On peut cependant voir ici avec autant de vraisemblance une allusion à l'épisode rapporté par l'Ecr sT[240] et l'HypArch[241] où l'Ève spirituelle, désirée par les archontes, se moque d'eux en se cachant dans l'arbre de la connaissance et ne leur laisse à saisir que sa ressemblance en qui «ils jetèrent leur semence». Or cette semence réapparaît ici, puisqu'il est affirmé claire-ment que d'elle le Sauveur «reçut gloire et puissance». Ceci revient à expliquer tout aussi clairement que l'origine de ce Sauveur n'est que charnelle et trompeuse.

Avec *le cinquième royaume*, on quitte le champ des réminiscences bibliques pour entrer dans celui des représentations mythologiques. L'image de la goutte qui occupe les *cinquième* et *septième strophes* est évidemment celle de l'influence céleste s'exerçant sur le monde d'en bas. Pour le cinquième royaume, la goutte du ciel féconde l'abîme de la mer, pour le septième, elle ensemence les antres de la terre. Dans la trilogie d'Eschyle sur l'histoire des Danaïdes (et dont seule la première pièce, les *Suppliantes* est parvenue jusqu'à nous) la déesse Aphrodite, sans doute, devait prononcer les vers superbes que nous a conservés l'écrivain Athénée[242]:

> Le Ciel sacré désire pénétrer la Terre,
> le désir prend la Terre; de cette union
> la pluie tombant alors du ciel nuptial

---

[237] W. E. CRUM, *Catalogue of the Coptic Manuscripts in the Collection of the John Rylands Library*, Manchester, 1909, n° 85, p. 41-42.

[238] Cf. là-dessus S. GIVERSEN, Solomon und die Dämonen, *NHS*, 3, Leiden, 1972, p. 16-21.

[239] *Ibid.*, p. 20.

[240] 164,27-165,4.

[241] 89,19-31.

[242] XIII,73.

féconde la Terre — et celle-ci enfante pour les hommes
la pâture du bétail et la vie que nourrit Déméter,
par cette union, l'arbre épanoui de sève
vient à terme, et tout cela par mon secours [243].

Dans le drame d'*Amymone* (œuvre d'Eschyle également perdue et qui devait suivre la trilogie), la Danaïde de ce nom, poursuivie par des satyres est délivrée par Poseidon auquel elle se donne et le dieu sauve ainsi le pays de la sécheresse. La mer et la terre, comme dans nos deux strophes, sont donc associées dans la même légende qui fit plus tard des Danaïdes des déesses hydrophores. Or il n'est pas sans intérêt de souligner que les Danaïdes descendaient, par leur trisaïeul Épaphos, de la déesse Io, laquelle s'était réfugiée en Égypte où elle fut identifiée à Isis, tandis que son fils Épaphos devenait le dieu-taureau Apis; pas inutile non plus de remarquer que le fameux supplice des Danaïdes (porter de l'eau dans un crible, selon Platon, Rep., 263 d), bien postérieur à Eschyle, est dû sans doute à des sectes orphiques pour qui il représentait le châtiment infernal des non-initiés, condamnés, pour avoir mené une vie vaine, à une tâche éternellement vaine. Or, des découvertes archéologiques en Égypte sont venues confirmer que cette légende était perpétuée dans un rite: des rangées de jarres, dont le fond était coupé et enfoncé dans la terre, permettaient, par une opération magique, de provoquer la pluie en versant sur ces vases percés de l'eau qui inondait la terre [244].

Nul doute donc qu'on ne puisse voir sous cette image du Sauveur né d'une goutte céleste fécondant la terre et la mer une allusion à ce patrimoine légendaire des milieux hellénisés [245]. Dans les deux strophes, l'enfant ainsi engendré est élevé jusqu'au ciel ou «dans les hauteurs d'où la goutte est issue» (septième strophe), c.-à-d. qu'il est considéré à l'égal d'un dieu.

La *Sagesse de Jésus-Christ*, parmi les écrits gnostiques [246], exploite elle aussi le thème de la goutte. Il s'agit chez elle d'une goutte de lumière envoyée par l'Esprit dans le chaos pour y être protégée par lui, l'Esprit. Refroidie et assoupie dans la torpeur de l'âme, elle est «réchauffée au souffle de la Grande Lumière du Mâle (120,1-6). Le thème est donc différent puisqu'il n'est pas question ici de fécondation, ni d'engendrement par la goutte. Par contre, l'Ecr sT [247] décrit la naissance de

---

[243] Trad. J. GROSJEAN, *Les tragiques grecs, Eschyle et Sophocle*, Paris, 1967, p. 117.

[244] Cf. R. DREYFUS, Introduction aux *Suppliantes* d'Eschyle, *ibid.*, p. 118.

[245] Il convient cependant de signaler que pour l'Apocalyptique juive, le Messie peut aussi arriver «montant de la mer», par ex. dans le *4ᵉ Esdras*, 13,25-51.

[246] SJC, BG 103,10-104,7 et 119,2-120,13.

[247] 161,22-32.

l'androgyne comme l'émission, par Sophia, d'une goutte de lumière qui se répandit sur l'eau et provoqua la manifestation de l'androgyne. Cependant il n'y a pas là non plus à proprement parler de fécondation par la goutte puisque celle-ci se répand simplement sur l'eau et se modèle en Hermaphrodite.

Dans la *sixième strophe*, une femme anonyme est enceinte «à cause du désir des fleurs» et l'enfant qu'elle met au monde est nourri par les anges de «l'anthéon», c.-à-d. du jardin. On peut penser ici à l'image traditionnelle des mythologies du proche et de l'extrême Orient, qui a d'ailleurs son origine en Égypte, du dieu sortant de la fleur de lotus ou trônant sur elle. Le lotus éclôt en effet à la surface des eaux comme une émanation de l'indétermination originelle, renfermant en son bouton fermé, équivalent de l'œuf contenant le monde, toute vie et toute créature. S. Morenz situe l'origine de cette conception à Héracléopolis en Égypte, dont le dieu Harsaphès, «Celui qui est sur l'étang», est en fait le Lotus primordial, source de toute vie [248].

Cependant, la mythologie grecque possède une légende qui se rapprocherait davantage encore de notre strophe [249] : la déesse Flore règne sur un jardin merveilleux, «car toute chose en sa fleur lui appartient». C'est dans ce jardin que Junon va découvrir une semence qui lui permettra d'enfanter sans aucun contact avec un autre corps : «De la fleur d'Olène va naître Arès le dieu de la guerre». Cet enfantement «virginal» par le parfum d'une fleur semble bien être ce qui est insinué par notre texte puisqu'il ne mentionne en fait d'intermédiaire que «le désir des fleurs».

Il faut encore relever que l'EvVer parle de «l'odeur du Père» [250], c.-à-d. son esprit, qui peut «se mêler à la matière» et devenir ainsi productrice de vie divine.

Le *septième royaume*, comme nous l'avons vu tout à l'heure [251] est un répondant du cinquième.

Dans la *huitième strophe*, les critiques ont décelé avec raison une allusion au mythe concernant la naissance du dieu Mithra. Le petit relief, retrouvé dans le mithraeum de Trèves, montre le dieu surgissant d'un rocher dans le cercle du zodiaque : «D'une main il serre la sphère du monde en tant que cosmocrator, ou responsable du cosmos, tandis que de l'autre il soutient l'orbe des constellations, comme si le dieu

---

[248] S. Morenz-J. Schubert, *Der Gott auf der Blume*, Ascona, 1954.
[249] Cf. Y. Bonnefoy, *Dictionnaire des Mythologies*, vol. II, p. 68 b.
[250] EvVer 34,3-9 et comment. J.-É. Ménard, *NHS*, 2, p. 159.
[251] p. 108-110.

mettait le monde en marche ('*volventem sidera*', comme l'écrit le poète Claudien)» [252]. Cette alliance du ciel et de la terre sous la domination du dieu est peut-être figurée dans notre strophe par la nuée entourant le rocher, par la précision aussi donnée sur les anges qui nourrissent le Sauveur, «les anges qui sont sur la nuée»?

À partir de la *neuvième strophe*, l'origine du Phoster se situe résolument dans le monde de la divinité: or le dieu, nous l'avons vu plus haut [253] est ἀρρενόθηλυς il possède les deux sexes et donc se reproduit à l'intérieur de lui-même.

Pour les *neuvième* et *dixième royaumes*, la muse, ou le dieu, enfante de leur propre désir: la muse se sépare de ses compagnes, s'isole et se désire elle-même «afin de devenir androgyne» c.-à-d. comme Dieu. Les Muses, au début, étaient trois sœurs dont les noms représentaient les trois modalités de l'activité poétique: Mélétè, la concentration, Mnémè, la mémoire, Aoidè le poème achevé, produit des deux premières fonctions. Le culte des Muses, renouvelé par les disciples de Pythagore, se fonde sur «une remémoration où l'âme, principe divin en l'individu, reparcourant le cycle complet de ses existences antérieures, parvient à s'évader de la roue des naissances, à échapper au flux du devenir et à accéder à l'existence immuable des dieux» [254].

Quant au dieu «qui aime un nuage de désir», il «enfante dans sa main». Or, à Héliopolis, le dieu Atoum procrée, en se masturbant, le premier couple divin dont va naître le cosmos. Le «nuage de désir» représente certainement la pulsion érotique qui l'amène à cet engendrement; quant à la main d'Atoum, elle provoque l'éjaculation créatrice, et se trouve souvent, dans la mythologie égyptienne, hypostasiée elle-même, sous le nom de Iousaās [255].

Dans la neuvième strophe, les anges qui nourrissent l'enfant sont des anges «préposés au désir» et dans la dixième, la goutte dont l'enfant est engendré est jetée «sur le nuage, à côté du dieu», sans doute donc sur le nuage de désir. Il semble que dans ces deux strophes, comme d'ailleurs dans les deux suivantes, l'accent porte moins sur ce qui nous paraît

---

[252] Cf. R. A. TURCAN, *Mithra et le Mithriacisme*, Paris, 1981, p. 57.

[253] Cf. p. 105.

[254] J. CARLIER, art. «Muses et Mnémosunè», *Dict. des Mythologies*, II, p. 137 b. Cf. également dans l'Ecr sT 99,3-6, comment l'ombre, s'apercevant qu'existait celui qui était plus fort qu'elle, fut jalouse et s'engrossant elle-même, enfanta la jalousie.

[255] Sur le dieu Atoum à Héliopolis, cf. W. HELCK und G. OTTO, *Lexikon der Aegyptologie*, Wiesbaden, 1975, col. 550-552; K. MYSLIWIEC, *Studien zum Gott Atum*, Hildesheim, 1979, Bd. II, p. 175-182.

anomalie dans le processus d'engendrement (masturbation, inceste, endogamie), que sur le *désir* qui, à l'intérieur même de l'être divin, lui permet d'être créateur, comme le dit CH V,9: «Son essence (à Dieu) est d'enfanter et de produire toutes choses»[256].

Pour le *onzième royaume*, la fille enfante de son propre père et pour *le douzième*, ce sont, cette fois, les deux luminaires, la lune et le soleil, symboles de la dualité mâle-femelle qui engendrent l'Illuminateur, dans une relation, elle aussi endogamique, puisqu'ils sont considérés la plupart du temps comme frère et sœur (Apollon et Artémis).

Enfin, c'est l'archonte lui-même qui fait le sujet de la *treizième strophe*, comme pour la septième de la litanie du GrSeth[257]. La formule qui le concerne est abstraite et indirecte: «Tout engendrement de leur archonte est un Logos» et son énoncé fait évidemment penser au christianisme. Douze royaumes, issus de Cham et de Japheth (73,25-27) sont restés soumis au démiurge et ont exprimé sur le Sauveur et son origine des opinions variées qui relevaient, nous l'avons vu, soit de traditions juives et bibliques, soit de mythologies païennes, grecques ou orientales, soit enfin, pour les derniers royaumes, de spéculations plus élaborées sur le monde de la divinité en lui-même, sans doute de courants philosophiques et hermétiques de l'époque. Le treizième n'appartient pas à cet ensemble qui s'est formé au cours de la deuxième période; il apparaît soudainement, sans explication, dans la troisième étape, celle des temps eschatologiques, comme les chrétiens ont dû apparaître aux yeux du monde, au tournant du premier siècle. Et il s'exprime dans une formule qui résonne étrangement comme un verset du 4e Évangile: l'engendrement de leur dieu est un Logos et ce Logos a pris là-bas une décision (ou a reçu un ordre, les deux traductions sont possibles) et c'est ainsi qu'il vint dans le monde «afin que soit satisfait le désir des puissances» c.-à-d. afin que tout soit fait selon ce qui avait été voulu par le monde des entités supérieures, au commencement[258].

L'EvEgypt fait état de treize éons au dieu desquels il convient de renoncer au moment de la réconciliation du cosmos et de la grande révélation, treize éons dont les puissances ont été clouées «par Jésus le

---

[256] Trad. A. J. Festugière, p. 63.

[257] 64,17.

[258] Dans *Pistis Sophia*, c.30, ed. MacDermot, *NHS*, 9, p. 44, le treizième éon est le lieu de l'Authadès qui de là commande aux archontes des douze éons qui lui sont soumis. C'est l'émanation de l'Authadès, Sacla-Jaldabaoth, qui sera précipité de son trône dans l'HypArch 95,12-13 à cause de son arrogance. Peut-être les douze royaumes et le treizième sont-ils considérés par le rédacteur de l'ApocAd comme une réplique de cette structure de la société des puissances ténébreuses?

vivant et par celui dont le Grand Seth s'est revêtu» [259]. L'ensemble de ces treize éons désigne lui aussi l'univers de la déficience resté soumis au démiurge. Zostrien, emmené sur un nuage de lumière, déclare quant à lui nettement qu'il fut «arraché à l'ensemble du monde avec ses treize éons et leurs anges» [260].

«Or la génération qui n'a pas de roi au-dessus d'elle dit ...» (82,19-28)

Il est évident que cette quatorzième strophe se présente comme l'antithèse des treize précédentes puisqu'elle ne parle plus de royaume, mais d'une génération (ϲⲉⲛⲉⲁ) sans roi, ou domination, au-dessus d'elle. Nous avons déjà vu plus haut [261] ce que cette expression signifie et qu'elle n'a tout son sens qu'en opposition avec la royauté terrestre héritée de leur maître par les serviteurs du dieu créateur (71,1-4). Par contre, «la multitude entière, là où nulle royauté ne domine, est dite les fils du Père inengendré» [262]. Il s'agit donc bien ici des spirituels, ceux que nulle servitude ne lie à aucun roi, qui jouissent de la liberté de l'Esprit parce qu'ils sont fils de Celui qui est inengendré. Ceux-là ne cherchent plus d'origine à l'Illuminateur, ils savent que c'est Dieu qui «l'a choisi parmi tous les éons», c.-à-d. au sein même du Plérôme divin pour que, par lui, existe la connaissance de la Vérité dans sa pureté. Et c'est Dieu lui-même [263] qui proclame son origine: «Il est issu d'un Air étranger».

Alors que les treize contrefaçons établissent leur royaume sur l'eau, le véritable Illuminateur sort d'un «air étranger»: son origine est toute spirituelle et, comme telle, sans aucune parenté possible avec l'eau du monde inférieur; il est le spirituel et l'allogène par excellence. L'EvEgypt donne les qualificatifs de ⲁⲏⲣ et ⲁⲉⲣⲟⲥⲓⲟⲥ à Osiël et aux 400 anges issus des Grands Éons et chargés de veiller sur la génération incorruptible et sur les Hommes du Grand Seth [264]; de même, il appelle «terre aérienne» (ⲁⲉⲣⲟⲇⲓⲟⲥ) «le lieu d'où prennent leur image les Hommes saints de la Grande Lumière» [265]. Le Codex de Bruce assure aussi que les élus sont établis dans un «lieu d'air pur» [266].

---

[259] III 63,18 et 64,4; IV 75,6 et 75,18.

[260] Zost 4,25-27.

[261] p. 85.

[262] Eug III 75,20-22. Trad. M. TARDIEU, *Codex de Berlin*, p. 177.

[263] La lecture du manuscrit rend un ⲡⲉⲝⲁϥ plus sûr que ⲡⲉⲝⲁⲥ, malgré la lacune à cet endroit.

[264] III 62,4.16; IV 73,29.

[265] III 50,10; IV 62,9 qui a par contre: ⲡ̄ⲕⲁϩ ⲙ̄ⲡⲁⲏⲣ. La même formule se trouve dans Zost 8,8 et 9,3: ⲕⲁϩ ⲛ̄ⲛⲁⲏⲣ et dans DP à propos de la mer: ⲡ̄ⲡⲉⲗⲁⲅⲟⲥ ⲛ̄ⲡⲁⲏⲣ.

[266] *Premier Livre de Jéu*, p. 38, éd. MACDERMOT, *NHS*, 13, p. 82.

« La génération de ces Hommes-là brille ... » (83,1-8)

En raison de la lacune qui précède, il est difficile de savoir si la première phrase de la p. 83 fait encore partie du discours de la génération sans roi ou si elle est un commentaire du rédacteur. De toute manière, elle introduit la scène du combat final : la génération élue, ceux que l'Illuminateur a choisis, brille sur tout l'éon. La même affirmation se retrouve à la fin de l'*Apocalypse des Semaines* de l'Hénoch éthiopien (91,16) : « Et toutes les puissances des cieux brilleront éternellement ». De même, dans la *Vie d'Adam et Ève* (29,9) : « Les justes brilleront comme le soleil ».

Mais alors s'affirme l'opposition de la semence à la puissance, c.-à-d. « à ceux qui recevront son Nom sur l'eau et par la main d'eux tous ». La logique du développement m'amène à cette interprétation, malgré l'ambiguïté de la construction grammaticale. En effet, il s'agit de savoir si « ceux qui recevront son Nom sur l'eau » doivent être considérés comme une apposition à la semence, c.-à-d. aux élus séthiens, ou à la puissance, c.-à-d. aux suppôts du démiurge ; il s'agit de déterminer si le fait de « recevoir son Nom sur l'eau » est envisagé par le rédacteur comme un don du monde de la Lumière, ou comme un nouvel asservissement à la domination de l'archonte.

Recevoir le Nom sur l'eau est sans doute une formule baptismale si l'on s'en rapporte à des écrits comme les *Extraits de Théodote* par exemple [267], et plus près de notre texte, à Zost où le baptême, l'eau et le nom sont maintes fois associés [268]. Cependant, il est vrai aussi que le Nom est revenu à plusieurs reprises dans notre Apocalypse : il s'agissait chaque fois du Nom de Seth, soit donné à des privilégiés « appelés de ce Nom-là » (65,7 et 72,6), soit usurpé par des fraudeurs qui « l'utiliseront dans l'erreur » (77,19). Par ailleurs on a vu que les contrefaçons ne peuvent régner que « sur l'eau », c.-à-d. sur le monde inférieur. « Recevoir son Nom sur l'eau et par la main d'eux tous », dans ce contexte, me semble devoir signifier : se réclamer d'une contrefaçon qui ne peut avoir de royaume que terrestre, s'inféoder à l'un des faux Illuminateurs, par le truchement des treize pouvoirs qui le reconnaissent. C'est pourquoi cette phrase, grammaticalement équivoque, me paraît finalement claire dans la signification que lui donne l'ensemble de l'exposé. Elle est la suite logique donnée à la tentative des puissances en 77,19-22 « d'utiliser le Nom dans l'erreur » pour faire pièce à l'Illuminateur. Certes, on peut trouver dans

---

[267] 76,3-4.
[268] 5,14-20 ; 6,8-10 ; 7,1-19.

cette formule une allusion au baptême, mais il ne peut s'agir alors que d'un baptême inférieur puisqu'il est pratiqué dans l'eau [269]. L'EvEgypt et l'Ecr sT connaissent et admettent ce premier baptême qui, néanmoins, doit être suivi d'un autre, spirituel celui-là [270].

La conséquence en tout cas de ce combat entre les deux camps est immédiate : «Et sur eux viendra un nuage de ténèbres». C'est l'antithèse des manifestations de salut qui ont suivi les déluges d'eau et de feu en 69,21 et 75,18 : alors c'étaient les nuées de lumière qui descendaient pour sauver les élus ; maintenant c'est la nuée de ténèbres qui vient confondre les fidèles du démiurge et de ses puissances.

« Alors les peuples crieront ... » (83,9-84,3)

L'aveu des pécheurs reconnaissant leurs fautes s'intègre dans le schéma traditionnel du jugement eschatologique : le châtiment doit en effet être accepté comme juste et mérité par ceux qui n'ont pas voulu reconnaître Dieu durant leur vie [271]. Cette confession est introduite ici par un macarisme : «Heureuse l'âme de ces Hommes, parce qu'ils ont connu Dieu dans une Gnose de vérité». Dans la *Vie d'Adam et Ève*, la prédiction de la Mère des vivants sur la fin des temps et le jugement final se clôt par un souhait : «Heureux l'homme qui garde son âme au jour du jugement ...» [272]. G. W. Nickelsburg rapproche ces deux béatitudes, bien qu'elles ne soient pas proférées dans la même optique, de même qu'il les voit aussi toutes deux accompagnées d'allusions à un rituel d'eau : *Adam et Ève* 29,10, purification des péchés dans l'eau ; ApocAd 83,5, baptême [273]. Mais nous venons de voir que ce passage de notre texte n'est pas forcément relatif au rite baptismal. Par contre, GrPuis (42,29) propose une béatitude qui rejoint presque la nôtre : «Bienheureux ceux qui comprendront les choses dont on les entretient ... ils seront bienheureux parce qu'ils auront compris la vérité».

Le développement du macarisme reprend le thème essentiel de tout le traité : les élus, c.-à-d. les séthiens, sont parvenus à la connaissance de Dieu dans la vérité et ils vivront pour l'éternité car «la vie les a rejoints» (66,6) comme Seth, leur père (*ibid.*), alors qu'inversement ceux qui ont

---

[269] Cf. mon article «L'Apocalypse d'Adam et sa polémique anti-baptismale», *Revue des Sciences Religieuses* 51 (1977), p. 214-233.

[270] EvEgypt II 65,24-26; Ecr sT 122,14 qui mentionne encore, entre le baptême pneumatique et le baptême d'eau, un baptême de feu.

[271] Cf. par exemple *IV Esdras* 8,56-60 et 9,11-12.

[272] *Vie d'Adam et Ève*, 29,10.

[273] «Some related Adam Traditions», *The Rediscovery*, II, p. 534.

accompli l'œuvre des puissances du démiurge[274] se sont anéantis comme Adam, tombé au pouvoir de la mort (67,13-14), quand la connaissance du Dieu de la vérité s'éloigna de lui (65,10-13). Et il en est de même des treize royaumes qui ont cédé à l'*épithumia* des anges, soit à leur jalousie de la race élue, à leur déraison pleine d'orgueil.

La connaissance de Dieu a permis aux fils de Seth de se tenir debout en présence de Dieu «comme une lumière qui est sortie du feu et du sang». La station debout[275] est le privilège des entités du Plérôme, mais la comparaison qui suit est énigmatique. Dans la *Pistis Sophia*[276], les disciples voient sortir d'une grande Lumière Feu, Eau, Vin et Sang, mais l'explication que leur en donne Jésus est étroitement liée à sa mission et aux paroles mêmes de l'Évangile; de plus, la procession est inversée, car en ApocAd, c'est la lumière qui sort du feu et du sang et non le contraire. Cependant, le sens qui est donné dans ce contexte aux quatre éléments est celui d'agents de purification. Faut-il alors comprendre dans notre texte que les élus ont conquis le privilège des entités du Plérôme en soutenant victorieusement l'épreuve du déluge de feu et de la persécution par laquelle les puissances des ténèbres cherchaient à les anéantir?

Le discours des «réprouvés», après les lacunes habituelles aux bas de pages, s'achève en 84,2-3 sur la constatation qui avait été celle d'Adam après sa déchéance, au début du traité (67,12-14: «Je compris que j'étais tombé au pouvoir de la mort»): «Car nous avons compris maintenant que nos âmes mourront de mort».

«*Alors une voix se fit entendre…*» (84,4-28)

Comme je l'ai expliqué dans l'Introduction[277], cette page 84 avec sa condamnation, à première vue surprenante, de trois entités du monde de la Lumière, la rupture de temps qu'elle amène dans le fil d'une prédiction au futur, constitue à mes yeux le seul morceau du traité que l'on pourrait considérer avec quelque raison sérieuse comme une interpolation tardive. Elle introduit, de fait, une problématique dont il semble, comme il a été montré plus haut[278], qu'elle n'apparaît pas jusque là dans l'ensemble de

---

[274] Sur les caractéristiques négatives des œuvres accomplies par les puissances adverses, cf. les Fragments du Codex NH XII,3 et l'interprétation fort intéressante qu'en donne P. H. POIRIER, *Fragments* (*NH XII,3*), Québec, 1983, p. 97-108.

[275] Cf. p. 75.

[276] c. 141, éd. MACDERMOT, *NHS*, 9, p. 367.

[277] Cf. p. 12-14.

[278] Cf. p. 13 et p. 114-115; de même plus loin p. 126.

la Révélation et qui sera reprise dans le second colophon, rajouté sans doute lui aussi par un rédacteur postérieur.

Micheu, Michar et Mnésinous se retrouvent:
— dans l'EvEgypt par deux fois,

III 64,15; IV 76,4, ils sont «ceux qui président à la source de vérité», ⲙⲓⲭⲉⲁ ⲙⲛ̄ ⲙⲓⲭⲁⲣ ⲙⲛ ⲙⲛⲏⲥⲓⲛⲟⲩⲥ;

III 64,20; IV 76,9-10, «ceux qui président aux portes des eaux», ⲙⲓⲭⲉⲩⲥ ⲙⲛ̄ ⲙⲓⲭⲁⲣ;
— dans le Codex Bruce p. 51 (éd. MacDermot p. 263), «les puissances qui sont au-dessus de l'eau vivante», ⲙⲓⲭⲁⲣ ⲙⲛ̄ ⲙⲓⲭⲉⲩ;
— dans la ProTrim 48,19-20, «ceux qui baptisent et qui ont plongé dans la source de l'eau de la vie», ⲙⲓⲭⲉⲩⲥ ⲙⲓⲭⲁⲣ ⲙⲛ[ⲏ]ⲥ[ⲓ]ⲛⲟⲩⲥ;
— dans Zost 6,8-10; 15-16, «les puissances qui sont au-dessus de l'eau vivante», ⲙⲓⲭⲁⲣ ⲙⲛ̄ ⲙⲓ[ⲭⲉⲁ];

«J'ai reçu le sceau de ceux qui sont sur ces puissances ⲙⲓⲭⲁⲣ ⲙⲓ[ⲭ]ⲉⲩⲥ et Seldao et Elenos et Zogenethlos».

Sans aucun doute possible, ces personnages appartiennent, dans chacun des contextes où on les retrouve, au monde pur de l'Esprit et de la lumière. Il n'y aura donc que deux alternatives pour expliquer leur présence dans ce passage:
— ou bien, comme l'a suggéré H. M. Schenke[279], il y a une erreur de copiste et il faut déplacer la phrase qui ne devait servir, à l'origine, qu'à gloser, en marge, l'expression «eau de la vie» de la ligne 18;
— ou bien, la phrase est bien à sa place, et alors il convient de lui trouver un sens, soit en la considérant comme une affirmation: c'est Micheu, Michar et Mnésinous qui sont préposés au baptême saint et à l'eau vivante, soit comme une parenthèse explicitant le sujet de la voix qui parle, selon ce que propose par exemple G. W. MacRae en note de son édition de l'ApocAd[280], soit enfin en admettant que l'invective s'adresse bien à la Triade lumineuse, parce qu'un rédacteur postérieur a voulu utiliser, pour la faire servir à sa polémique personnelle contre le rite du baptême d'eau, l'image dépréciée que le traité donne de cet élément. C'est cette hypothèse que j'avais tenté de soutenir dans mes premières analyses[281], mais je reconnais, comme le dit H. M. Schenke[282], qu'il demeure difficile d'accepter que ces trois entités puissent être considérées comme des anges déchus. Tout au

---

[279] *Orientalistische Literaturzeitung* 61 (1966), col. 33-34.
[280] D. M. PARROTT, *NHS*, 11, p. 191 n. 84,5-8.
[281] *Revue des Sciences Rel.* 51 (1977), p. 214-233 et *NHS*, 8, p. 35-43.
[282] «The Phenomenon of Gnostic Sethianism», *The Rediscovery*, vol. II, p. 598.

plus pourrait-on observer, à la suite de A. Böhlig et F. Wisse [283], que
la triade Micheu, Michar et Mnésinous n'est pas forcément identique
au couple Micheus et Michar qu'on rencontre en alternance dans les
mêmes traités. Dans le Codex de Bruce p. 51, Zost 6,8-10 et EvEgypt
III 64,20; IV 76,9-10, Michar et Micheus sont gardiens de l'eau
vivante et cela, en tout cas pour Zost, dans un contexte nettement
baptismal. Par contre, la triade Micheu, Michar et Mnésinous préside
«à la source», source de vérité pour EvEgypt, III 64,15; IV 76,4, d'eau
vivante pour ProTri 48,19-20. Son infidélité pourrait donc être tout
simplement d'avoir fait de cette source vive, qui est connaissance et
esprit, une source d'eau morte en acceptant un baptême dans l'eau
terrestre, impure, du monde inférieur ...? La question, on le voit, reste
ouverte.

De toute manière, l'invective demeure, à l'adresse de personnages
«criant contre le Dieu vivant avec des voix sans loi et des langues qui
n'ont pas de loi et des âmes pleines de sang et d'œuvres souillées». La loi
dont il est question ici ne peut être évidemment celle de Moïse, puisque
de celle-là le vrai gnostique est affranchi. Il faut comprendre l'expression
«sans loi» au sens où on la rencontre par exemple dans PiPhil [284]: «Mes
frères n'écoutons pas ces hors-la-loi» c.-à-d. ceux que J.-E. Ménard
identifie avec les puissances qui aident Sophia à modeler le monde [285].
OgdEnn [286] connaît aussi une «loi de Dieu» qui régit les gnostiques:
«Qu'ils se soumettent plutôt à la loi de Dieu, sans l'avoir transgressée
en rien, mais, qu'avec pureté, ils demandent à Dieu sagesse et
gnose» [287]. La mention de pureté, associée ici à sagesse et gnose,
convient parfaitement à notre passage qui condamne également ceux
dont «les âmes sont pleines de sang et d'œuvres souillées», allusion sans
doute à la persécution qu'ils ont fait subir aux Hommes de la Gnose,
comme le traité le rappelle un peu plus loin (84,25-26). Mais cette pureté
est peut-être aussi celle de l'ascèse qui était la loi de certains milieux
gnostiques. TemVer [288] assure par exemple que «personne ne connaît le
Dieu de Vérité si ce n'est celui-là seul qui renoncera à toutes les choses
de ce monde» et c'est peut-être cette absence de retenue et de maîtrise
de soi que notre texte stigmatise quand il reproche aux pécheurs de

---

[283] *The Gospel of the Egyptians* (*NHSN*, 4), p. 195.
[284] 139,29. Trad. J.-É. MÉNARD, Québec, 1977, p. 27.
[285] Comment. p. 46.
[286] 62,29.
[287] Trad. J.P. MAHÉ, *Hermès en Haute-Égypte*, I, Québec, 1978, p. 85.
[288] 41,4-8.

«marcher dans des voies pleines de joie et de jubilation» (84,16-17). TemVer explique en effet que si la loi oblige à prendre un conjoint, la passion, douce pour ceux qui la connaissent, garde l'âme liée à ce monde[289]. Par contre, pour les gnostiques, «aucun plaisir, ni désir, ne se trouvent parmi eux, ni ne peuvent les attacher»[290]. Leur libération du joug de la loi juive est à ce prix[291].

On pourrait également voir dans cette même perspective d'une polémique, telle qu'elle transparaît dans TemVer, la mention de «voix et de langues sans loi» (84,10 et 11), relevée tout à l'heure. En effet, TemVer reproche aux adversaires de pratiquer un rite baptismal qui n'engage qu'à une renonciation de bouche, alors que le baptême de vérité amène à un renoncement effectif au monde[292] et d'être ainsi «mauvais dans leur action» (πρᾶξις), tout comme ApocAd leur fait grief d'être remplis «d'œuvres qui ne sont pas celles de la vérité». Faut-il voir de même dans «les âmes pleines de sang» une autre allusion au rejet par TemVer du martyre des chrétiens, baptême de sang qui, lui aussi, n'est lié qu'à une confession de bouche[293]? Il serait peut-être audacieux de l'affirmer, mais les rapprochements sont d'autant plus troublants que ce morceau (84,5-28) dans l'ApocAd, semble bien être une adjonction postérieure au discours primitif de révélation, lequel, d'après notre analyse, devrait reprendre au début de la page 85 où se retrouve aussi le temps de la narration au futur[294]:

CONCLUSION: 85,2-31

« Mais ils seront connus jusqu'aux Grands Éons... » (85,1-6)

Il s'agit évidemment des élus qui, à la fin des temps et du traité, rejoignent la situation qui était celle d'Adam et Ève au début de la Révélation: issus d'un Grand Éon dont la Gnose «soufflait en eux» (64,11 et 27-28). C'est le retour à l'origine, à l'unité primordiale, au

---

[289] 30,2-7.

[290] 67,1-3.

[291] Cf. K. KOSCHORKE, *Die Polemik der Gnostiker gegen das kirchliche Christentum* (*NHS*, 12), Leiden, 1978, p. 110-127.

[292] 69,22-27 et comment. K. KOSCHORKE, *NHS*, 12, p. 138-148.

[293] *Ibid.*, comment. p. 127-137.

[294] La phrase qui commence la page 85: «... leur fruit ne se flétrit pas», se rattache à la lacune du bas de la page 84 qui devait lui donner son sens exact. Le préfixe ⲙⲁⲣⲉ cependant peut être considéré comme une forme achmimique correspondant au ⲙⲉⲣⲉ sahidique, soit un présent d'habitude négatif. Mais on pourrait également traduire: «Que leur fruit se flétrisse», en faisant du ⲙⲁⲣⲉ un jussif sahidique.

Plérôme des Grands Éons selon ce qu'exprime le logion 3 de l'EvTh :
«Quand vous vous connaîtrez, alors vous serez connus et vous saurez
que vous êtes les fils du Père Vivant. Mais si vous ne vous connaissez
pas, alors vous êtes dans la pauvreté et vous êtes la pauvreté» [295].
J.-E. Ménard voit dans l'expression «connaître-être connu» de ce logion
une reprise de la notion d'androgynie signifiant que «grâce à cette
mystique transformante qu'est la gnose (l'homme) s'identifie à Dieu et
devient Un avec lui» [296]. Or l'androgynie était la condition du couple
primitif avant la séparation imposée par le démiurge (64,20). C'est donc
à cet état bienheureux, à leur première et divine origine, que les séthiens
seront ramenés à la fin des temps.

Sans doute le traité primitif devait-il s'arrêter là et sur la conclusion du
premier colophon : «Voilà les Apocalypses qu'Adam révéla à son fils
Seth et son fils les fit connaître à sa semence». Le développement qui suit
semble en effet introduire des affirmations nouvelles, étrangères aux
préoccupations du rédacteur originel : celle d'une révélation non écrite,
mais reçue directement des anges par des privilégiés, en un lieu propre
aux théophanies divines et dans un enseignement qui est le vrai baptême
de ceux qui connaissent par l'entremise de «Logogènes» et de «Luminaires» dont les noms apparaissent également dans le traité pour la
première fois.

La glose se greffe habilement sur le texte par un ϫⲉ explicatif
permettant à l'interpolateur d'introduire son avertissement : si les élus
sont ramenés au Plérôme divin, c'est qu'ils ont su garder les paroles du
Dieu des Éons, celles qu'il nomme un peu plus loin : «Paroles de
l'incorruptibilité et de la vérité pour ceux qui connaissent le Dieu éternel
dans une sagesse de gnose et un enseignement d'Anges éternels» [297],
reprenant ainsi les termes mêmes utilisés au commencement : «Elle (Ève)
me fit connaître une parole de gnose concernant Dieu l'Éternel, à savoir
que nous ressemblions aux Grands Anges éternels» (64,12-16). Ce rappel
littéraire sauvegarde ainsi l'unité apparente du texte et du propos.

Mais de ces paroles gardées du Dieu des Éons, le rédacteur affirme
qu'elles n'ont pas été confiées «à la génération» ou «au livre» et qu'elles

---

[295] Trad. J.-É. MÉNARD, NHS, 5, Leiden 1975, p. 55-56.

[296] «La fonction sotériologique de la mémoire chez les Gnostiques», *Revue des Sciences Religieuses* 54 (1980), p. 308.

[297] L'adjonction à la ligne 85,18 de la phrase «car il connaît toute chose» reste énigmatique. Je me rallie volontiers à la proposition de H. M. SCHENKE, *Orientalistische Literaturzeitung* 61 (1966) col. 34 qui la tient pour une glose marginale dont la vraie place serait à la ligne 21, après le mot ϣⲏⲣⲉ.

«ne sont pas non plus écrites». Or le mot ϫⲱⲱⲙⲉ est équivoque puisqu'il peut signifier à la fois la *génération* (γενέα, ϫⲱⲙ) et le *livre* (βίβλος, ϫⲱⲙ)[298]. J. P. Mahé a montré que dans l'*Ogdoade et l'Ennéade*, l'expression ⲡϣⲁϫⲉ ⲙ̄ⲡϫⲱⲱⲙⲉ (NH VI 61,25-26) avait pu être utilisée par le traducteur copte dans une intentionnelle ambiguïté dont l'EvVer[299] nous donne la clé: le «*livre* vivant des vivants» est celui qui inscrit en ses lignes les élus de la *race* régénérée. Le même jeu de mot se retrouve sans doute aussi dans le TemVer[300] où le terme ϫⲱⲱⲙⲉ, livre, est associé à ϫⲡⲟ, descendance, engendrement, généra-tion, dans un passage malheureusement lacuneux, mais que S. Giversen et B. A. Pearson restituent ainsi[301]: «For [this] is the [way] Moses [writes] in every book (ϫⲱⲱⲙⲉ). The [book of the] generation (ϫⲡⲟ) of Adam [is written for those] who are in the [generation] of [the Law]». Le livre de la génération d'Adam ferait donc le compte, à l'inverse de celui dont parle l'EvVer, de ceux qui sont restés sous le joug de la Loi. C'est à cette génération-là que notre Apocalypse ne pourrait confier les paroles du Dieu des Éons, à cette génération qui est aussi celle de la Loi écrite («elles ne sont pas écrites»). Alors que le TemVer associe ϫⲱⲱⲙⲉ, livre et ϫⲡⲟ, génération, l'ApocAd joue sur ϫⲱⲱⲙⲉ, génération et écriture ⲛ̄ⲥⲉⲥ2ⲏⲟⲩ ⲁⲛ. Or ϫⲱⲱⲙⲉ pourrait bien avoir également le sens de *tradition*, la tradition orale qui se transmettait de père en fils, de génération en génération, ou de maître à disciple[301]. Pour les Pharisiens, le peuple était tenu d'observer non seulement la Loi de Moïse, mais également les règles qui n'y étaient pas inscrites et que perpétuait la «succession des Pères»[303]. En associant ainsi la Loi orale et la Loi écrite, c'est toute la tradition du Judaïsme que rejetterait donc l'ApocAd, pour lui préférer un enseignement reçu des Anges directe-ment:

---

[298] Sur cette équivoque, cf. J. P. MAHÉ, *Hermès en Haute-Égypte*, I, Québec, 1978, p. 42-43.

[299] 19,35-36.

[300] 50,5-6.

[301] J. M. ROBINSON, *The Nag Hammadi Library*, Leiden, 1977, p. 412; et *NHS*, 15, p. 168.

[302] Cf. PHILON, *De spec. Legibus* IV,150: «Leur transmission (celle des coutumes ancestrales) ne s'opère pas par voie écrite.

[303] Cf. E. BIKERMAN, «La chaîne de la tradition pharisienne», *Revue Biblique* 59 (1952), p. 44-54; également, I. HEINEMANN, «Die Lehre vom ungeschriebenen Gesetz im Jüdischen Schrifttum», *Hebrew Union College Annual* 4 (1927), p. 149-171.

« Mais ce sont des êtres angéliques qui les apporteront … » (85,7-31)

Cette affirmation est assortie d'une série de prédictions au futur dont on voit mal pourquoi elles réapparaissent ici, alors que la révélation est close. Que les paroles de vérité ne soient pas comprises par l'ensemble des générations des hommes, le récit entier qui précède en avait suffisamment donné la preuve sans qu'il fût besoin de le rappeler encore une fois. Par contre, que ces paroles «adviennent sur une montagne élevée» et «un rocher de vérité», voilà qui introduit un élément nouveau dont les précédentes formes d'intervention divine n'avaient pas fait mention, à moins qu'on y trouve une allusion aux deux stèles de pierre et d'argile [304] de la révélation séthienne, comme le propose G. W. MacRae [305]. On pourrait signaler aussi les *Livres de Jéu* contenant, d'après *Pistis Sophia*, les mystères révélés par Jésus à Hénoch et cachés sur le rocher d'Ararat afin qu'ils échappent au déluge [306]. Il semble cependant plus vraisemblable de rapprocher ce commentaire de la conclusion qu'on peut lire dans l'EvEgypt [307] : «Ceci est le livre (ⲧⲃⲓⲃⲗⲟⲥ) qu'a écrit le Grand Seth. Il l'a déposé dans des montagnes élevées sur lesquelles jamais le soleil ne vient» [308], ou de la recommandation faite à Allogène d'écrire ce qui lui sera révélé et d'en laisser le livre sur une montagne [309]. Cependant, l'ApocAd insiste justement sur la transmission non-écrite des paroles de l'incorruptibilité reçues des Grands Anges. L'auteur semble donc s'opposer à ce qu'enseignent d'autres écrits gnostiques ou des courants traditionnels comme ceux du Judaïsme orthodoxe, en particulier l'apocalyptique juive, ou ceux du christianisme, en particulier la littérature judéo-chrétienne, ou encore le manichéisme dans lequel le livre, et la révélation par le livre, tiennent une place importante [310]. Il se

---

[304] Cf. plus haut p. 80.

[305] D. M. Parrott, *NHS*, 11, p. 193 n. 85,10-11.

[306] c.134, éd. MacDermot, *NHS*, 9, p. 349.

[307] III 68,1-5; IV 80,15-18.

[308] Cf. comment. J. Doresse, *Journal Asiatique* 256 (1968), p. 351-352, n. 152.

[309] 68,1-6. Cf. également le codex manichéen de Cologne, supra p. 9, dans lequel l'ange enjoint à Adam de confier sa révélation à un papyrus indestructible.

[310] J. Danielou, *Théologie du Judéo-Christianisme*, Paris, 1958, p. 187, fait remarquer que si la conception du livre associée à celle de révélation était familière de l'apocalyptique juive et de la littérature judéo-chrétienne, pour le christianisme, Jésus était devenu lui-même la Révélation; c'est en ce sens dès lors qu'il faut comprendre, d'après lui, un texte comme celui de la 23ᵉ *Ode de Salomon* dans laquelle la lettre céleste envoyée d'En haut doit être identifiée au Christ révélateur; en ce sens aussi qu'il faut interpréter le «Livre vivant des vivants» de l'EvVer (19,35). Cependant, c'est la notion même d'écrit — symbolisé ou non — que semble rejeter l'ApocAd et qu'elle oppose à un «enseignement reçu de Grands Anges», ou, pour reprendre le texte de la p. 85, à «des paroles apportées par des êtres

rapprocherait davantage d'une παράδοσις comme celle qu'exprime le titre du livre XIII du *Corpus Hermeticum*: «Discours secret sur la montagne, concernant la régénération et la règle du silence» ou encore de la révélation reçue par Ève sur une haute montagne, selon les informations d'Épiphane[311] et de l'enseignement donné par Jésus aux Onze sur le Mont des Oliviers, comme le rapporte la *Pistis Sophia*[312].

Quant au rocher de vérité, ⲡⲉⲧⲣⲁ ⲛ̄ⲧⲉⲧⲙⲉ, J. D. Dubois m'a fait remarquer que la formule synonyme ⲉⲛⲉ (= ⲱⲛⲉ) ⲙ̄ⲙⲉ traduit les μαργαρίτας de Matt. 13,45[313]. Dans les *Actes de Pierre et des Douze Apôtres*[314], Jésus, apparaissant sous les traits d'un marchand de perles, dit s'appeler Lithargoël, c.-à-d., glose le texte[315], «la pierre de la gazelle légère», étymologie étrange qu'on a tenté d'expliquer par les termes grecs λίθος ὄρυγος ἐλ(αφροῦ) ou λίθος pierre, ἀργός étincelante, -el être divin, alors qu'il s'agit probablement du nom de l'ange Litharkouël dont parle le «Livre de l'intronisation des archanges Michel et Gabriel»[316]. Néanmoins, il y a certainement un jeu de mots voulu entre ⲱⲛⲉ, λίθος de Lithargoël et la perle proposée gratuitement aux pauvres par le marchand Jésus, moyennant cependant un long voyage semé d'embûches. Si notre texte est riche de la même symbolique, il fait du message révélé un trésor sans prix, comme dans les Évangiles synoptiques, mais il prend soin de le réserver aux seuls initiés de la vraie connaissance du Dieu Éternel.

Dans le logion 32 de l'EvTh, la «ville construite sur la montagne élevée et fortifiée» est elle aussi une figure du gnostique «synthèse ordonnée des perfections, microcosme bâti sur un roc qui lui assure sa fermeté» selon le commentaire de J.-E. Ménard[317].

Le rédacteur de ce dernier paragraphe de notre Apocalypse semble donc bien introduire des éléments d'une symbolique plus élaborée que nous n'avions pas rencontrés jusqu'alors. De plus, il adopte, comme il va

---

angéliques». S'il faut voir dans cette dernière formule, le message même des Illuminateurs à chacun de leurs passages, celui-ci n'est en aucun cas consigné dans un livre, ni symbolisé par lui. Il n'y a donc pas ici de parallèle possible avec Apoc. 5,1-8, la 23ᵉ *Ode de Salomon*, non plus qu'avec l'EvVer. L'Illuminateur n'est pas le Livre par excellence.

[311] *Pan.* 26,3,1.
[312] c.2 et 3; éd. MacDermot, *NHS*, 9, p. 4-7.
[313] Cf. Dictionnaire de Crum, 157a.
[314] NH VI,1.
[315] 5,16-18.
[316] Cf. A. Guillaumont, Christianismes orientaux, *Annuaire de l'École Pratique des Hautes Études* Vᵒ section, Sciences Religieuses 83 (1975/76), p. 25. Cf. également D. M. Parrott, *NHS*, 11, p. 214-215, n. 5,16.
[317] *NHS*, 5, p. 128-129.

le faire encore quelques lignes plus bas en parlant du «baptême saint de ceux qui connaissent», une position nettement spiritualisante, rejetant les signes matériels ou plus concrets du message de révélation que pourraient constituer le livre ou les rites extérieurs du baptême. Car le colophon par lequel il clôt une deuxième fois le traité insiste sur la gnose secrète qui est, en elle-même, le «baptême saint de ceux qui connaissent». De toute évidence, le qualificatif de «secret» n'appartient pas à l'optique du premier rédacteur. La connaissance, dans les trois étapes du salut séthien, était offerte à tous, puisque 400.000 descendants de Cham et Japheth pouvaient être introduits dans la Gloire de l'Éon et que l'Illuminateur, lors du troisième passage, venait «afin que (la Gloire) subsiste à partir de la descendance de Noé et des fils de Cham et de Japheth, afin qu'elle subsiste pour lui dans des arbres qui portent du fruit» et afin qu'Il puisse «racheter leurs âmes du jour de la mort» (76,11-20). Le secret va de pair avec la révélation qui ne peut être confiée ni à la génération, ni au livre, qui est dispensée en un lieu inaccessible (montagne, rocher) et pour ceux-là seuls qui «connaissent dans une sagesse de gnose et un enseignement d'Anges éternels».

Enfin, pour ce dernier rédacteur, la connaissance s'acquiert par l'entremise des «Logogènes», de ceux «qui sont nés de la Parole». Une fois de plus, les termes utilisés dans cette finale nous ramènent à l'EvEgypt. C'est là seulement qu'on peut comprendre ce qu'ils veulent dire.

Le mot «logogène» apparaît à trois reprises: en III 60,6; 63,10; 64,1; IV remplace, dans les passages correspondants, le mot grec ΛΟΓΟΓΕΝΗC par son équivalent copte ⲭⲡⲟϥ ϩⲛ ⲟⲩϣⲁϫⲉ (IV 75,15-16) ou [ⲡⲓ]ⲭⲡⲟ ⲛϣⲁϫⲉ (74,26 et 71,15). Il s'agit chaque fois de l'incarnation, dans un corps engendré par la Parole et sanctifié par l'Esprit, soit de la race de Seth, soit de Seth lui-même, enfin de Seth en Jésus qu'il a revêtu. Les Logogènes sont donc les séthiens dans leur relation avec ce monde périssable[318], tandis que les «Phosters indestructibles» sont évidemment les quatre Luminaires, Harmozel, Oroiaël, Davithé, Éléleth, lieux de la descendance sainte d'Adamas et de Seth dont il a été parlé[319]. C'est bien par l'entremise des séthiens apparus en ce monde, protoséthiens, séthiens historiques, enfin Seth lui-même sous l'apparence de l'Illuminateur, que les hommes ont eu accès à la Gnose éternelle, tout le récit des événements précédents l'a montré. L'intérêt cependant du commentaire de l'EvEgypt

---

[318] Cf. A. BÖHLIG et F. WISSE, The Gospel of the Egyptians, NHS, 6, Comment. p. 186.
[319] Cf. p. 71-72.

réside dans le fait que, d'après lui, ce corps engendré de la Parole et préparé mystérieusement par le Grand Seth, confère «un baptême en vue de la re-naissance des saints dans l'Esprit saint, à travers des symboles secrets, une réconciliation du cosmos avec lui-même et une renonciation (ἀποταγή) au dieu et au monde des treize éons»[320]. De ce baptême saint, l'EvEgypt affirme encore qu'il surpasse les cieux par Jésus le Vivant, l'engendré de la Parole dont Seth lui-même s'est revêtu, qui a cloué les puissances des treize éons et armé les élus avec l'armure de la connaissance de la vérité (ΟΥ2ΟΠΛΟΝ ΝCΟΟΥΝ ΝΤΕΙΑΛΗΘΕΙΑ)[321]. La perspective de l'EvEgypt est chrétienne, mais il est vrai aussi que, mis à part les symboles secrets dont il n'est pas facile de préciser la nature[322], le baptême dont il parle est avant tout réalisé par la reconnaissance, à travers le «corps engendré de la Parole», d'un Envoyé de la Grande Génération ou de Seth lui-même. C'est cette connaissance, ou re-connaissance, de la vérité qui est l'unique baptême saint et surpassant les cieux. On rejoint donc ici exactement le propos du rédacteur du deuxième colophon et de l'interpolation de la page 85. La mention de Jésus par l'EvEgypt ne fait que donner un nom au dernier Illuminateur, envoyé de Seth, qui, dans l'ApocAd demeure anonyme. Le rapprochement entre les deux textes est d'autant plus frappant que, dans sa deuxième conclusion, l'ApocAd introduit une Triade dont il n'était pas question jusque-là, mais qui est glorieusement évoquée par l'EvEgypt dans l'ensemble des entités de son Plérôme[323]. Jesseus, Mazareus, Jessédekeus y sont appelés «l'eau vivante, le Grand assistant ou gardien (παραστάτης), l'Enfant de l'Enfant, le Nom glorieux, Celui qui existe éternellement, réellement, vraiment».

Or, l'Enfant de l'Enfant est une des entités du Plérôme que l'EvEgypt et Zostr[324] nomment aussi Héséphek ou Ephésech, mais qui surtout est associé soit à la Triade Jesseus, Mazareus, Jessédekeus, soit aux sceaux, soit encore au Nom et au baptême[325]. C'est très certainement Zost qui présente, à propos de ces entités, le contexte le mieux à même d'éclairer la citation qui en est faite dans cette deuxième conclusion de l'ApocAd. En 47,5-6, Zost appelle Jesseus, Mazareus, Jessédekeus «esprits immortels»,

---

[320] III 63,9-18; IV 74,24-75,6.

[321] III 63,24-64,8; IV 75,13-22.

[322] Peut-être les 5 sceaux qui accompagnent le baptême de source (πηγή) EvEgypt III 66,3-4; IV 78,4-6; cf. A. BÖHLIG et F. WISSE, *NHS*, 4, comment. p. 197.

[323] III 64,10; 66,10 — IV 75,25; 78,10; 78,12.

[324] EvEgypt III 50,3; 54,1; 55,24 — IV 56 (21); 59,25; 78,14. Zost 13,7; 45,1.11; 47,7; 51,25; 56,25.

[325] Cf. en particulier Zost 13,8-24; également *Deuxième Livre de Jeu* c.50, éd. MACDERMOT, *NHS*, 13, p. 49.

les associant, dans un passage malheureusement lacuneux, à l'Enfant de l'Enfant. Or celui-ci, qui se nomme le messager de Dieu, l'Homme parfait (13,10), tient un discours dans lequel il explique à Zostrien que l'eau des baptêmes qu'il a reçus au cours de sa transmigration (6,7-7,21) est l'eau de la Vie qui baptise dans l'Autogénéré, l'eau de la béatitude qui appartient à la connaissance et à la Divinité (15,4-12), que la première eau parfaite de l'Autogénéré est Vie de l'âme parfaite et Parole du Dieu Parfait (17,4-16). Enfin il explique que le passage vers l'Autogénéré, dans lequel il a été baptisé, est connaissance du Tout (25,11-16). Il ressort de cet exposé compliqué que seul le baptême supérieur, celui qui est «eau parfaite» c.-à-d. connaissance parfaite de la Vérité, par l'entremise des Entités lumineuses, permet de renaître de la Sainte Semence des fils de Seth.

Si cette conclusion est bien en rapport avec le propos global de la Révélation d'Adam à son fils, il n'en est pas moins vrai qu'elle introduit une problématique — celle du baptême de la connaissance opposé au baptême dans une eau matérielle — qui n'apparaissait pas dans le corps du récit. Sans doute le rôle néfaste joué par l'eau dans le discours adamique a-t-il offert à un interpolateur plus tardif le cadre idéal pour y insérer, soit une polémique contre des déviants du vrai message gnostique, soit un avertissement à ceux qu'aurait tentés toute forme de ritualisme ou d'attachement à un aspect matérialisé de la révélation. Or, cette préoccupation semble nous rapprocher, dans le temps, d'écrits comme l'EvEgypt et Zost ou encore du Codex de Bruce[326], ce qui viendrait confirmer l'idée que l'interpolateur peut avoir travaillé dans le courant ou à la fin du 3e s., sur un texte qui, lui, devait exister déjà vers la fin du 1er ou au début du 2e s. de notre ère.

---

[326] Cf. par exemple, L. ABRAMOWSKI, «Nag Hammadi 8,1, Zostrianus, das Anonymum Brucianum, Plotin Enn. 2,9 (33)», *Jahrbuch für Antike und Christentum* 1983 (Suppl. 10, Platonismus und Christentum, Festschrift für Heinrich Dörrie), p. 2-10.

INDEX

L'ordre de classement retenu dans l'index copte est celui du dictionnaire de CRUM. Lorsque la forme type choisie par CRUM n'est pas attestée dans le texte, elle est indiquée entre parenthèses.

Les variantes orthographiques ont été relevées systématiquement; lorsque plusieurs variantes orthographiques sont attestées pour un même vocable (dans l'index copte comme dans l'index grec), elles sont identifiées par un chiffre placé en exposant.

Les références correspondant à des reconstitutions sont indiquées entre crochets.

INDEX GREC

ἀγγελικός angélique
85,7.

ἄγγελος ange
64,15; 69,20; 71,13; 72,11; 75,8;
76,2.5.27; 77,20; 78,13; 80,5.
[26]; 81,10; 82,1; 83,17; 85,17.

ἀήρ air
82,26.

αἰών, ⲉⲱⲛ[1] m. éon, Éon, éternité
64,11[1].21[1].23[1].[31][1]; 65,1.5[1];
66,4[1]; 71,13[1].15[1]; 74,2[1].13[1].
20[1].27[1]; 75,13[1].16[1].21[1].26.31[1];
76.3[1]; 79,30[1]; 82,22[1]; 27[1]; 83.
3[1].85,3[1].5.
ϣⲁ ⲛⲉⲱⲛ ⲛⲧⲉ ⲛⲉⲱⲛ pour
l'éternité
83,14s.

ἀκμή f. acuité
67,6.

ἀλλά mais
65,3; 72,20; 73,10; [74,25]; 75,
6; 76,6.26; 79,7; 83,19; 84,16;
85,1.7.

(ἀνθεών) ⲁⲛⲑⲉⲱⲛⲟⲥ m. jardin
80,6.

ἄνομος sans loi
84,10.

ἀποκάλυψις f. apocalypse, révélation
64,1.2; 85,19.32.

(ἀπόκρυφος) ⲁⲡⲟⲕⲣⲫⲟⲛ secret
85,23.

ἀρχή f. principauté
75,27.

ἄρχων m. archonte
64,21; [77,3]; 82,13.

ἀφθαρσία f. incorruptibilité
72,9; 74,2; 85,13.

β̄ deux
82, supra 7.

γάρ car, en effet
64,16; 65,18.26; 67,12; 69,3.17;
77,27; 84,2; [85,10].

γενεά f. génération
[64,32]; 65,8; 67,24.[27]; 70,18;
71,19.23; 77,20; 82,19; [83,1];
85,9.

γνῶσις f. gnose
64,13.27; 65,12; 69,15; 71,12;
72,[1].14; 73,20; 76,10.21; 82,
23; 83,13.20; 85,16.22.26.

δαίμων démon
79,5.

δέ or, mais, et
65,22.24; [74.1]; 76,21; 78,6;
79,19; 80,10.21; 81,1.24; 82,11;
83,23.

(διώκειν) ⲣ ⲇⲓⲱⲕⲉ ⲛⲥⲱ⸗ s'attacher à, poursuivre
67,8.

δράκων m. dragon
80,14.

ἐξουσία f. pouvoir
67,13; 76,20.

(ἐπειδή) ⲉⲡⲓⲇⲏ du fait que, puisque
65,29.

(ἐπιθυμεῖν) ⲣ ⲉⲡⲓⲑⲩⲙⲉⲓ ⲉ-, ⲣ
ⲉⲡⲓⲑⲩⲙⲓ ⲉ[1]- désirer (+ obj.
direct)
81,6.[26][1]

ἐπιθυμία f. désir
67,3; 73,24; 75,4; 80,3; 81,8.9.
11,17; 82,18; 83,16; [84,28].

ἔρημος adj. désert
78,23.

ἔρημος f. désert
79,14; 82,1.

ϛ̄ six
79, supra 28.

z̄ sept
80,9.

η̄ huit
80,20.

ἤ ou, et
65,9; 77,23.

θάλασσα f. mer
79,23.

ἵνα cf. ϫⲉ-

ῑ dix
81,14.

ῑⲃ douze
82,4.

ῑⲅ treize
82,10.

(κατηγορεῖν) ⲣ ⲕⲁⲧⲏⲅⲟⲣⲓ accuser
74,5.

κιβωτός f. arche
70,11.20.

(κολάζειν) ⲣ ⲕⲟⲗⲁⲍⲉ châtier
77,16.

λαός m. peuple
73,29; 83,10.

λογογενής né de la parole, Logogène
85,27.

λόγος m. parole, verbe, logos
82,13.15.

μήτρα f. matrice
78,20.

νόμος m. loi
84,11.

ὅταν lorsque
64,6.

οὔτε et ne ... pas, ni
71,25; 75,3; 77,14; 83,17; 85,6.

πάλιν ⲟⲛ à nouveau
76,8.

παντοκράτωρ m. Pantocrator, Tout-puissant
69,4s.7; 72,25; 73,9.

παράβασις f. transgression
[83,26].

παρθένος m. f. vierge
[78,29]; 79,5.8.11.

παρθένος adj. vierge
78,20.

πέτρα f. rocher
80,23; 85,11.

(πιερίδες) ⲡⲉⲣⲓⲇⲱⲛ f. pl. les muses
81,3.

(πλάνη) ϩⲛ ⲟⲩⲡⲗⲁⲛⲏ de façon erronée
77,21.

πλάσμα m. créature, création, modelage
76,17.

(πνεῦμα) ⲡⲛⲁ m. souffle, esprit
66,22; 69,24; 76,24; 77,17; 78,1; 80,15; 84,1.

πόλις f. ville
78,21.

προφήτης m. prophète
78,8.

(σάρξ) ⲥⲁⲣⲁ̄ⲝ f. chair
69,6.8; 70,5; 77,16.

σοφία f. sagesse
85,15.

σπέρμα m. descendance
  72,23s; 73,14.25.27s; 74,10.17;
  76,12.
σπορά f. semence
  65,4.8; 66,4; 69,12; 71,5; 76,7;
  79,16; 83,4; 85,22.29.
στρατιά f. armée
  79,2.4.
(σύζυγος) cγnzγroc f. conjointe
  66,8.
(σφραγίζειν)   apι cφparιze
  marque d'un sceau
  73,4.
τόπος m. lieu
  69,23; 80,4.
τότε alors
  64,20.22; 65,16; 66,9.12.23.25;
  67,4; 70,6; 71,8.20; 72,15; 73,

13.25; 74,26; 75,9; 77,4.7.16.18;
  83,4.8; 84,4.
φωστήρ m. luminaire, Luminaire
  75,14; 76,9.28; 77,15; 82,7.28;
  85,28.
x̄ six cents
  72, supra 8.
(χρᾶσθαι) p xpaceaι utiliser
  77,19.
(ψ) meϩ Ψ̄ sept centième
  64,4.
ψυχή f. âme
  66,23; 75,5; 76,16; 83,11; 84,
  3.12.
(ὡς) ϩωc comme
  65,16.
(ὥστε) ϩωcτe de sorte que
  81,5; 83,3.

INDEX DES NOMS PROPRES

INDEX COPTE

ⲀⲖⲞⲨ m. enfant
78,10; 79,11; 80,14.

ⲀⲘⲪⲎⲘ m. bitume
75,10.

ⲀⲘⲀⲘⲦⲈ m. pouvoir
74,20.

(ⲀⲚⲀⲒ) ⲣ ⲀⲚⲀⲤ être agréable
73,2.

ⲀⲚⲞⲔ moi
64,26; 65,2.6.11.24; 66,13.19;
72,26.

ⲚⲦⲞⲔ m. toi
71,2.3.

ⲚⲦⲞϤ m. lui
78,22; 79,1.

ⲚⲦⲞⲤ f. elle
79,9.

ⲀⲚⲞⲚ nous
83,23.

ⲀⲨⲰ et
64,14.24.28; 65,19; 66,3.7.14.
21; 67,8.25; 70,8.10.16; 71,4.16;
72,5.10; 73,3.27; 74,3.14; 75,11.
17; 76,15; 77,9.12; 78,5.9.12.17.
25; 79,6.18.26; 80,8.19.29; 81,
12.13.18.20.22; 82,3.9.14.17; 83,
6.7; 84,23; 85,21.

ⲀϢ qui? quel?
77,5.

(ⲀϨⲞⲘ) ϥⲒ ⲀϨⲞⲘ pousser un
soupir, soupirer
66,12.17.

ⲂⲎⲂ m. caverne
80,13.

ⲂⲰⲔ s'en aller
73,15.

ⲂⲰⲔ ϨⲀ- aller sous, aux
pieds de
74,3.

ⲂⲰⲔ ⲈϨⲞⲨⲚ Ⲉ- entrer dans,
aller parmi
64,30; 65,4; 73,16.28; 74,4.

(ⲂⲞⲔⲒ) Ⲉⲣ ⲂⲀⲔⲈ concevoir
79,10.

ⲂⲀⲖ m. œil
66,24; 75,14; 77,14.

(ⲂⲰⲖ) ⲈⲂⲞⲖ de
82,26.

ⲈⲂⲞⲖ Ⲛ- par, de
75,15. cf. ϨⲀⲣⲈϨ

ⲈⲂⲞⲖ ϨⲚ- cf. ⲘⲀⲨ, ⲦⲰⲚ,
ⲦⲰⲣⲈ, ϨⲚ

ⲈⲂⲞⲖ Ⲉ- excepté
72,13.

ⲚⲂⲞⲖ dehors
82,1.

ⲣ ⲤⲀⲂⲞⲖ Ⲛ- agir en dehors de
71,17; 72,24.

ⲚⲤⲀⲂⲞⲖ Ⲛ- cf. ⲣⲒⲔⲈ

(ⲂⲰⲖⲔ) ϨⲚ ⲞⲨⲂⲰⲖⲔ en colère
64,22.

(ⲂⲰⲦⲈ) ⲂⲞⲦⲈ adj. abominable
72,12.

(ⲈⲂⲎ) Ⲉ† ⲚⲈⲂⲎ être enténébré
65,23.

ⲈⲚⲈϨ éternel
85,26

ϢⲀ ⲈⲚⲈϨ éternel
64,14.15; 65,12; 67,7; 73,20;
75,8; 76,22.27; 84,1; 85,15.17.

(ⲈⲦⲂⲈ-) ⲈⲦⲂⲈ ⲠⲀⲒ c'est pourquoi

65,5; 67,10; 71,1; 85,12.

ⲉⲧⲃⲉ ⲟⲩ cf. ⲟⲩ

cf. ⲥⲱⲧⲙ, ⲭⲱ

ⲉⲟⲟⲩ m. gloire

64,9.25; 71,8; 74,6.15.23; 76,11; 77,10; 78,2.16.24; 79,15.25; 80, 6.18.[27]; 81,12.21; 82,8.16.

† ⲉⲟⲟⲩ ⲛⲁ⸗ rendre gloire à, glorifier

78,15.

(ⲏⲓ) ⲏⲉⲓ m. maison

77,11.

ⲑⲏⲛ m. soufre

75,10.

ⲉ- cf. ⲧⲁⲩⲟ

ⲉⲓ aller, venir

77,23; 78,9.14.24.

ⲉⲓ ⲉⲭⲛ, ⲉⲓ ⲉⲭⲱ⸗[1] venir sur, recouvrir

75,12; 77,18[1]; 78,3.5.17.26; 79, 18-27; 80,8.12.15.20.22.[29]; 81, 4.14.23; 82,3.9.17.

ⲉⲓ ⲉⲃⲟⲗ ⲍⲛ-, ⲉⲃⲟⲗ ⲛⲍⲏⲧ⸗ provenir de, être issu de, sortir de

66,7[1]; 69,15[1]; 73,7[1]; [82,25]; 83,22; 85,29.

ⲉⲓ ⲉⲍⲣⲁⲓ ⲉⲭⲱ⸗ descendre sur

75,18.

(ⲉⲓⲁ) ⲛⲁⲓ̈ⲧ⸗ bienheureux

83,11.

ⲉⲓⲙⲉ, ⲙⲙⲉ ⲉ-[1] connaître

85,8[1].

ⲉⲓⲙⲉ ⲭⲉ- apprendre que, savoir que

67,12; 84,2.

ⲉⲓⲙⲉ m. savoir

73,12.

ⲉⲓⲛⲉ, ⲛⲧ⸗[1] apporter, emmener

79,9[1]; 85,7[1].

ⲉⲓⲛⲉ ⲉⲃⲟⲗ ⲍⲛ- emporter loin de

75,23s.

ⲉⲓⲛⲉ ⲉⲍⲟⲩⲛ ⲉ- introduire dans

72,3[1].

ⲉⲓⲛⲉ, ⲛ- être semblable, ressembler à

64,14; 76,4; 84,24.

ⲉⲓⲛⲉ m. ressemblance

65,29.

ⲉⲓⲣⲉ faire

74,18.24; 77,1.

ⲣ- être

73,26; 74,12. Cf. ⲁⲛⲁⲓ, ⲕⲟⲩⲓ, ⲕⲁⲕⲉ, ⲙⲛⲧⲣⲉ, ⲣⲣⲟ, ⲟⲩⲟⲉⲓⲛ, ⲟⲩⲟⲉⲓϣ, ⲍⲱⲃ, διώκειν, ἐπιθυμεῖν, κατηγορεῖν, κολάζειν, χρᾶσθαι

ⲉⲣ- cf. ⲃⲟⲕⲓ

ⲟ† cf. ϣⲙⲙⲟ

ⲉ† cf. ⲉⲃⲏ, ϣⲙⲙⲟ

ⲁⲣⲓ- cf. σφρραγίζειν

ⲉⲓⲥ voici

72,19.

ⲉⲓⲥ ⲍⲏⲏⲧⲉ voici

70,19.

ⲉⲓⲱⲧ, ⲓⲱⲧ[1] m. père

81,25[1].28.

ⲕⲉ-, ⲅⲉ-[1], pl. ⲕⲟⲟⲩⲉ[2] autre

[64,30.31]; 71,8.19[1]; 73,13[2].17.29; 74,13; 75,19.

ⲕⲉ- aussi

[73,27]; 77,15.

(ⲕⲟⲩⲓ) ⲕⲟⲩⲉⲓ m. enfant

78, supra 10

ⲣ ⲕⲟⲩⲉⲓ diminuer

67,10.

(ⲕⲱ) ⲕⲁⲁ⸗ ⲛⲥⲱ⸗ abandonner

64,24.

ϬΙΝΜΙϹΕ, ϪΙΝΜΙϹΕ[1] engendrement
82,12.supra 12[1].

(ΝΗΤ) ΜΕϨΜΗΤΕ f. dixième
81,14.

(ΜΑΤΕ) † ΜΕΤΕ ΕϪⲱ=ᵢagréer
70,12s.

ΜΟΥΤΕ Ε- appeler, nommer (+
objet direct) 65,6; 70,14.[24];
72,6.

ΜΟΥΤΕ Ε-ϪΕ appeler (+ objet
direct):
70,18s.

(ΜΤΟ) ΜΠΕΜΤΟ Ν-, ΜΠΜΤΟ +
possessif[1] : en présence de, devant
71,7[1].14.22; 73,3; 83,20[1].

ΜΠΜΤΟ ΕΒΟⲖ + possessif: en
présence de, devant
65,27; 66,16; 67,20; 73,2; 74,9.

ΜΤΟΝ ΜΜΟ= ΕΒΟⲖ Ν- se reposer
de
70,7.

(ΜΑΥ) ΜΜΑΥ là
66,2; 72,7; 76,2; 78,24; 81,5;
82,8.

ΕΒΟⲖ ΜΜΑΥ (hors) de là, d'où
78,14; 80,17.

ΕΤΜΜΑΥ celui-là
65,7.10.14; 66,5.11; 67,18; 69,
22; 70,2; 71,11; 72,2.7; 73,18;
74,22.[30]; 75,11.13.16.24; 76,5;
77,9; 78,3; 80,4; 83,1.12; 84,25.
cf. ΜΑ

ΜΑΑΥ f. mère
64,8.26; 65,3.11; [66,28]; 67,4;
69,17; 78,4.22.

ΜΟΟΥ, pl. ΜΟΥΪΕΥΕ[1] m. eau
[69,3][1]; 70,[6].9; 78,5.17.26; 79,
18.[27]; 80,9.20.[29]; 81,14.23;

82,4.10.17; 83,6; 84,8.18; [85,
31].
cf. ϨⲱΟΥ

ΜΕΕΥΕ Ε- concevoir
76.21.

ΜΕΕΥΕ m. pensée
65,24; 67,1; 84,23.

ΜΗΗϢΕ m. foule
[70,5]; [74,25].

ΜΟΟϢΕ ΝΜΜΑ= marcher avec,
accompagner
64,9.

(ΜΟΥϨ) ΜΕϨ† Ν- plein de
84,13.16.

ΜΕϨ† ΕΒΟⲖ ϨΝ- plein de
84,14.

ΜΕϨ- (préfixe du nombre ordinal)

(ΝΟΥ) ΝΝΗΥ†, ΝΗΟΥ†¹ être sur le
point de venir
71,10.

ΝΝΗΥ ΕϪΝ- venir sur
74,30; 83,8.

ΝΝΗΥ ϨΝ- venir dans
69,19[1]s.

ΝΝΗΥ ΕΒΟⲖ ΝϨΗΤ= venir de
71,5.

ΝΝΗΥ ΕϨΡΑΪ descendre, sur-
venir
75,17.21.

(ΝΚΟΤΚ) ΝΚΟΤ dormir, s'endor-
mir
65,24.

ΝΚΟΤ m. sommeil
66,2.

ΝΙΜ chaque, tout
69,[6].9; 73,23.24; 75,4; 82,12;
83,24; 85,18.

ΝΟΥΝ m. abime
79,23.

ⲛⲟⲩⲧⲉ m. dieu
  64,7.13.16s.20; 65,13.17.31; 66,
  14.20.25; 69,[4].7; 70,6.16; 71,
  16; 72,14.25; 73,9; 74,4.[26]; 76,
  22; 77,4; 78,15; 81,16; 82,21;
  83,13.21; 84,9; 85,4.15.
ⲛⲁⲩ voir
  75,15.
  ⲛⲁⲩ ⲉ- voir
  64,10; 65,25; 67,19; 77,13.14.
  ⲛⲓϥⲉ ⲉϩⲟⲩⲛ ⲉ- insuffler
  66.21.
  ⲛⲓϥⲉ ⲛϩⲏⲧ⸗ souffler dans
  64,28.
ⲛⲁϩⲣⲁ⸗ cf. ϩⲟ
(ⲛⲟⲩⲝ) ⲙⲛⲧⲛⲟⲩⲝ mensonge
  77,25.
ⲛⲟⲩϫⲉ, ⲛⲟⲩϭⲉ[1], ⲛⲟⲝ⸗[2] jeter
  81,28.
  ⲛⲟⲩϫⲉ ⲉⲝⲛ- jeter
  70,8s; 75,9s; 81,18.supra 18[1].
  ⲛⲟⲩϫⲉ ⲉⲃⲟⲗ ϩⲛ- envoyer
  hors de
  71,11[2]; 78,21[2].
ⲛⲟϭ grand
  64,15.30.31; 65,5.8; 66,10; 69,
  20; 71,9.13; 72,11; 73,19; 74,
  1,5; 75,2.7.17.21; 76,1.10; 77,8;
  78,8; 82,27; 83,9; 85,3.
(ⲛϭⲓ) ϫⲉ à savoir
  67,18.
ⲟⲛ cf. πάλιν
ⲡⲉ, pl. ⲡⲏⲩⲉ[1] f. ciel
  70,3.14.[24]; 78,2[1].13; 79,22;
  80,12.
  ⲉⲧⲡⲉ vers le ciel, en-haut
  78,1; 79,25.
  ⲛⲥⲁⲧⲡⲉ ⲛ- au-dessus de, en
  haut de
  75,26.

ⲡⲱⲱⲛⲉ détourner
  74,25.
ⲡⲱⲣϫ ⲉⲃⲟⲗ (se) séparer
  81,3.
(ⲯⲓⲥ) ⲯⲓⲧⲉ f. neuf
  81,2.
  ⲙⲉϩⲯⲓⲧⲉ f. neuvième
  81,1.
ⲡⲱⲧ ⲛⲥⲁ- poursuivre, persécuter
  84,26
  ⲡⲱⲧ ⲉⲃⲟⲗ ⲛ- s'écarter de
  64,29.
(ⲡⲱϣ) ⲡⲉϣ-, ⲡⲟϣ⸗[1]
  ⲡⲱϣ ⲉϩⲣⲛ- partager entre
  72,15
  ⲡⲱϣ ⲉⲝⲛ- partager entre
  72,20[1].
ⲡⲱϩ ϣⲁ- rejoindre
  66,6.
(ⲡⲉϫⲉ-) ⲡⲉϫⲁ⸗ ϫⲉ- dire que
  82,25.
  ⲡⲉϫⲁ⸗ ⲛⲁ⸗ ϫⲉ- dire à (...)
  que
  66,16s; 78,14.
(ⲣⲓⲕⲉ) ⲣⲁⲕⲧ⸗ ⲛⲥⲁⲃⲟⲗ ⲛ- se
  détourner de
  73,7s.
  ⲣⲱⲙⲉ m. homme
  65,7.16.27; 66,5.10; 67,18; 69,
  12.22; 71,6.11.24; 72,2; 73,16.
  18; 74,6.8.12.21; 75,2.11.23;
  76,4; 77,6.8.17; 83,1.11; 84,24;
  85,9.
ⲣⲟⲙⲡⲉ f. année
  64,4; 67,26; 72,8.
ⲣⲁⲛ m. nom
  65,7; 72,6; 77,19; 83,5.
  † ⲣⲁⲛ ⲉ- ϫⲉ- donner un nom à
  85,12s.

ⲥϨⲓⲙⲉ, pl. Ϩⲓⲟⲙⲉ[1], f. femme
70,[11].[1] 21.22[1].

(ⲥⲁϨⲚⲉ) ⲟⲩⲁϨ ⲥⲁϨⲚⲉ commandement
73,6; 75,7.

ϯ, ϯ-[1], ⲧⲁⲁ=[2] ⲛ- donner à
71,1; 74,27; 79,8[2]; 85,24[2].
ϯ ⲉⲧⲛ- assujettir
84,21[1].
ϯ ⲟⲩⲃⲉ- s'opposer
83,4.
cf. ⲉⲟⲟⲩ, ⲣⲁⲛ, ⲥⲱϣ, ⲟⲩⲧⲁϨ, ϭⲟⲙ

(ⲧⲃⲚⲎ) pl. ⲧⲃⲚⲟⲟⲩⲉ m. animaux, bétail
70,12.22.

ⲧⲁⲕⲟ, ⲧⲁⲕⲉ-[1] périr, être anéanti
76,23; 83,15.
ⲧⲁⲕⲟ ⲉⲃⲟⲗ ϨⲚ- disparaître de
67,5; 69,5s.8s[1].
ⲁⲧⲧⲁⲕⲟ indestructible
76,7; 85,28.

ⲧⲉⲗⲎⲗ m. jubilation
84,17.

(ⲧⲁⲧⲁ) ⲧⲁϯⲗⲉ f. goutte
79,21; 80,11.16; 81,20.

ⲧⲁⲙⲓⲟ, ⲧⲁⲙⲓⲉ-[1], ⲧⲁⲙⲓⲟ=[2] créer, former
64,17[2]; 65,17[2].[31]; 66,15[2].20[1]. 25[2]; 71,18.
ⲧⲁⲙⲓⲟ ⲉⲃⲟⲗ ϨⲚ- créer à partir de
64,6s[2]; 66,26s.

(ⲧⲁⲙⲟ) ⲧⲁⲙⲉ-, ⲧⲁⲙⲟ=[1] ⲉ- faire connaître
64,1s.12[1]; 85,21s.

(ⲧⲱⲚ) ⲉⲃⲟⲗ ⲧⲱⲚ d'où?
77,23.24.

ⲦⲎⲣ= tout, tout entier
70,5; 72,16.22; 73,6; 74,15. 19bis.26; 76,18; 77,21.27; 82,

22; 83,4.7; 85,9.

(ⲧⲱⲣⲉ) ⲉⲧⲟⲟⲧ= à, pour
84,12.
ⲚⲦⲟⲟⲧ= de la main de, par
66,10. Cf. ⲭⲓ
ⲉⲃⲟⲗ Ϩⲓⲧⲛ-, Ϩⲓⲧⲟⲟⲧ=[1] par l'entremise de
69,10; [71,24][1]; 85,26[1].

ⲦⲱⲦ satisfaire, être agréable
82,18.

(ϯⲟⲩ) ⲙⲉϨϯ f. cinquième
79,19.

Ⲧⲟⲟⲩ m. montagne
78,11; 81,4; 85,10.

Ⲧⲁⲩⲟ, Ⲧⲁⲟⲩⲟ=[1] envoyer
79,3[1].
Ⲧⲁⲩⲟ ⲉ- envoyer pour (+ verbe)
79,4s.

(ⲦⲱⲟⲩⲚ) ⲦⲱⲟⲩⲚ= se lever, s'élever
69,2; 78,15.
ⲦⲱⲟⲩⲚ ⲉⲃⲟⲗ ϨⲚ- se lever hors de
[66,1].

(ⲦⲟⲩⲚⲟⲥ) ⲦⲟⲩⲚⲟⲥ- ⲉⲭⲚ- susciter... contre
77,7s.

(ⲦⲟⲟⲩⲦⲉ) ⲦⲟⲩⲦⲉ (variante nouvelle) cueillir [80,1].

Ⲧⲱϣ Ⲛⲁ= imposer une limite à
64,20.
Ⲧⲱϣ m. ordre
82,14.

(ⲐⲂⲂⲓⲟ) ϨⲚ ⲟⲩⲐⲂⲂⲓⲟ ⲭⲱ= dans l'humilité
73,11.

ⲟⲩ quel? qui?
74,8.
ⲉⲧⲃⲉ ⲟⲩ pourquoi?
66,17; 71,17; 84,8.

ϣⲙⲙⲟ ⲛ- (gén.) étranger à
76,5.

ⲟ†, ⲉ†¹ ⲛϣⲙⲙⲟ ⲛ- (gén.) être
étranger à
65,18; 69,17¹.

(ϣⲙⲟⲩⲛ) ⲙⲉϩϣⲙⲟⲩⲛⲉ f. hui-
tième
80,20

(ϣⲟⲙⲛⲧ) m. ϣⲟⲙⲉⲧ trois
65,26.

ⲙⲉϩϣⲟⲙⲉⲧ m. troisième
76,8.

ⲙⲉϩϣⲟⲙⲧⲉ f. troisième
78,18.

ⲙⲉϩⲙⲛⲧϣⲟⲙⲧⲉ f. treizième
82.10.

ϣⲙϣⲉ, ϣⲙϣⲏⲧ⸗¹ servir
65,20; 72,21¹ corr.; 73,10; 74,
28; 84,22.

ϣⲏⲛ m. arbre
76,14.

(ϣⲱⲡ) ϣⲟⲡ⸗ ⲉ- recevoir pour
soi
79.24.

ϣⲱⲡⲉ, ϣⲟⲟⲡ†¹ devenir, être
[64,32]; 65,22; [70,3]; 71,8; 76,
[1].3; 77,23; 85,2.
ϣⲱⲡⲉ ⲉ- devenir tel
64.23.
ϣⲱⲡⲉ ⲉⲭⲛ- être sur, advenir
sur
85,9.
ϣⲱⲡⲉ ⲙⲛ- être avec, accompagner
72,10.
ϣⲱⲡⲉ ⲛ- devenir tel
80,14; 81,7.
ϣⲱⲡⲉ ϣⲁ- parvenir à
84,4.
ϣⲱⲡⲉ ϩⲁ- être sous, tomber
sous

67,12; 76,19.
ϣⲱⲡⲉ ϩⲛ- être dans, être issu
de, exister par
69,23¹; 72,13; 74,6¹; 75,1.5; 77,
10; 82,24.
ϣⲱⲡⲉ ⲉⲃⲟⲗ ϩⲛ être issu de,
sortir de
64,11; 65,1; 73,18; 74,14; 75,6;
76,18; [77,29]; 78,7.19.[28]; 79,
21; 80,24; 82,6.
ϣⲱⲡⲉ ⲉⲃⲟⲗ ϩⲓⲧⲛ- être, venir
à l'existence par
71,24.
ϣⲱⲡⲉ ϩⲓⲭⲛ- être sur
66,24.
ϣⲱⲡⲉ ⲙⲙⲁⲩ être là
72,7.
ϣⲱⲡⲉ ⲉⲃⲟⲗ ⲙⲙⲁⲩ être issu
de là
80,17.
ⲙⲁ ⲛϣⲱⲡⲉ m. demeure
72,4.

ϣⲡⲏⲣⲉ prodige
77,2.

ϣⲏⲣⲉ m. fils
64,3.5; 66,26; 67,15; 70,10.21;
71.2.4; 72.16.18; [73.1]; 74,18;
76,13; 85,20.21.
ϣⲉⲉⲣⲉ f. fille
81,26.

(ϣⲱⲣⲡ) ϣⲟⲣⲡ premier
64,27.
ⲛϣⲟⲣⲡ d'abord
67,20.

ϣⲧⲟⲣⲧⲣ être troublé
77,4.

ϣⲟⲩϣⲟⲩ ⲙⲙⲟ⸗ ϩⲛ- s'enor-
gueillir dans
83,25.

ϣⲁϫⲉ m. parole

64,5.12; 66,9; 72,19; 77,24; 85, 3.13.

ϣⲟⲝⲛⲉ tenir conseil
73,30.

ϣⲱⲭⲡ ⲛⲁ⸗ subsister pour, rester à
76,14.

ϣⲱⲭⲡ ϧⲛ- rester dans
70,4s.

ϣⲱⲭⲡ ⲉⲃⲟⲗ ϧⲛ- subsister (à partir de
76,11.

(ϥⲓ) ϥⲓ-, ϥⲓⲧ⸗[1] prendre
78,9.

ϥⲓ ⲉⲃⲟⲗ ϧⲛ- prendre à partir de, tirer de
74,10[1].

cf. ⲁϧⲟⲙ

ϥⲧⲟⲟⲩ quatre
74,12.

ϥⲧⲟⲟⲩ-
73,15.

ⲙⲉϧϥⲧⲟⲟⲩ f. quatrième
[78,27].

ϧⲁ- contre
84,1.

(ϩⲉ) ⲛⲑⲉ ⲛ- comme
71,9; 83,21.

ⲛ†ϩⲉ de cette manière
78,5.17.[25]; 79,18.27; 80,8.[19. 29]; 81,13.23; 82,3.9.17.

ϩⲓ- sur, à
82,1.

ϩⲓⲉ...ⲁⲛ est-ce que... ne... pas?
66,18.

(ϩⲓⲏ) pl. ϩⲓⲟⲟⲩⲉ f. voie
84,16.

ϩⲟ m. face
72,24.

ⲛⲛⲁϩⲣⲁ⸗ devant
66,12.

ϩⲱⲱ⸗ ϩⲱ⸗[1] aussi, (soi-) même
65,6[1]; 79,4; 81,27.

ϩⲱⲃ, pl. ϩⲃⲏⲩⲉ[1] m. œuvre, chose
65,15[1]; 72,12; 73,23; 83,18[1]. 27[1].[29][1]; 84,[13][1].15[1]; 85,18.

ⲣ ϩⲱⲃ ϩⲛ- accomplir une œuvre dans, agir dans
76,7; 83,24.

ϩⲁⲉⲓⲃⲉⲥ f. ombre
73,21.

(ϩⲁⲗ) ϩⲙϩⲁⲗ esclave
[67,28].

ⲙⲛⲧϩⲙϩⲁⲗ esclavage
65,21; 72,22.

ϩⲱⲱⲗⲉ cueillir [80, supra 1].

ϩⲗⲟⲥⲧⲛ m. fumée
75,12.

ϩⲁⲗⲏⲧ, pl. ϩⲁⲗⲁⲧⲉ[1] m. oiseau
70,13[1].23[1]; 78,9.13

(ϩⲗⲟϭ) ϩⲟⲗϭ[†] être doux
67,3.

ϩⲙⲟⲟⲥ demeurer, s'asseoir
81,5.

ϩⲛ- dans, de, par
64,3.9.25; 65,20.23.24; 66,18; 70,20; 71,2; 72,6,8; 73,4; 74,20. 23; 75,16; 76,10.23; 77,14; 78,2; 79,13; 83,13.16.20; 84,3.10; 85, 15.

cf. ⲃⲱⲗⲕ, ⲙⲟⲩ, ⲛⲟⲩ, ⲑⲃⲃⲓⲟ, ϣⲱⲡⲉ, ϣⲟⲩϣⲟⲩ, ϣⲱⲭⲡ, ϩⲱⲃ, ϩⲟⲧⲉ, ⲭⲱϧⲙ, πλάνη

ⲉⲃⲟⲗ ϩⲛ, ⲛϩⲏⲧ⸗[1] hors de, à partir de, par, issu de, grâce à
64,10; 65,[1].9[1].30; 66,8.[31]; 69,11; 70,11; 71,7; 74,17.[28] 75,20; 78,12; 81,2.20.

cf. ⲉⲓ, ⲉⲓⲛⲉ, ⲙⲟⲩϩ, ⲛⲟⲩⲭⲉ,

cⲱⲧⲉ, cⲱⲧⲡ, ⲧⲁⲕⲟ, ⲧⲁⲙⲓⲟ, ⲧⲱⲟⲩⲛ, ⲱⲱ, ⲱϣ, ϣⲱⲡⲉ, ϣⲱⲭⲡ, ϥⲓ, ⲭⲓ
ⲑⲣⲁ̈ⲓ ⲑⲛ- dans
66,13.

(ϩⲟⲩⲛ) ⲉϩⲟⲩⲛ cf. ⲕⲱⲧⲉ
ⲉϩⲟⲩⲛ ⲉ- cf. ⲃⲱⲕ, ⲉⲓⲛⲉ, ⲛⲓϥⲉ, ⲥⲱⲕ, ϭⲓ

(ϩⲛⲉ-) ⲡⲉⲧⲉϩⲛⲁ⸗ volonté, bon plaisir
74,24.

(ϩⲣⲁⲓ) ⲉϩⲣⲁ̈ⲓ ⲉ- vers, dans, en vue de
66,23; 81,18. cf. ⲟⲩⲱⲧⲃ, ⲭⲓ, ⲉϩⲣⲁ̈ⲓ ⲉⲭⲛ- cf. ⲉⲓ, ⲣⲣⲟ
ⲥⲁϩⲣⲁ̈ⲓ en bas
80,1.

ϩⲣⲏⲣⲉ, ϩⲣⲉⲣⲉ[1] (variante nouvelle) fleur
80,1s.3[1].

(ϩⲁⲣⲉϩ) ⲁⲣⲉϩ ⲉ- garder (+ obj. direct)
70,20; 85,4.
ⲁⲣⲉϩ ⲉ- ⲉⲃⲟⲗ ⲛ- garder (+ obj. direct) de
73,21s.

ϩⲏⲧ m. cœur
64,25; 65,23.25; 66,14.18; 72, 13; 76,23.
(ϩⲛ ⲟⲩ)ⲙⲛⲧⲁⲧϩⲏⲧ dans la déraison
83,24.

ϩⲏⲏⲧⲉ cf. ⲉⲓⲥ

(ϩⲟⲧⲉ) (ϩⲛ ⲟⲩ)ϩⲟⲧⲉ dans la crainte
65,20; 72,21; 73,5.12.

ϩⲟⲟⲩ m. jour
65,9; 67,11; 72,22; 75,16; 76,16.

ϩⲟⲟⲩ mauvais
73,23.

(ϩⲱⲟⲩ) ⲙⲟⲩⲓⲉⲩⲉ ⲛϩⲱⲟⲩ m. eaux de pluie
69,3.

(ϩⲓⲟⲩⲉ) ϩⲓ ⲧⲟⲟⲧ⸗ ⲉ- confier à
85,5.

(ϩⲟⲩⲟ) ⲉϩⲟⲩⲉ ⲉ- à côté de (παρά)
81,19.

(ϩⲟⲩⲉⲓⲧ) f. ϩⲟⲩⲉⲓⲧⲉ premier
77,27.

(ϩⲟⲟⲩⲧ) ϩⲟⲟⲩⲧⲥϩⲓⲙⲉ androgyne
81,7.

ⲭⲉ- que, parce que, à savoir (que), voici
67,21; 71,23; 73,1.6.20; 74,17; 75,5; 76,5.17.24; 83,12.15; 84,8; 85,3.18.
cf. ⲉⲓⲙⲉ, ⲙⲟⲩⲧⲉ, ⲡⲉⲭⲉ-, ⲣⲁⲛ, ⲥⲟⲟⲩⲛ, ⲭⲱ

ⲭⲉ- + futur III, afin que, afin de, pour que
69,[5].8; 71,19; 76,14; 77,2; 80,1; 81,7; 84,22.

ϩⲓⲛⲁ ⲭⲉ- + futur III, afin que, etc.
76,11; 82,18.

ⲭⲓ, ⲭⲓ-[1], ⲭⲓⲧ⸗[2] prendre, recevoir, emmener, emporter
75,26[2].30[2]; 78,2[1].16.24; 79,9[2]. 25; 80,6.18.[27]; 81,12.21; 82,8. 14.15.

ⲭⲓ ⲉ- emmener vers, en
78,22[2]; 80,15s[2].

ⲭⲓⲛⲧⲟⲟⲧ⸗, ⲛⲧⲟⲧ⸗ recevoir de la main de
76,26; 83,5s.

ⲭⲓ ⲉⲃⲟⲗ ϩⲛ- recevoir de la part de, emporter hors de
[75,27][2]; 76,24s; 79,15s.

TABLE DES MATIÈRES

ORIENTALISTE, P.B. 41, B-3000 Leuven